浙江省习近平新时代中国特色社会主义思想研究中心课题成果

"八八战略"
二十周年研究丛书

向海图舟强
逐梦问深蓝

贝静红 等 著

ZHEJIANG UNIVERSITY PRESS
浙江大学出版社
·杭州·

图书在版编目(CIP)数据

舟山:向海图舟强　逐梦问深蓝 / 贝静红等著. —
杭州:浙江大学出版社,2023.9
("八八战略"二十周年研究丛书)
ISBN 978-7-308-24114-4

Ⅰ. ①舟… Ⅱ. ①贝… Ⅲ. ①社会主义建设－研究－
舟山 Ⅳ. ①D619.553

中国国家版本馆 CIP 数据核字(2023)第 154478 号

舟　山:向海图舟强　逐梦问深蓝

ZHOUSHAN:XIANG HAI TU ZHOU QIANG　ZHUMENG WEN SHENLAN

贝静红　等　著

出 品 人	褚超孚
策划编辑	张　琛　吴伟伟　陈佩钰
责任编辑	丁沛岚
责任校对	黄梦瑶
责任印制	范洪法
封面设计	周　灵
出版发行	浙江大学出版社
	(杭州天目山路 148 号　邮政编码 310007)
	(网址:http://www.zjupress.com)
排　　版	浙江大千时代文化传媒有限公司
印　　刷	浙江新华数码印务有限公司
开　　本	710mm×1000mm　1/16
印　　张	18
字　　数	242 千
版 印 次	2023 年 9 月第 1 版　2023 年 9 月第 1 次印刷
书　　号	ISBN 978-7-308-24114-4
定　　价	78.00 元

编写说明

20年前,习近平同志担任浙江省委书记期间,经过深入调查研究和系统谋划,为浙江量身打造了"八八战略"这一总纲领总方略,并为浙江发展倾注了大量心血、汗水和智慧,在之江大地书写了波澜壮阔的奋斗篇章,给浙江留下了宝贵的思想财富、精神财富和实践成果。20年来,"八八战略"引领浙江在省域层面率先开启了中国式现代化先行实践之路,推动浙江大地发生了全方位、系统性、深层次的精彩蝶变,实现了从资源小省向经济大省、外贸大省向开放大省、环境整治向美丽浙江、总体小康到高水平全面小康的历史性跃迁。

在"八八战略"实施20周年的重要时间节点,浙江省习近平新时代中国特色社会主义思想研究中心和浙江省社会科学界联合会共同组织力量编写"'八八战略'二十周年研究丛书",并将之纳入"浙江文化研究工程"。丛书重点论述了"八八战略"在浙江省11个地市(杭州、宁波、温州、湖州、嘉兴、绍兴、金华、衢州、舟山、台州、丽水)深入落实的全过程,以及所带来的深刻影响。我们希望,通过这套丛书,能让读者用心感悟习近平总书记的关心关怀和殷殷重托,学深悟透、感恩奋进、实干争先,持续推动"八八战略"走深走实,坚定不移沿着习近平总书记指引的道路奋勇前进;推动浙江在新时代新征程上奋力谱写共同富裕和中国式现代化先行的靓丽篇章。

目 录

导　论

　　2003年7月，中共浙江省委举行第十一届四次全体（扩大）会议，会议提出面向未来发展的八项举措，即进一步发挥八个方面的优势、推进八个方面的举措，简称"八八战略"。"八八战略"开辟了中国特色社会主义在浙江生动实践的新境界，成为引领浙江发展的总纲领。回顾舟山的发展历程，可以清晰地梳理出一条舟山特色的发展路线，即坚持以"八八战略"为总纲，以海洋经济为特色，走出一条具有海洋特色的市域发展和城市治理的新路子，成为一道展现中国特色社会主义制度优越性的海岛风景线。

　　纵观从"八八战略"到"重要窗口"的浙江发展之路，舟山始终是模范生、排头兵、护旗手。这是舟山坚定践行习近平新时代中国特色社会主义思想的体现，也是在习近平同志关怀下舟山发展的展现。

　　"八八战略"在舟山的成功实践，是舟山百万军民忠实践行"八八战略"、推进科学发展、努力贯彻新发展理念的伟大尝试。回顾习近平同志对舟山的殷切关怀，总结舟山军民的科学探索，着力推进"八八战略"在舟山实践的基本经验，对新阶段新格局有效应对复杂多变的国际国内环境，以及经济社会发展矛盾凸显的挑战，建成富强民主文明和谐美丽的社会主义现代化强国，发展现代化沿海开放城市，具有重要的理论价值和实践意义。

一、"八八战略"在舟山实践的重大成就

　　新中国成立以来，尤其是改革开放后，舟山经济社会实现了快速

的发展,海岛面貌发生了巨大变化。进入 21 世纪后,身处海岛、远离大陆的舟山开始面临"成长中的烦恼"。时任浙江省委书记习近平登海岛、下渔村、访渔民,为舟山找寻发展海洋经济的出路。发展海洋经济成为浙江"八八战略"的重要内容,也成为舟山近 20 年来实现翻天覆地变化的思想来源和实际指导。舟山历届市委、市政府坚定不移沿着"八八战略"指引的路子走下去,成为忠实践行"八八战略"的模范生,走出了一条市域发展的新路子。

(一)海洋经济建设快速发展,综合实力不断增强

1.海洋经济特色鲜明

舟山始终坚持沿着"八八战略"指引的路子走下去,坚持错位发展、差异发展,深度发展海洋经济。进入 21 世纪后,舟山开始在更大范围、更广领域、更高层次上参与国际经济技术合作与竞争;从积极接轨上海,主动参与长三角经济圈分工协作,接受长三角产业辐射,到抓住"山海协作"机遇,加强与省内大企业、大集团的合作,使舟山成为大企业、跨国公司的制造基地和物流中转基地。面对客观形势变化和资源优势更迭,全市上下把发展重点由"渔、港、景"转变为"港、景、渔",积极推进临港工业发展,倾力实施产业结构调整、优化、整合、升级,取得了明显成效。全市海洋经济总产出由 2001 年的 250 亿元发展到 2017 年的 2709 亿元;海洋经济增加值由 2001 年的 80 亿元扩大到 2017 年的 824 亿元,年均增长 15.7%;海洋生产总值由 2015 年的 604 亿元增长至 2020 年的 1300 亿元。2020 年,全市实现海洋经济增加值占 GDP 比重超过 65%,是带动全市经济发展的重要支撑和动力。

现代海洋产业不断加快,2017 年临港工业总产值 910 亿元,船舶工业总产值 421.6 亿元,分别增长 13.6% 和 12.1%。船舶与海洋工程装备国家新型工业化产业示范基地加快建设,近年来舟山绿色节能船舶、高技术高附加值船舶和海洋工程装备的研发制造等方面取得重大突破,修船企业市场竞争力增强。

2. 综合实力不断增强

进入 21 世纪以来,舟山军民上下一心,经济整体保持了快速增长的态势,经济总量成倍扩大,海洋经济发展取得巨大成绩,全市经济发展进入快速增长通道。目前,全市经济由快速增长阶段逐步转向高质量发展阶段,正处在转变发展方式、优化经济结构、转换增长动力的攻关期。2003 年,舟山地区生产总值仅为 171.82 亿元,2007 年 GDP 跨过 400 亿元,2012 年达到 850 亿元,2017 年达到 1219 亿元,2020 年达到 1512.1 亿元。

财政实力稳步增强,财政收入不断增加。2003 年,全市财政总收入 18.98 亿元,2011 年超过 100 亿元,2015 年跨过 150 亿元,2020 年达到 254.5 亿元。2003 年一般公共预算收入 11.38 亿元,2010 年超过 50 亿元,2014 年超过 100 亿元,2020 年达到 159.2 亿元。随着舟山市经济较快发展,各行各业改革不断深入,企业规模不断扩大,单位数不断增加,运行的质量逐步提高,财政收入保持较快增长,大大增强了舟山市财力,有力地支持了国家和地方经济建设,为舟山市在基础设施建设、科技教育卫生投入、社会保障体系的完善等方面提供了强有力的财力支持。

3. 对外开放水平逐步提升

进入 21 世纪以来,舟山市充分利用长三角腹地的良好区位条件和深水岸线丰富的有利资源优势,大力开拓对外开放的空间,推动区域经济合作,全力发展外贸产业和港口航运业,外向型经济突飞猛进。2020 年大宗商品实现进出口额 867.8 亿元,占全市进出口总额的比重为 63.3%,改变了过去主要依赖渔业产品出口创汇的历史,形成了包括油品、船舶、螺杆、水产品加工等品种出口的新格局。目前舟山市与世界上 231 个国家(地区)进行了贸易往来,欧盟、日本、美国、韩国成为舟山市前四大主要出口市场,合计出口占出口总额的 80%,东盟、印度、俄罗斯、非洲、拉美、东欧、中东等新兴市场出口增长较快,市场分布总体趋于分散化,市场多元化程度进一步提高。全市出口基本形成了外贸企业、外商投资企业和生产自营企业三路并进的多形式、多渠道、多层次新格局。

(二)海岛政治建设有序推进,基层民主活力四射

1."舟山精神"凝聚力加强

党的十八大以后,舟山市将弘扬舟山精神与培育践行社会主义核心价值观相结合,市委提出:舟山新区不但要占领经济发展的制高点,而且要占领道德建设的制高点;不但要建设先行先试、跨越发展的新区,还要建设崇德向善、明德惟馨的新区。全市上下弘扬真善美,贬斥假恶丑,扎实推进公民道德建设,使社会主义核心价值观和舟山精神深深地根植于舟山人民心中,全力打造出了核心价值观的舟山样本。相继出台了《舟山市道德模范待遇保障若干规定(暂行)》等保障性文件,内容涉及对道德模范的物质奖励、医疗救助、助困帮扶等方方面面,在全社会倡导人人"存好心、做好事、当好人、有好报",引导广大市民参与思想道德建设,形成崇德向善的社会风尚,让越来越多的舟山人汇聚到"道德"这盏明灯下,共同"守规则、讲礼仪、懂感恩、有责任、做好事"。

2.基层社会治理不断创新

近年来,随着大开发、大建设、大发展,各种社会矛盾叠加,一些跨区域、跨乡镇(街道)、跨部门、跨行业的复杂矛盾纠纷时有发生,原有的人民调解、司法调解、行政调解等单兵作战方式显得力不从心。2012年4月,普陀区把构建社会矛盾纠纷大调解工作机制作为推进平安建设的重要内容来抓,专拨编制成立了区矛盾纠纷调处指导服务中心,在全省首创矛盾纠纷联调模式。

2003年以来,根据本地特色,舟山不断创新海岛型基层社会治理模式。"网格化管理、组团式服务"是舟山的社会治理品牌,是立足舟山实际创新基层社会治理、提升基层治理水平的重要载体,也是新时

期坚持和发展"枫桥经验"的有益探索与实践。这一工作做法,先后获得"首届全国基层党建创新最佳案例""浙江省公共管理创新案例特别贡献奖"等荣誉,并在全省范围内推广实施。舟山市还积极开展海上矛盾纠纷专项化解,发挥"名老大调解协会""海上娘舅船"等自治组织的作用,着力打造"海上枫桥经验"特色品牌。同时,还创建了定海交通事故调解模式、嵊泗海上牧场调解模式等一系列品牌调解模式,成立了岱山县鱼山绿色石化项目调解工作室、普陀区国际水产城调解委员会、新城物业调解委员会等专业委员会,不断摸索出新路子。舟山基层社会治理的不断创新发展,为平安舟山建设奠定了坚实基础。

(三)海洋科教文化建设蓬勃发展,精神富有目标明确

几千年来,在海岛、海洋中生产生活的人们创造了具有舟山特色的海洋文化。文化是经济发展的"助推器"。在新的形势下,继承、丰富和发展舟山传统海洋文化,整理、发掘、提炼舟山传统海洋文化中积极向上的主流价值观及其表现形式,为海洋经济发展提供精神动力,这是不容忽视的重大课题。

1. 海洋科技支撑海洋经济发展的作用不断提升

注重人才培养和海洋科技创新体系建设,提高科技对海洋经济的贡献率,加快海洋教育的发展,这是海洋经济强市建设的重要内容之一。

习近平对舟山海洋科技和教育发展、人才培养十分关心,为舟山海洋经济发展指明了方向。舟山市委、市政府坚持科技创新不放松,从舟山市第十一个五年规划开始,到第十四个五年规划,每个五年规划始终都将海洋科技发展作为重点工作。2006 年 2 月,《舟山市国民经济和社会发展第十一个五年规划纲要》提出要"加大政府对科技的投入力度,加快海洋科技开发和研究,增强企业的自主创新能力"。2012 年 2 月,《舟山市国民经济和社会发展第十二个五年规划纲要》提出"建立健全科技、教育、人才三位一体的工作体系,增强海洋科技创

新能力,大力发展教育事业,建设人才集聚高地,提升海洋科技综合实力,建设国家级海洋科教基地"。2016 年 3 月,《舟山市国民经济和社会发展第十三个五年规划纲要》提出要"提升海洋科技创新能力,构筑海洋创新创业人才高地,推进军民融合深度发展,打造海洋经济创新发展的先行示范区"。2021 年 2 月,《舟山市国民经济和社会发展第十四个五年规划和二〇三五年远景目标纲要》进一步提出"坚持创新的核心地位,深入实施科技自立自强战略,加快提升创新能力和创新供给质量,打造长三角海洋高新技术产业基地和海洋科技创新中心"。舟山科技在过去 17 年里有较大幅度的提升,专利授权量由 2003 年的 97 件增至 2020 年的 2537 件,普通高等学校在校生人数由 2003 年的 6146 人增至 2020 年的 27013 人,海洋科技对经济的贡献率逐年提升。

2. 海洋文化发展助力城市健康发展

2007 年,舟山市委全委会进一步提出了打造海洋经济强市、海洋文化名城、海上花园城市三位一体的工作目标和思路,对此,舟山市委出台了《海上花园城市建设攻坚行动实施方案》。2018 年市委七届四次全体(扩大)会议提出以"八八战略"为指引,以新型城市化为方向,加快建设品质高端、充满活力、独具韵味的海上花园城市。2021 年提出了争创社会主义现代化海上花园城市。"十三五"以来,全市以社会主义核心价值观引领社会思潮,推进社会主义核心价值观落细落小落实。一是深化"最美"品牌。通过开展"最美舟山人"评选活动,用道德的力量,撑起"舟山精神"的脊梁。二是深化文明城市创建,辐射带动社会文明程度整体提升。制定《舟山市创建全国文明城市工作社会督查实施方案》,并印发《舟山市城市文明程度指数测评体系》,建立了负面清单和负面清单销号制度。积极建设和培育舟山市创建全国文明城市示范点,建设和培育了多个示范点,打造了 6 条示范样板路。三是扎实推进文化遗产保护与传承。充分挖掘非遗特色,在做好保护工作的前提下,注重开发利用历史文化村落和非物质文化遗产,打造特色文化村镇,保护留存乡土文化特色。四是逐步推进公共文体建设。已建成10家城市书房并投入使用,全民阅读氛围逐渐浓厚。积极打造全国海岛运动休闲示范区,持续举办"神行定海山"全国徒步大会、环舟山自行车骑行活动、舟山群岛国际马拉松等一系列具有海岛特色的户外运动大型体育赛事。五是探索海洋文化产业创新融合发展。形成了具有鲜明特色的海洋文化、佛教文化并继续保持蓬勃发展态势,产业融合发展不断加快,"文化＋互联网""文化＋旅游""文化＋体育""文化＋科技"等跨界融合不断深入,逐步向规模化、集约化、效益化发展。

(四)海岛社会建设全面展开,体制机制逐步完善

1. 海洋基础设施建设不断完善

海岛基础设施落后,一直是制约舟山经济和社会快速发展的重大问题。习近平同志对舟山海岛基础设施的关心和支持,大大激发了舟山加快基础设施建设的动力。舟山按照"量力而行,适度超前"的原则,积极组织,有效投入,千方百计筹措资金,大力夯实海岛基础设施,海岛基础设施建设取得了跨越式发展,承载能力不断提高,服务功能明显强化,为海洋经济大发展奠定了较好的基础。

近年来,舟山海岛基础设施建设取得了显著成绩。一是交通大会战成效明显。公路铁路通道建设有序推进,宁波舟山港主通道(舟山鱼山石化疏港公路)已全线全面开工,甬舟高铁开始动工建设,六横公路大桥项目已获得工可批复。加快重要国省道建设,329国道舟山段改建工程完成。深入推进农村公路升级改造,农村公路建制村通畅率达100%,率先在全省实现客车"村村通"。岛际水路交通运力资源加快整合,全市陆岛交通码头泊位、轮船数量稳步提升。航空运输量再创新高,航线网络不断拓展优化。二是能源保障网不断完善。浙能六横电厂、岱山输电线路改造、海上风电场等设施建设不断推进。实行最严格水资源制度,实施海水淡化、大陆引水三期工程。积极谋划本岛拓库扩排工程,采取库库联网、拓库扩容、河道整治、闸泵扩建等措

施。三是防抗灾能力不断提升。不断加大防灾减灾基础设施建设力度,注重信息化技术和手段的运用。加快推进"智慧海洋"建设,及时完善海上防台应急救援机制,深化基层防汛防台体系建设。

2. 海岛城市建设不断彰显魅力

全面实施"品质舟山"三年行动计划,聚焦关键重点领域,加快推动城市面貌"一年一个样、五年大变样",打造最干净最美丽的海上花园城市。一是提升了城市品质。围绕打造"最干净、最美丽城市"目标,大力整治影响城市环境的突出问题。成功入选全国文明城市,城市品质得到较大提升。全市常住人口城镇化率达到70%,2015—2020年累计提高3.1个百分点。二是推动了城乡环境综合整治行动。牢固树立"绿水青山就是金山银山"理念,持续深化"五水共治",创建"污水零直排区",严格执行城市排水许可制度。全面整治改造一批断头路、瓶颈路,完成新城核心区亮化工程,实施城区防洪排涝工程,推进老旧小区改造,开展生活垃圾分类,推进"污水零直排区""品质河道"建设。三是全面实施乡村振兴战略。围绕全域景区化目标,把美丽乡村规划与城市总体规划相衔接,高水平编制、规划美丽乡村建设,与全域旅游发展相结合,构建"全域覆盖、层次分明、特色鲜明"的美丽乡村规划体系,建设一批国际化美丽小岛、乡村振兴示范村、美丽乡村精品村。

3. 海岛社会事业不断健康发展

基本公共服务均等化实现度全面达标,统筹疫情防控和经济社会发展成效明显。出台新一轮促进就业创业政策,"十三五"期间累计新增城镇就业12.34万人,城镇登记失业率控制在1.55%。参保覆盖面进一步扩大,养老保险参保率达95.8%。近年来,舟山持续加强养老服务体系建设,医疗服务设施不断健全,教育获得感不断增强,公共文化服务标准化体系不断完善。社会综合治理不断加强,民族宗教事务依法管理得到加强,妇女、儿童、群团、老龄、残疾人、工会、慈善、志愿服务等事业取得新成绩。

（五）海洋生态建设后来居上，环境治理成效显著

1. 大力推进海洋生态保护

海洋生态是可持续发展的重要内容，发展海洋经济必须坚持开发与保护并举的方针，走可持续发展之路。时任浙江省委书记习近平在关怀舟山海洋经济发展的同时，多次要求舟山发展海洋经济，要保护海洋生态环境，走可持续发展的新路子。

21世纪以来，尤其是近年来，舟山积极实施"滩长制""湾长制"，抓好嵊泗马鞍列岛、普陀中街山列岛国家级海洋特别保护区、海洋公园、海洋牧场建设。全面落实省人大常委会保护幼鱼决定、农业农村部新伏休制度，大规模实施优势鱼种的人工增殖放流。统筹推进科学管海、生态用海，全面实施《舟山市国家级海洋特别保护区管理条例》，并制定实施海钓管理暂行办法、贝藻类捕捞管理暂行办法等配套办法，加快推进沈家门蓝色海湾等项目，整治修复岸线478公里。

2. 环境整治力度不断加大

舟山市委、市政府始终坚持"绿水青山就是金山银山"理念，加大城市环境整治力度，将其作为"海上花园城市"建设的重点工作。在治气方面，全面实施能源结构调整、机动车污染防治、工业污染治理、城市扬尘和烟尘整治等专项行动，突出石化、涂装等重点行业VOCs治理，率先建成并试行国内首例大型原油装船油气回收项目。2019年，舟山空气质量居全国第三、全省第一。在治水方面，聚焦"五水共治"大会战，提前全面完成剿劣任务，全市所有426处劣Ⅴ类小微水体治理项目全部完工并销号，率先通过省验收组复核验收；针对海岛径流少、无源头活水等治水难点，推广"水下森林"等治水模式，形成水体自循环；突出加强饮用水源安全保障，对九大水库实施"一库一策"治理，实施入海排污口、涉水行业污染等专项整治工程；在"源头治污＋生态修复"基础上，实施"一点一策"治水模式，有效解决水污染问题。在治土方面，落实土壤污染防治工作方案，完成土壤修复工程，强化固废、

危废全过程网络动态管理和现场监管,科学统筹危废填埋场、医废扩建工程等基础设施建设及规范运营,探索建立边远海岛固(危)废物收集处置体系。深入推进畜禽养殖污染整治和农业面源污染治理,农药包装废弃物回收率和处置率分别达到70%和90%以上。

3.营造良好的国际生态休闲岛环境

党的十八大以来,舟山市以国家全域旅游示范区建设为主抓手,优化旅游空间布局,大力发展特色海岛旅游,打造A级景区集群,提升全域旅游品质,推进国家全域旅游示范区建设,全力打造国际旅游岛。相继制定了《舟山市人民政府关于推进国家全域旅游示范区创建的指导意见》《舟山市创建国家全域旅游示范区实施方案》和《舟山市创建国家全域旅游示范区任务清单》。强化旅游标准化建设,组织开展民宿推广年活动,组织舟台民宿论坛;实施"舟山味道"品牌打造三年行动计划,启动名店、名菜、名厨"三名"工程,开展舟山特色菜肴评选,逐步建立风味独特的"舟山菜系";组织海岛特色骑行、自驾、徒步、毅行等活动,发展城市休闲运动旅游业态;培育邮轮、游艇、帆船、桨板、房车等海洋度假旅游产品;完善"舟山心意"旅游商品体系,布局"舟山心意"线下实体商店。国际海岛旅游大会影响力大大增强,重大旅游项目持续落地。强化舟山群岛海洋旅游综合改革试验区管委会的统筹协调职能,谋划建设舟山群岛旅游门户,推动旅游公共服务前移,形成"快进""慢游"的旅游交通体系。

(六)党的建设全面加强,各项事业健康发展

中国共产党第十七届四中全会通过的《中共中央关于加强和改进新形势下党的建设若干重大问题的决定》提出了"提高党的建设科学化水平"这个重大命题和重大任务。提高党的建设的科学化水平是贯穿党的建设始终的重大任务和基本要求,这不仅是对全党而言的,更是各级党组织的重要工作。舟山市委在中央提出"提高党的建设科学化水平"的重大任务之后,按照"以科学理论指导党的建设,以科学制

度保障党的建设,以科学方法推进党的建设"的基本要求,不断加强党
的政治建设、思想建设、组织建设、纪律建设和反腐倡廉建设。党的十
八大以来,舟山市紧紧围绕新时代党的建设总要求,全市党的建设和
组织工作取得明显成效。项目党建、"自贸通才"培养、"海上红帆"等
工作产生了较大影响。做好新时代党的建设和组织工作,必须坚持以
政治建设为统领,始终做到旗帜鲜明讲政治,自觉用习近平新时代中
国特色社会主义思想武装头脑,突出"两个坚决维护",以实际行动不
断培植良好政治生态,不断提升党的建设科学化水平。

二、"八八战略"在舟山实践的主要经验

思想是行动的先导。21 世纪以来,尤其是近年来,舟山经济社会
发展取得了显著成就。舟山的科学探索与成功实践,既是改革开放以
来谋求国家富强、民族振兴、人民幸福宏伟蓝图的地方实践和真实写
照,更是 21 世纪新阶段国家全面建成小康社会的市域探索和生动缩
影。舟山取得巨大成就的法宝和秘诀在于忠实践行"八八战略"。舟
山人不仅探索出了一条海洋经济发展和海岛社会治理并行的"八八战
略"践行新路子,而且形成了一系列符合区域实际和社情民意、尊重客
观规律、反映时代要求的舟山经验。归纳起来,舟山实践"八八战略"
的主要经验有以下几点。

(一)始终坚持改革开放是提升新区发展能级的基本保障

改革开放以来,尤其是步入 21 世纪以来,全市人民艰苦努力,解
放思想,勇于创新,从渔农村改革起步,不断拓展到城市改革、企业改
革、市场改革、政府改革和社会改革、文化改革、生态文明改革等各个
方面,奋力攻克一个又一个看似不可攻克的难关;舟山人变天堑为通
途,建造了一座又一座跨海桥梁;舟山军民由封闭经济走向开放经济,
经济社会发展取得全面进步,由一个海岛渔业市转型步入工业化发展
后期,人均 GDP 达到中等发达国家及地区水平,先后建成了亚洲最大

的铁矿砂中转基地、全国最大的商用石油中转基地、全国重要的化工品和粮油中转基地、国家石油战略储备基地、华东地区最大的煤炭中转基地。舟山港通过多次调整，对外开放范围不断扩大。每一次改革都为舟山的发展打下了坚实的基础，改革开放是推动舟山不断发展的原动力，也是今后促进新区实现跨越式发展的强心剂。

（二）始终坚持海洋特色是提升舟山城市综合实力的底色保障

海洋是舟山最鲜明的城市底色和最大的资源优势，舟山具有发展海洋经济得天独厚的优势。全市按照市委提出的"忠实践行'八八战略'，奋力打造'重要窗口'海岛风景线"决策和习近平同志对舟山工作的指示精神，围绕海洋资源的深度开发，不断提升海洋经济质量，舟山已成为全国海洋经济比重最高的地级市。按照习近平同志推动海洋产业结构调整和升级的指示精神，舟山着力做大成长性产业、做强传统性产业、做优基础性产业，集中力量发展海洋特色优势产业和规模经济，大力打造临港工业基地，全力打造港口物流基地，努力打造海洋休闲旅游基地，着力打造现代远洋渔业基地，不断加大基础设施建设力度，有力缓解了基础设施瓶颈制约，为海洋经济持续快速发展提供了强劲支撑。出台相关扶持政策，通过政策引导，加快优势产业的发展和壮大。2003年以来，先后出台了《关于鼓励航运业发展的若干意见》《关于促进水产品精深加工业发展的若干意见》《关于加快发展海洋旅游产业的若干意见》《宁波—舟山港总体规划》《舟山市港口产业发展规划》《关于进一步支持船舶工业稳定发展的若干意见》等，从税收、金融、人才、环境等方面，给予这些产业重点扶持。

（三）始终坚持项目引领是增强舟山城市发展后劲的政策保障

重大项目在城市发展中具有标杆作用和牵引作用。重大项目不仅具有拉动经济增长的作用，更具有推进转型升级的功能，尤其是对舟山这样一个海岛型城市更是有着重大意义。舟山市委、市政府坚定不移扩大有效投资,充分发挥有效投资关键作用,释放增长潜力,加大基础设施投资,加快交通、水电和围垦等重大项目建设,产业投资突出创新驱动,城市建设投资强化公共服务的有效供给。大力推进项目实施,重点督促"三重"项目、省市重点项目及集中开工项目加快建设。

招商引资是引入大项目的关键举措。近年来,舟山市委、市政府坚持将招商引资和项目建设放在极端重要的位置,把招商引资作为新区开发建设的"一号工程",统筹全市招商资源,开展精准招商、专业招商、产业链招商。同时提出项目必须以落地建设论成败,发挥最大力量,排除一切干扰,高效率、高质量、高水平地推进重大项目建设。发挥全市各功能区的招商主平台作用,强化"店小二"式的全程优质服务,深入引导浙商回归,带动更多央企、外企、民企好项目落户。

(四)始终坚持创新驱动是激发新区体制机制优势的要素保障

2016年5月31日,习近平总书记在全国科技创新大会、两院院士大会、中国科协第九次全国代表大会上指出:"纵观人类发展历史,创新始终是一个国家、一个民族发展的重要力量,也始终是推动人类社会进步的重要力量。"[①]

在习近平总书记创新思维的指引下,舟山市委、市政府根据形势的变化和对市情的把握,解放思想、与时俱进,不断研究新问题、创新发展理念,提出新目标、新思路,促使各方面创新蔚然成风。舟山充分发挥舟山群岛新区先行先试优势,在重点领域和关键环节实施创新突破,在全国、全省以及长三角一体化、长江经济带中的战略发展地位不断提升,新区建设框架逐次拉开。舟山开发开放上升为国家战略,成为国家实施"一带一路"倡议以及"长三角一体化""长

[①] 《为建设世界科技强国而奋斗——在全国科技创新大会、两院院士大会、中国科协第九次全国代表大会上的讲话》,《人民日报》2016年6月1日。

江经济带""海洋强国"等战略的重要基点。舟山积极转变发展理念,创新工作思路,坚定不移贯彻"创新、协调、绿色、开放、共享"新发展理念,牢记势在必行,敢于勇立潮头,打好"五大会战",全面推进"四个舟山"建设,力争早日建成自由贸易港区、海上花园城市。

舟山市积极营造创业创新的氛围,在机制、政策、环境等方面鼓励全市上下不断开拓创新,跨越发展。市政府相继出台了《舟山市科技创新促进条例》《关于深入实施创新驱动发展战略推动高质量发展的若干意见》《"创新舟山"三年行动计划》《关于进一步推进浙江舟山群岛新区科技创新发展的若干意见》《关于推进"中国制造2025"进一步发展壮大工业经济的若干意见》等地方性法规和政策文件,有力地保障了科技创新能力的提升,助力海洋经济高质量发展。

(五)始终坚持人本发展是推动舟山经济社会全面进步的思想保障

在习近平同志对舟山发展相关指示的指引下,全市党政干部不忘初心、牢记使命,把改善民生、心系百姓作为工作的出发点和落脚点,促进人海和谐、永续发展,坚持以人为本、民生为重。积极采取各种措施,保持经济持续较快发展;优化生态环境,提升基础设施配置水平,大力推进城市和美丽海岛建设;拓展就业渠道,完善社会保障,提高最低工资标准和最低生活保障金,切实提高居民收入水平。目前,组团式城市形态加快形成,中心城区功能进一步强化,小城市和中心镇建设扎实推进,城镇常住居民可支配收入和渔农村常住居民可支配收入都高于全省平均水平。在加快城乡统筹发展下,城乡居民收入差距不断缩小。同时,不断完善城乡居民养老保险制度,着力构建以家庭为基础、以社区为依托、政府购买服务和市场化相结合的居家养老服务模式。

近20年来,舟山市先后成功创建全国文明城市、国家卫生城市、国家环保模范城市、国家节水型城市,空气质量保持全国领先。

"五水共治""三改一拆"不断推进,城中村改造超常规推进,城市综合管理水平不断提升,市政设施建设稳步提速,城镇化率不断提高,美丽海岛建设持续深化。海陆空交通网络日趋完善,北向疏港公路、海天大道拓宽改造全线贯通。深化平安舟山建设,促进社会安全有序,连续荣膺"双拥模范城""平安市"称号,群众安全感和满意率居全省前列。

(六)始终坚持党的领导是加快舟山经济社会发展的政治保障

中国共产党是中国特色社会主义事业的领导核心,党的领导是做好党和国家各项工作的根本保证,是战胜一切困难和风险的"定海神针"。领导经济社会发展是执政党治国理政的重大课题,也是党的中心议题。关于如何发挥党的领导优势,为经济社会发展提供政治保障的问题,习近平总书记指出,必须"从我国实际出发,遵循治理规律,把握时代特征,加强和创新社会治理,更好解决我国社会出现的各种问题,确保社会既充满活力又和谐有序"①。因此,只有加强党对经济社会发展的领导,切实提高各级领导干部推动经济社会发展的能力,把实现好、维护好、发展好最广大人民根本利益,作为一切工作的出发点和落脚点,我们的工作才能获得最广泛、最可靠、最牢固的群众基础和力量源泉,才能推动经济社会发展。

舟山近年来的发展实践就是一个明证,舟山市委、市政府始终坚持党对经济社会的全面领导,充分利用"八八战略"这个引领浙江发展的总纲领,不断巩固扩大了最难能可贵的"人和"优势,形成了广大党员干部干事创业,人民群众支持发展、参与发展的浓厚氛围,有效密切了党群干群关系,保持了发展的好趋势、好态势、好气势。

通过舟山的发展可以得出这样一条经得起时间检验的结论:近20

---

① 《坚持走中国特色社会主义社会治理之路　确保人民安居乐业社会安定有序》,《人民日报》2017年9月20日。

年来舟山各项事业的持续健康发展，与历届市委坚持"八八战略"为引领的发展理念有着紧密的关系，也与全市人民按照习近平同志为舟山擘画的"科学蓝图"一以贯之落实有着密切的联系，更与舟山党政干部深刻领悟习近平同志关于坚持党的领导、加强党的建设的重要论述有着深刻的联系。舟山发展过程中的任何一个战略决策，始终是坚持"八八战略"这个总纲领，坚持党的全面领导，在党的创新理论的指导下确立的，是在深入了解时代特点、国家发展、舟山实际、人民利益诉求的基础上经过反复讨论、民主决策形成的，制定的决策、明晰的思路、开展的工作既具有科学性，又产生了极大的号召力，起到了团结党员干部和人民群众同心同德、共同奋斗的作用。

第一章　推动海洋经济高质量发展，建设海洋经济强市

　　21 世纪是海洋世纪，人类将进入大规模开发利用海洋的时代，海洋在国家经济发展、维护国家安全及国际关系中发挥着越来越重要的作用。习近平同志长期在沿海地区任职，对海洋有着深厚的感情，发展海洋经济是他长期探索的重大问题。在浙江工作期间，习近平同志从区域发展战略的角度提出建设"海洋强省"，并将其作为"八八战略"的重要内容。2013 年 7 月 30 日，习近平总书记在中央政治局第八次集体学习时发表重要讲话，强调建设海洋强国是中国特色社会主义事业的重要组成部分，并从提高海洋资源开发能力、保护海洋生态环境、发展海洋科学技术和维护国家海洋权益等四个方面系统地阐释了"海洋强国"战略的深刻内涵[①]，对指导我国海洋事业发展具有重要的战略意义。舟山是我国重要的沿海城市，海洋经济占比较高，发展潜力巨大。习近平同志高度重视舟山海洋经济发展，多次就相关问题作出重要指示，提出了舟山海洋经济的发展方略。2003 年以来，舟山市认真贯彻"八八战略"和习近平同志关于舟山发展海洋经济的指示精神，牢牢抓住海洋经济这个主题，充分发挥比较优势，大力推进改革开放，逐步形成了港口航运、远洋渔业、船舶工业、临港石化以及滨海旅游等一大批海洋产业体系，以大宗商品贸易投资自由化、便利化为重点的自由贸易试验区

　　[①] 《进一步关心海洋认识海洋经略海洋　推动海洋强国建设不断取得新成就》，《人民日报》2013 年 8 月 1 日。

建设取得突破,成为浙江建设海洋经济强省、发展开放型经济的桥头堡和排头兵。

第一节　落实"八八战略"与建设海洋经济强市

习近平同志在浙江工作期间,多次到舟山等沿海城市深入调研,并结合国家发展形势和地区发展实际提出了海洋经济发展的蓝图与构想,为浙江建设海洋经济强省、舟山建设海洋经济强市奠定了强大的思想基础。

一、着眼未来大势,充分认识发展海洋经济的战略意义

海洋经济是直接或间接开发利用海洋生物资源、矿物资源、可再生能源和海洋空间的产业活动以及与之相关的经济活动的总和。浙江作为海洋大省,在建设海洋强国的过程中责任重大。大力发展海洋经济,对于推动浙江经济转型升级、扩大对内对外开放、增强经济综合实力、促进经济社会协调发展具有重要的战略意义。浙江应充分把握发展海洋经济的历史机遇,努力建设海洋经济强省,把海洋经济打造为浙江新的经济增长点。

(一)发展海洋经济是浙江经济战略转型的客观要求

改革开放以来,浙江经济总量迅速增长,形成了一批具有较强竞争力的优势产业集群,成为我国的经济大省。但同时,浙江经济结构性问题也逐渐凸显:民营经济"低、小、散"的问题较为突出,产业层次低,缺乏核心竞争力;制造业竞争逐步加剧,边际收益递减;工业结构中轻工业占比较高,重工业发展不充分,产业链不完整。发展海洋经济,一方面,可以在港口航运、船舶制造、海洋生物、海洋能源等领域形成一批新的产业体系,有利于扩大民营经济的发展空间;另一方面,依

托宁波、舟山等港口大进大出的优势，可以充分利用国际资源发展临港重化工业，建立轻重工业协调发展、产业链更加完整、关联性更强的工业体系，对推动浙江经济战略转型具有重大的现实意义。

（二）发展海洋经济是发挥浙江资源优势的现实选择

传统资源观主要把土地、矿产、人口等作为经济发展最核心的资源，而浙江省矿产资源储量少，土地紧张，长期被认为是"资源小省"。随着经济社会发展和技术进步，海洋资源受到高度重视，浙江成为名副其实的海洋资源大省。浙江地处东海之滨，管辖的海域面积（含专属经济区）达 26 万平方公里，拥有杭州湾、温州湾、台州湾、象山湾等重要湾区；海岛 4000 多个，占全国海岛总数的 37%，位列全国第一；海岸线总长 6715 公里，居全国首位；潮流能、潮汐能、波浪能、风能蕴藏量丰富。优越的区位条件和海洋资源禀赋客观上为浙江区域经济提供了更加广阔的发展空间，通过开发利用海洋资源，不但能够建立起更加完善的产业体系，还能够有效推动科技进步与对外开放，从整体上提升浙江经济的综合竞争力。

（三）发展海洋经济是浙江实现协调发展的必然要求

浙江经济长期保持着良好的发展态势，发展成就斐然。但横向比较，丽水、衢州等山区以及舟山等海岛地区的发展水平相对落后，区域、城乡之间发展不平衡的状况仍然存在。围绕渔、港、景等优越的海洋资源发展海洋经济是舟山等欠发达海岛地区实现跨越式发展的重要依托。在发展过程中，一方面，可以通过"小岛迁，大岛建"等举措，推动渔农民转产转业，优化资源配置，壮大海岛地区经济发展的内生动力；另一方面，通过陆海联动的发展方式，有利于进一步完善海岛地区的基础设施，推动发达地区与海岛地区在产业项目、科技、教育、卫生等方面开展合作，对破解地区发展不平衡具有重大的现实意义。

二、明确发展方向,把建设海洋经济强市作为舟山主战略

长期以来,舟山市紧紧围绕渔、港、景等优势资源发展地方经济,形成了一批具有地方特色的海洋产业。习近平同志在舟山调研时高度肯定了舟山海洋经济发展成就,同时进一步要求舟山坚定发展信心,明确发展思路,建设海洋经济强市,实现舟山经济社会的跨越式发展。① 以海洋经济为地方发展"主战略",一方面,要求舟山在浙江"海洋强省"战略中大胆探索海洋开发新模式、新途径,发挥主阵地和排头兵的作用;另一方面,要求舟山围绕海洋经济持续发力,把海洋经济作为地区发展的主线和战略重心。对舟山而言,把建设海洋经济强市作为主战略,既体现了自身在国家发展大局中的战略地位,也凸显了海洋经济对地区经济的重要性,需要从更高层面加以认识和把握。

(一)调整发展思路,系统性地发展海洋经济

舟山的地方经济高度依赖渔、港、景等海洋资源,在不同的发展阶段,侧重点各有不同。受制于当时的历史条件,过去主要通过招商引资、资源粗放式利用实现海洋产业的扩张。发展海洋经济是一个涉及广、跨度大、领域宽的系统工程,要进一步调整和完善海洋开发的规划和措施,抓紧研究制定发展海洋经济的战略目标、重点任务和有关政策。这就要求舟山提高战略定位、把握战略机遇、明确战略方向,不仅要在发展海洋产业方面着力,还要制定完善的发展规划,系统性地推动海洋科技创新、优化空间布局、保护海洋环境、完善基础设施、改革海洋管理体制、培育战略性海洋产业,逐步构建更加完善的海洋经济体系。

(二)坚定发展信心,持续在海洋经济方面发力

海洋经济发展前景广阔,但同时也受到海洋管理体制、区位条件、

---

① 习近平:《干在实处　走在前列——推进浙江新发展的思考与实践》,中共中央党校出版社2006年版,第512页。

科技水平和海洋生态环境的制约。舟山是群岛型城市，区位条件优越，但人口总量小、交通不便、水电等要素保障能力较弱。这些客观因素影响了舟山的工业布局。地区经济长期依赖海洋渔业、海岛旅游等传统海洋产业，经济发展水平明显落后于宁波、温州、台州等沿海港口城市。对此，舟山既要看到目前经济发展水平还不高、还存在一些困难的现状，更要看到发展海洋经济的潜力，坚持海洋经济强市这个战略方向，不懈强化海洋经济发展基础，推动传统海洋产业转型升级。

（三）着眼全省大局，在海洋强省战略中发挥引领作用

舟山作为浙江海洋资源最为集中的地区，在建设海洋强省的过程中要"打头阵、唱主角"。对此，舟山必须着眼发展大局，主动改革创新，推动全省海洋经济更快更好发展。在区域关系方面，舟山要充分发挥区位优势，按照"主动接轨、加强协作、发挥优势、实现互赢"的方针加强与上海的合作，把舟山建设成浙江参与长三角经济合作与发展的"蓝色通道"；在港口航运方面，舟山要认真贯彻省委、省政府决策部署，整合开发港口资源，积极推进宁波、舟山港口一体化，共同建设国际航运枢纽；在发展方式上，舟山要大胆探索新的发展模式，突出海洋特色，加快陆海联动基础设施建设、临港工业发展和海洋旅游业发展，为全省海洋经济发展提供示范。

三、把握发展机遇，探索具有浙江特色的海洋经济发展模式

进入21世纪以来，世界各个滨海国家高度重视海洋开发，把海洋经济作为本国发展的重大战略。我国为了加快现代化进程，进一步提升综合国力和国际竞争力，提出了建设海洋强国战略，海洋经济发展面临前所未有的历史机遇。浙江省要在新一轮竞争中继续保持领先地位，必须进一步拓宽思路，开阔视野，走出一条具有浙江特色的海洋经济和陆域经济联动发展的路子。探索符合国家战略需要、具有浙江

特色的海洋经济发展模式是一项艰巨的任务，必须坚持理论与实践相结合、陆域经济与海洋经济相统筹、经济发展与社会生态科技相协调，着眼长远、系统布局、突出重点、整体推进。

（一）坚持把科技进步和体制创新作为发展海洋经济的主要动力

经济发展理论认为，技术与制度是经济增长的内生因素，对经济发展具有重大影响。要实现海洋资源高水平利用，必须大力发展海洋科技，建立完善的海洋科研和技术创新体系，才能为现代海洋产业提供充足的人力资源和技术支持，才能增强产业的核心竞争力并持续向战略性海洋新兴产业攀升。同时，海洋综合开发涵盖海岛、岸线、海域、航道等诸多领域，涉及国土资源、渔业、港航、海事以及国防军事等各个部门，管理体制和政策法规各有侧重。加大海洋综合开发力度，必须大力推动海洋管理体制改革创新，建立更加系统完善的法律法规，明确各部门管理责任和权力边界，精简行政审批事项和审批环节，让市场在资源配置中发挥决定性作用，充分释放海洋资源优势。

（二）坚持把港口城市作为发展海洋经济的主要依托

现代化过程中，各类生产要素快速向城市集中，城市成为现代经济的空间载体。发展海洋经济，需要将海洋资源与生产要素紧密结合，沿海港口城市就成为集聚各类要素、发展海洋经济的主要依托。浙江省宁波、舟山、温州、嘉兴和台州等城市都拥有丰富的海洋资源，尤其是宁波和舟山两市，海洋资源最为集中，区位优势突出，建港条件优越，在浙江海洋强省战略中应该被摆在更加突出的位置上。依托港口城市，一方面，能够直接推动浙江全省海洋资源的深度开发，建立更加完善的现代海洋产业体系；另一方面，能够促使民营经济的发展优势与海洋资源优势紧密结合，进一步拓展经济发展空间。同时，港口城市能够直接对接国际市场，开放发展优势明显，从而更加容易参与国际分工、组织和利用国际要素，为发展港口航运和国际贸易、建立临港工业体系创造了非常有利的条件。

(三)坚持把港口和临港工业作为发展海洋经济的突破口

随着我国经济发展水平的提高,我国与国际市场的联系日益紧密,国际贸易对拉动中国经济增长发挥了巨大的作用。2001年,我国加入了世界贸易组织,对外开放进入新的阶段,货物进出口规模大幅度扩大,港口发展迎来历史性机遇。宁波、舟山两市深水岸线资源丰富,建港条件良好,以港口为突破口带动海洋经济发展是具有现实意义的战略举措。加快港口建设,大力发展集装箱物流,着力建设战略性资源储运中转基地,既有利于维护国家资源能源安全,畅通产业链供应链,又能够为港口城市确立新的增长点,具有纲举目张的效果。同时,随着港口航运的发展,港口城市的开放度大幅提升,集聚资本、技术、信息、人才等生产要素的能力显著增强,为港口城市进一步发展船舶修造、海工装备制造、临港石化、海洋生物医药等临港工业提供了便利。

(四)坚持把基础设施建设作为发展海洋经济的重要保障

基础设施是一个地区经济社会发展的先行条件和重要保障,发展海洋经济,必须先搞好海洋基础设施。浙江省的海洋资源大量分布在海岛地区,受交通、水电、通信等基础设施的限制,难以得到高效的开发利用。对此,浙江省集中力量推进舟山大陆连岛工程、温州洞头半岛工程和杭州湾跨海大桥等三大通道的建设,并围绕拓展港口腹地这一目标实施了一批港口集疏运交通项目,在沿海地区建立起完善的交通运输体系。水电要素保障方面,舟山等海岛地区针对淡水资源紧缺、电力供应不足等问题,实施了海岛电力工程、海岛水源工程、大陆引水工程和海水淡化项目,显著改善了海洋经济发展的条件。

(五)坚持把可持续发展作为发展海洋经济的基本要求

可持续发展是科学发展观的基本要求之一,其核心要义在于处理好短期利益与长远利益、经济发展与生态环境等方面的关系,确保经济发展健康永续。改革开放过程中,不少地区通过扩大土地等要素投入推动经济高速增长,资源粗放利用,环境污染严重,造成了一系列问题。2000 年前后,浙江沿海地区渔业资源枯竭、近海水质恶化、生态环境破坏严重,海洋环境质量不容乐观。浙江建设海洋经济强省,必须坚持走可持续发展的道路。推动海洋经济可持续发展,一方面,要实施科技兴海战略,在资源环境承载力允许的前提下,依靠科技创新推动传统海洋产业转型升级,提升海洋资源开发水平,提高海洋经济发展效率;另一方面,必须处理好海洋资源开发利用与海洋生态环境保护的关系,加大海洋生态环境保护力度,实施禁渔禁捕和生态修复工程,在项目选择和产业布局方面有所为,有所不为,避免低水平的重复建设。

四、发挥区位优势,推动舟山海洋经济跨越式发展

跨越式发展是在特定的历史条件下,遵循发展规律,有效利用新的经济要素和自身优势,超越传统工业化发展模式,实现经济社会的快速发展。舟山是长江三角洲地区的 15 个城市之一,其特殊的区位优势,必然成为浙江省发展海洋经济、参与长江三角洲地区经济一体化的"蓝色通道"。

(一)推动舟山海洋经济跨越式发展,必须突出海洋特色

舟山的潜力在海,希望在海,优势也在海。对舟山而言,推动海洋经济跨越式发展,必须把"海"字文章做足,要紧紧围绕海洋经济寻求突破,不要简单地与其他地区比较生产总值的规模和增速,而是要突出海洋特色。在产业发展方面,高起点做好产业规划,把握国际产业转移的机遇,选择适合舟山发展的高端海洋产业项目;在空间布局方面,根据海岛地区的特点,细化每个岛屿的功能定位,逐步培育起现代渔业、船舶工业、海洋生物医药、港航服务等具有地方特色的海洋产业集群。

(二)推动舟山海洋经济跨越式发展,必须走新型工业化道路

习近平同志多次强调,舟山要按照新型工业化的要求,紧紧抓住国际产业结构和区域分工格局调整的机遇,继续依托港口优势,推进沿海、沿湾、沿路三大产业带建设,提升产业国际竞争力。[①] 对于舟山而言,以新型工业化推动海洋经济跨越式发展包括两方面的含义:一是必须把保护海洋生态环境作为发展海洋经济的底线,一定要在环境友好型、资源节约型社会建设方面做得更好,在产业布局、项目引进方面必须坚持底线思维,不能以牺牲环境为代价来换取经济增长;二是必须把海洋科技创新作为海洋经济的发展动力,把科技兴海提到战略高度,大力发展海洋高等教育,培养引进人才,加快海洋科技创新体系建设,推动海洋科研成果转化应用,提高科技对海洋经济的贡献率。

(三)推动舟山海洋经济跨越式发展,必须有突破性举措

区域经济并不单纯取决于资源禀赋,还需要借助大量的基础设施项目来促进区位优势的发挥或者劣势因素的动态转化。2001 年前后,舟山一方面面临着经济发展水平落后于浙江其他地区、经济体量小、交通不便等各种不利因素,另一方面又具备海洋资源丰富、海洋开发进入战略机遇期等有利条件。要把握机遇,破除各种困难,实现跨越式发展,就必须采取一些具有突破性的举措:积极推动浙沪洋山合作、宁波舟山港一体化;大力实施"小岛迁,大岛建""渔民转产转业"等一批重大政策;在地方财力有限的情况下,规划建设大陆连岛工程、大陆引水工程等一批对未来发展具有战略意义的重大基础项目。

---

① 习近平:《干在实处 走在前列——推进浙江新发展的思考与实践》,中共中央党校出版社 2006 年版,第 483 页。

第二节　从海洋经济强省到海洋强省的舟山探索

2003 年以来，舟山按照习近平同志的指示，积极践行"八八战略"，大力发展海洋经济，海洋强市建设取得重大突破。进入新的历史阶段，舟山在建设海洋强国、构建开放型经济新体制中的战略地位进一步提升，国家级群岛新区、江海联运服务中心、自由贸易试验区等一系列国家战略在舟山落地，为舟山发展注入了新的动力。舟山把握战略机遇，提高站位，认真谋划，持续推动传统海洋产业转型升级，布局发展临港装备制造业，加快港口航运和大宗商品储运体系建设，海洋经济发展水平显著提高，在推动浙江海洋强省建设中发挥了巨大作用。

一、拓展发展思路，促进传统海洋产业转型升级

舟山是我国海洋经济占比最高的城市之一，海洋渔业、水产加工等传统产业长期发挥着主导作用。进入 21 世纪以来，舟山渔业资源枯竭，海洋生态面临较大压力。2002 年，舟山渔区净收入 164111 万元，与 2001 年相比减少 1044 万元，2003 年进一步降低到 155877 万元，与 2002 年相比减少 8234 万元。渔区的人均收入、渔业劳动力人均收入增长明显放缓甚至降低，渔业经济发展面临较大困难。同时，受制于当时的技术条件，水产加工、船舶修造等传统产业粗放发展的现象普遍存在。舟山优化海洋产业结构、推动传统海洋产业转型升级势在必行。

（一）以结构优化调整为抓手发展现代海洋渔业

为了破解海洋渔业发展面临的困难，舟山把优化渔业捕捞结构，发展远洋渔业和海水养殖作为主攻方向，进一步稳固渔业的基础地

位。通过实施伏季休渔制度维护海洋生态平衡,舟山渔场渔业资源过度捕捞状况得到遏制。采取有效措施大幅度压缩渔船数量,全市机动渔船从20世纪90年代的12000余艘减少到2007年的8966艘,实现了减船增效的目标。加大远洋渔业投入力度,建设国际远洋渔业基地,鼓励渔业公司和个体私营渔轮拓展南太平洋金枪鱼钓、南美和北太平洋鱿钓,远洋渔业捕捞量从1996年的10.2万吨增加到2020年的63.1万吨,占浙江全省总量的79%。深化养殖体制改革,围绕虾、蟹、贻贝等重点水产品,加大苗种繁育、养殖示范基地建设、信息技术配套服务力度,逐步建立起完善的海水养殖产业,海水养殖总产量从1996年的2.6万吨增加到2020年的29.2万吨。

（二）以精深加工为抓手提升水产加工行业竞争力

水产加工是海洋渔业产业链延伸形成的工业门类,在舟山工业中占有重要地位。产业发展初期,生产规模迅速扩张,粗放式发展特征较为突出。大多数水产加工企业主要以水产品初级加工为主,产品附加值低,质量卫生问题时有发生;企业布局相对分散,环境污染较为严重;本地企业产品同构同质,竞争激烈;劳动密集型特征突出,劳动力成本上升对企业经营产生较大影响。为了提升水产加工行业竞争力,舟山市出台了一系列政策,明确把精深加工和海洋生物产业作为转型升级的主攻方向。经过10余年的努力,舟山市水产企业加大技术改造力度,大力引进科技人才,提升产品质量,丰富产品品类;神舟、海力生等一批重点龙头企业在海洋生物医药领域取得较大发展;中国（舟山）国际水产城、舟山水产品精深加工产业集聚区、舟山海洋生物医药产业园等产业发展载体逐步完善,水产行业布局进一步优化。

（三）以休闲渔业为抓手拓展渔民创业发展空间

2000年,舟山市有渔业乡镇（街道）39个,渔业村244个,渔业人口22.9万多人。随着渔业结构的调整,渔民转产转业、渔村经济升级的压力日渐增大。舟山市一方面加强对转产渔民的技能培训和社会保障,另一方面着力突破各种管理制度的限制,引导转产渔农民依托海岛景观资源发展"渔家乐"等休闲渔业,推动渔业经济与旅游业融合发展。为了进一步支持并引导休闲渔业加快发展,培育新兴业态,舟山加大了渔港渔村基础设施改造力度,实施渔农村住房改造、美丽海岛建设、"千村示范、万村整治"等一系列工程;充分挖掘渔民风俗、民间手工艺、民间音乐舞蹈等文化元素,丰富休闲渔业发展内涵;制定发展规划,完善行业发展规范和监管办法;出台优惠政策,加大对渔农民投资休闲渔业的扶持力度。经过多年努力,舟山打造出嵊泗花鸟、嵊泗田岙、普陀白沙、岱山田涂等海岛休闲基地,休闲渔业基地成为舟山的一张新名片。

二、树立前列意识,推动海洋经济集群化发展

产业集群是工业化进程中的普遍规律,是区域内企业基于分工合作和产业链延伸形成的经济形态,对区域发展具有强大的带动作用。浙江经济发展过程中,民营经济集群化发展以及在此基础上所形成的"块状经济"是浙江经济最为鲜明的特色。舟山着力完善以区域合理分工为基础的总体布局,推动海洋经济集群式发展,形成了海洋特色鲜明、发展优势突出的海洋产业集群。

(一)重点围绕产业间的前后向关联性延伸产业链

舟山培育海洋产业集群经历了较长的时期,逐步实现了从资源型集群向综合型产业集群的转变,呈现出梯次推进的特点。2000年之前,舟山依托渔业资源、海岛景观资源建立起了海洋渔业、水产加工和海岛旅游等产业集群,推动了舟山经济的发展。2000年以来,舟山推动传统渔港向现代港口升级,并在港口航运的带动下布局发展了船舶产业集群。随着港口集聚矿砂、石油等大宗资源能力的大幅提升,舟山进一步围绕大宗资源布局发展了临港石化产业和港航综合服务。总体而言,舟山遵循经济发展规律,充分发挥自身比较优势,逐步实现

了核心资源的深度开发,并不断通过产业间的关联性梯次扩展了新的产业集群,产业集群的协同效应较为明显。

(二)把握国际船舶产业转移机遇培育船舶产业集群

2002年以来,全球贸易大幅增长,国际航运业进入繁荣周期,进而带动了世界船舶工业的发展。同时,随着我国改革开放的深入推进,世界船舶工业开始从日韩欧美等国家和地区向中国转移。舟山及时把握船舶产业转移的机遇,一方面完善船舶工业发展的配套产业政策,另一方面加大招商引资的力度,在较短的时期内迅速建立起以散货船、油轮、集装箱船为主力品种的船舶产业集群。截至2009年末,舟山市规模以上船舶企业达到90余家,年造船能力达到700万载重吨,船舶工业总产值达到432亿元,占全省船舶工业产值的60%以上。2012年以来,舟山调整船舶产业集群发展策略,从规模扩张转向优化升级,进一步推动船舶产业集群优化整合,压缩低端产能,鼓励企业兼并重组,重点培育龙头企业;着力完善船舶产业链,大力发展船舶修理、绿色拆船、船舶配套和海工装备制造,船舶产业集群的整体竞争力进一步提升。

(三)着眼港口功能转型培育临港石化产业集群

2000年以来,舟山港口迅速发展,港口功能不断完善,矿砂、油品、煤炭、粮油等大宗物资的吞吐量逐年增加,国际影响力显著提升。但总体来看,舟山中转运输型港口的特征较为突出。为了实现从中转运输型港口向以加工增值为主的第二代港口转型,舟山以发展临港石化产业为重点方向,以打造油气全产业链为目标导向,依托强大的油品储运体系布局发展石化产业集群。2015年,舟山与荣盛石化等民营企业合作,在鱼山岛谋划建设炼油能力4000万吨/年、芳烃1080万吨/年、乙烯280万吨/年的炼化一体化项目。随着临港石化产业逐步崛起,舟山进一步瞄准石化中下游产业环节,在岱山、金塘、六横等区块规划发展合成化工、石化新材料、精细化工等产业集群,着力延伸产业链,大幅提升产业集群关联性、规模效应和协同效应,力争建成具有国际竞争力的大型石化基地。

(四)充分挖掘海洋文化和海岛景观优势完善海洋旅游产业集群

舟山海岛众多,拥有海湾、沙滩、礁石和海岛丘陵等多样性地貌,景观资源丰富;以普陀山为核心的观音文化享誉国际,信众遍布海内外;海洋渔业发展历史悠久,形成了独具特色的海岛民俗和民间艺术。依托这些旅游资源,舟山旅游产业集群逐步发展壮大,保持了良好的发展态势。针对旅游资源开发程度不高、产品结构单一、布局分散、配套体系不完善等一系列问题,舟山市以国际化、精品化、标准化为导向,着力建设海洋旅游综合改革试验区,加快推动旅游产业集群转型升级。优化产业布局,以普陀山为核心打造普陀国际旅游岛群,以泗礁岛为核心打造嵊泗渔业和休闲旅游岛群,推动旅游岛屿组团式发展。丰富旅游业态,充分发掘观音文化、山海景观、渔村风情等旅游资源,发展邮轮、游艇、海钓、康体、禅修、滨海度假等特色旅游产品。推动旅游综合配套改革,构建风景资源与旅游管理一体化机制,加大旅游配套设施建设力度,建立海洋旅游标准化体系,打造舟山国际海岛旅游大会永久会址,提升旅游产业国际化水平。在这些措施的推动下,舟山正发展成为享誉海内外的海洋旅游休闲目的地。

三、落实国家战略,推动海洋经济高质量发展

2011年以来,舟山相继承担了建设国家级新区、江海联运服务中心和自由贸易试验区等国家战略。这些国家战略在舟山叠加,既体现了中央对舟山战略地位、发展潜力的高度重视,也为舟山创造了前所未有的发展机遇。舟山紧紧围绕海洋这一发展主题,以创新、协调、绿色、开放、共享的新发展理念为引领,先行先试,改革创新,积极推动国家战略落地,着力推动海洋经济高质量发展,在保障

国家资源能源安全、参与"21世纪海上丝绸之路"和构建开放型经济新体制方面发挥了重要作用。

（一）推动区域协同发展

舟山要实现海洋经济的高质量发展必须处理好三个空间关系：一是舟山与上海、宁波等周边城市的区域关系；二是舟山港与长江沿线港口的协作关系；三是舟山本岛与主要岛屿之间的互动关系。这三个空间关系的核心是围绕"陆"与"海"实现区域协同发展。2002年以来，舟山市积极与上海协同开发建设洋山深水港。目前，该港区已成为上海国际航运中心的重要组成部分。2005年12月，在习近平同志亲自推动下，宁波港与舟山港实现一体化，按照统一规划、统一品牌、统一开发、统一管理的要求，成立宁波—舟山港管委会，编制港口发展总体规划，协同推进港口项目建设。2015年9月，两港进一步以资本为纽带实现港口资源整合，组建宁波舟山港集团，成为世界第一大港。港口间的合作为宁波、舟山实现区域协同发展奠定了良好的基础。在长三角区域一体化发展背景下，舟山进一步加强与宁波的合作，共同谋划以梅山、大榭、六横、金塘等区域为重点建设甬舟合作先行区，以实现甬舟同城化、一体化发展。

（二）完善海洋创新体系

习近平同志高度重视海洋科技创新对海洋经济发展的重要意义，要求舟山实施科技兴海计划，加快海洋科技园区、海洋高科技基地、科技研发中心等创新平台的建设，为海洋经济注入更多的创新要素。自舟山群岛新区设立以来，舟山市制定了创新发展规划，完善了创新政策，通过财政补贴、税收优惠等方式激发企业创新活力，鼓励企业加大技术创新力度。以海洋科学城为核心，打造中国海洋科技创新引智园、国家海洋科技国际创新园、高新技术产业开发区等一批集海洋科技创新、产业孵化、海洋高等教育于一体的科技创新平台。实施"智汇群岛·创新引领"5313行动计划和"创新舟山"三年行动计划，大力引进高层次海洋创新人才和创新团队。支持浙江海洋大学、浙江大学海洋学院、浙江国际海运职业技术学院、浙江舟山群岛新区旅游与健康职业学院加快发展，完善海洋高等教育及职业教育布局，提升海洋科技综合实力，逐步建立起较为完善的海洋科技创新体系。

（三）优化城市发展格局

舟山城市发展的关键在于把发展海洋经济与城市化紧密结合，以建设港口城市为载体，完善港口城市体系，实现港城联动发展。为了大幅提升城市品质，增强城市集聚各类要素的能力，为发展海洋经济提供强大支撑，舟山市围绕建设"海上花园城市"这一目标，根据海岛城市特点和现有基础，深入推进新型城市化。优化城市布局，确立"一城三带"的城市空间结构，推动定海、新城、普陀三个主要城区从"组团式"向紧凑型转变，加大城区交界地带、空白地带开发建设力度，着力打造南部花园城市带。完善基础设施，实施"1128"综合交通工程，建设百里滨海景观大道、东西快速路、长峙码头、国际空港等交通项目，新建一批特色公园、文体设施、农贸市场，大力推动老城区、"城中村"改造，大幅提升城市综合承载力。重点建设新城区块，围绕金融、港航物流、国际贸易打造千岛中央商务区，提升城市产业能级，推动产城融合发展。提升城市治理能力，建设智慧城市，完善城市管理体制，大力推动城市精细化管理，城市人居环境大幅改善。

第三节　构建新型海洋产业体系的舟山发展之路

海洋产业是海洋经济最主要的内核，发展海洋经济的落脚点在于建立门类齐全、关联度高、竞争力强的海洋产业体系。建设海洋强省，必须遵循习近平同志提出的战略构想，把陆海联动作为主要发展方式，把构建新型海洋产业体系作为重要战略方向，按照发展速度与发展质量相统一、产业规模与产业效益相统一、传统产业与新兴产业相统一的原则，明确海洋经济发展路径，突出海洋产业发展重点，优化海洋产业发展布局，拓展海洋产业发展空间，扩大海洋开发层级，壮大海洋产业规模体量。

一、明确海洋经济发展路径

加强陆域经济和海域经济的联动发展，实现陆海之间资源互补、产业互动、布局互联，是海洋经济发展的必然规律。开发海洋资源，可以为陆域经济提供更加丰富的生产资料，并且港口航运可以使内陆地区与世界市场形成更加密切的贸易联系。同时，发展海洋经济必须依托陆域空间来组织生产、销售活动，必须依靠陆域经济积累的资本、技术、人才来培育海洋产业。改革开放以来，浙江民营经济迅速发展，县域和乡镇的生产力较为发达，但是，受制造业竞争日趋激烈、劳动力成本上升等诸多因素的影响，亟待拓展新的发展空间、培育新的经济增长点。以陆海联动的方式发展海洋经济，能够充分发挥浙江海洋资源优势：一方面，为浙江民营资本创造更大的投资发展空间，提升舟山等海岛地区的发展水平，推动区域均衡发展；另一方面，依托宁波、舟山等沿海港口可以充分利用国际国内两个市场、两种资源，发展临港重化工业，建立更加完整的产业链供应链，提升浙江产业的整体竞争力，对优化全省生产力布局具有重要的战略意义。

二、突出海洋产业发展重点

（一）着力完善大宗商品储运体系

随着我国工业化水平的不断提高，资源能源消耗量持续增长，矿砂、石油、大豆、木材等大宗商品的进口量大幅增加。舟山依托丰富的深水岸线资源，把建设国际物流枢纽岛作为重要的发展目标。建成岙山国家战略石油储备基地、中石化册子岛石油转运基地、东白莲油品储运基地、新奥 LNG 接收站等重大项目,投入运营的油品储罐总库容达到 3400 万立方米,成为全国最大的商用石油中转基地,在保障我国能源安全方面发挥了重要的作用。建成以嵊泗马迹山、岱山鼠浪湖、普陀凉潭岛为主体的亚洲最大的铁矿砂中转基地,2020 年铁矿石吞吐量达 1.73 亿吨,混配矿业务总量达到 1656 万吨。加快舟山国际粮油产业园区建设步伐,截至 2020 年,年粮油通过能力达到 2500 万吨,总仓储能力达到 200 万吨,成为全国重要的粮油中转加工基地。形成了辐射全球的航运网络、沟通全球的商贸网络和面向全球的交易平台,以油品、铁矿石、化工品、煤炭、粮油为主的大宗商品储运体系逐步完善。

(二)建设舟山江海联运服务中心

2016 年,国务院批复设立舟山江海联运服务中心,旨在充分发挥宁波舟山港国际海运与中转运输枢纽的功能,建立海洋运输与长江黄金水道无缝对接的高效运输网络,形成保障能力更强、运输效率更高、辐射范围更广的江海联运体系。舟山依托完善的港口设施和强大的大宗商品储运能力,围绕长江经济带的发展需要,重点打造铁矿石运输系统、石油及制品运输系统、煤炭运输系统、粮食运输系统和集装箱运输系统。积极推动江海直达运输船舶的研发设计建造,2018 年 4 月,全国首艘江海直达船"江海直达 1 号"轮完成了舟山港区至马鞍山港首航,江海联运实现重大突破。创新港口合作机制,与重庆、宜昌、武汉、南京、泰州等长江沿线各主要港口成立港航联盟,共同发布江海联运港口联盟《舟山宣言》,实现港口战略合作。建成舟山江海联运公共信息平台,与长江沿线港口共享码头、船舶、货物等 1000 多个数据项,大幅提高航运效率。创新体制机制,推进江海联运口岸管理服务一体化。在这些举措的推动下,舟山江海联运体系日趋完善,服务能力大幅提升,2020 年江海联运量达 2.56 亿吨,充分发挥了保障国家资源能源安全的作用。

（三）着力打造国际海事服务基地

随着港口的快速发展，提升舟山港口航运服务能力，培育港航服务业势在必行。依托自由贸易试验区，舟山提出了建设国际海事服务基地的目标，按照夯实低端航运服务、做强中端航运服务、突破高端航运服务的发展思路，突出重点，大胆创新，大力提升航运服务能级。把船用保税燃料油供应服务作为重点突破方向，打破行业垄断，完善通关监管，着力突破制约保税燃料油供应的各种制度壁垒，创新一船多供、外锚地供油、先供后报、跨关区供油等模式，保税燃料油加注量大幅增加。2020 年舟山船用燃料油加注量达到 472 万吨，成为国内第一供油大港。坚持"全产业链"招商思路，针对船舶管理、船供服务、海事检验、船舶保税维修等产业链薄弱环节，瞄准国内外专业服务企业精准招商，促进海事服务企业向舟山集聚。大力发展特色航运服务，加快建设外轮供应服务中心和外供货物配送基地，船配保税交易平台、海上保税仓库、大宗商品保税交易等航运服务载体初步形成。加快发展海事衍生服务，建设国际海员俱乐部，培育海事仲裁、金融保险、船舶经纪等高端海事服务业，高端航运服务业发展取得突破。

三、优化海洋产业发展布局

（一）完善海洋产业空间布局，打造"一体一圈五岛群"

舟山是群岛城市，空间上具有典型的离散性，大量优质岸线资源分布在周边岛屿。从岛屿面积来看，舟山本岛、岱山、泗礁、六横、桃花岛、金塘、衢山等岛屿面积相对较大，拥有完备的城镇体系和一定的腹地空间，具备产业发展的有利条件。根据这些特点，舟山市按照产业布局分散与集中相结合的原则，采取点轴开发模式，确定了"一体一圈五岛群"的总体空间布局。把舟山本岛作为新区建设的主体区域和海上花园城市建设的核心区，着力扩大南部花园城市带的总体规模，提高城市能级，大力培育港航、金融、法律、信息、技术创新、国际贸易等现代生产性服务业,提升城市品质。以岱山岛、衢山岛、鱼山岛、大小洋山岛等深水岸线较为集中的岛群为依托,建设国际港航物流核心圈,加大港口开发建设力度,完善大宗资源储运体系,大力发展临港石化和配套航运服务。其余岛屿根据其区位条件、资源禀赋和环境承载力,分类设定发展方向。以普陀山为核心,推动朱家尖岛、桃花岛、登步岛、白沙岛等旅游资源丰富的海岛组团打造普陀国际旅游岛群。以六横岛为核心,带动虾峙岛、佛渡岛、东西白莲岛、凉潭岛等岛屿发展临港装备制造、大宗商品加工、海洋新能源、港航物流等海洋产业,打造六横临港产业岛群。以金塘岛为核心,推动册子岛、外钓岛共同开发建设,发展集装箱综合物流、临港机械制造、化工新材料等海洋产业,打造金塘港航物流岛群。嵊泗列岛充分发挥渔业资源丰富、海岛风景宜人的优势,重点发展贻贝海水养殖、渔家乐、海岛观光度假、海钓等旅游新业态,建设嵊泗渔业和旅游岛群。中街山列岛、浪岗山列岛、五峙山列岛、马鞍列岛等空间较小的无人岛屿全部列为重点海洋生态岛群。

（二）打造海洋产业发展平台,建设海洋产业集聚区

舟山市按照习近平同志提出的临港工业集群式发展的要求,把海洋产业集聚区作为发展海洋经济的重要载体,着力推动海洋产业集中布局。首先,推动园区整合,建立舟山海洋产业集聚区,统一规划,统筹海洋产业布局。其次,按照"一城诸岛"的思路明确各区块功能定位,海洋科学城"一城"主要承担海洋科技创新、孵化及高端服务业发展功能;舟山本岛西北部、六横、金塘、衢山"诸岛"主要围绕港航服务、船舶与临港装备、临港石化、海洋旅游、现代渔业、水产加工与海洋生物、大宗物资加工和海洋清洁能源等产业方向培育八大产业集群。突出高新技术产业园区和舟山港综合保税区等核心区块,将其作为舟山开发开放的重要平台,由集聚区管委会直接负责开发建设,重点布局高端装备制造、海洋医药、清洁能源、物流集散、海洋电子信息等产业

板块。自贸区设立以来，海洋产业集聚区累计集聚各类油气企业6000余家，引进新奥LNG、富通电缆、黎明发动机等一批重大产业项目，充分发挥了招商引资、助推海洋经济发展的平台功能。

（三）提升海洋产业布局水平，推动全产业链布局

优化海洋产业结构，不断延伸产业链并向产业链高端攀升是习近平同志对浙江海洋经济的期许，也是舟山提升海洋产业整体竞争力的必由之路。随着港口航运、船舶工业、水产加工、大宗商品储运贸易等重要产业环节逐步发展壮大，舟山及时调整产业链打造模式，把培育全产业链作为主要发展方向，重点针对现有产业价值链、供应链中的断点布局相应的产业环节，引入相应的产业项目，着力形成产业结构完整、关联性更强的海洋产业体系。2017年3月，浙江自由贸易试验区获批，明确提出打造油气全产业链这一核心任务。在油气储运能力大幅提升、规模效应逐步显现的基础上，进一步向石油炼化和油品贸易领域延伸，建设炼化规模居世界前列的鱼山绿色石化基地，并进一步布局发展合成化工、化工新材料、精细化工等中下游产业，形成了"油气运输—油气储备—石油炼化—化学工业—油品化工品交易"全产业链齐头并进的发展态势。依托波音737飞机完工和交付中心项目，引进通用航空制造、飞机配件、通航服务等产业项目，着力推动航空工业实现全产业链发展。积极发展远洋捕捞综合配套、现代海洋牧场、水产品精深加工、海洋生物医药和水产品交易，健全海洋渔业全产业链。围绕港口物流，积极培育航运经纪、船舶代理、金融保险、法律咨询等中高端航运服务产业，构建航运全产业链。随着主要海洋产业的产业链条不断延伸，舟山海洋产业结构逐步趋于优化，产业布局更加完善。

四、拓展海洋产业发展空间

（一）大力发展海洋工程装备制造业

海洋工程装备主要是在海洋勘探、开发、加工、储运等环节所需要

的各类大型工程装备，是开发利用海洋资源必不可少的生产工具。经过多年发展，舟山已经建立起较为完善的船舶工业体系。2010年以来，国际船舶市场低迷，船舶产业发展面临较大困难。舟山市出台《关于进一步促进船舶工业健康发展的若干意见》，提出推动船舶产业转型升级，快速壮大海洋工程装备制造业的发展思路。在配套产业政策的支持下，金海重工、中远船务等一批龙头企业加快调整产品结构，向海洋工程装备制造方向转型，通过招商引资引进了太平洋海洋工程公司、惠生海洋工程公司、长宏国际等海洋工程装备制造企业，承接制造海洋工程生活平台、自升助航式作业平台、半潜式平台、浮式石油生产储卸装置等海工产品，海工装备产品在数量和质量上均取得突破。2012年，舟山船舶与海洋工程装备基地被列入第三批"国家新型工业化产业示范基地"，成为继上海长兴、江苏南通、山东青岛经济技术开发区之后的第四个国家级装备基地。

（二）大力发展生物医药产业

海洋生物中含有多种生物活性物质，能够增强免疫力、预防和治疗心血管疾病、治疗癌症、抗衰老，具有广泛的医用价值。舟山海域共有鱼类、藻类、贝类等各种海洋生物1163种，为发展水产加工业和海洋生物医药产业提供了重要的物质基础。20世纪80年代，海力生等一批企业开始进军海洋生物医药领域，为舟山发展海洋生物医药产业奠定了基础。随着海洋经济发展水平逐步提高，舟山将海洋生物医药产业列为重要的拓展方向，从科技创新、产业孵化、产业导入等方面着手，系统推动产业发展。以海洋生物医药产业园为主要平台，积极整合科技资源，为产业发展创设良好的配套环境。建立海洋高科技成果公共中试车间、国家海洋设施养殖工程技术研究中心和浙江省海洋生物医用制品重点工程技术研究中心等一批生物科技创新平台，海洋生物保健品、功能性食品、生物功能材料、海洋生物酶制剂的研发能力大幅提升。鼓励海力生集团、平太荣等企业入驻园区，支持水产加工企业向海洋生物医药企业转型。目前,全市海洋生物医药企业已有 20 余家,主要产品包括多烯康、氨糖美辛片、角鲨烯、贝特令、鱼胶蛋白等 10 余种,产业规模初步形成。

(三)培育海水综合利用产业和新能源产业

海水综合利用产业是在海水直接利用、海水淡化和海水化学资源综合利用的基础上形成的产业门类,具有广阔的发展前景。舟山是淡水资源较为短缺的地区,海水综合利用对于缓解淡水资源紧张具有重要作用。1997 年,嵊泗县嵊山岛建成日处理能力 500 吨的海水淡化厂,此后,岱山岛、枸杞岛、洋山岛、六横岛等岛屿相继建成海水淡化项目,舟山的海水利用能力大幅提升。2013 年,舟山成为国家首批海水淡化产业发展试点城市。同时,舟山积极与杭州水处理技术研究开发中心等国内海水淡化专业科研机构开展合作,提高海水淡化技术水平,发展海水循环冷却、海水制冰项目,海水综合利用产业规模逐步扩大。此外,舟山充分发挥海洋能资源丰富的优势,大力培育风能、潮流能、潮汐能等海洋新能源产业。2005 年,衢山风电场动工,年发电量近 9000 万千瓦时,是浙江规模最大的风电项目,此后又建成了岑港、长白、金塘、东绿华等陆上风电项目,规划并建设总装机容量为 252 兆瓦的普陀 6 号海上风电场以及总装机容量为 234 兆瓦的中广核岱山 4 号海上风电项目。与浙江大学合作建设摘箬山岛清洁能源研发试验基地、长白岛清洁能源综合应用示范岛等示范性项目,积极开展潮汐能、潮流能利用的前期试验。选择技术相对成熟的领域推动产业化。2016 年,世界最大的兆亿级潮汐能发电项目在岱山县秀山岛成功运行发电。舟山海洋新能源产业发展步伐不断加快,成为浙江最大的海洋新能源基地。

第四节　舟山海洋经济高质量发展的经验与启示

在国家战略的推动下，舟山市认真贯彻习近平同志关于建设海洋强国、海洋强省的重要指示，以新发展理念为引领，牢牢抓住海洋经济这个重点，先行先试，着力推动陆海统筹、区域协同、港城联动、科技创新和全产业链布局，积极构建现代海洋产业体系，在推动海洋综合开发、保障国家资源能源安全、构建开放型经济新体制等方面发挥了重要作用，为推进海洋经济高质量发展积累了丰富的经验。

一、坚持规划引领，系统谋划海洋经济发展方略

落实海洋强国、海洋强省战略，加快建设舟山群岛新区和浙江自贸试验区，必须有系统的战略谋划。在发展过程中，舟山高度重视从战略角度进行前瞻性、系统性的规划设计，始终坚持规划引领，充分发挥各类规划在贯彻国家战略、推动区域发展中的引领作用。国家战略与发展规划相统一，紧密结合国家的战略需求和舟山地域特点制定完善的发展规划，明确目标定位、产业布局、发展思路和配套政策，以规划实施为抓手推动国家战略落地。重视各类规划的相互衔接，新区发展规划和港口、交通、临港工业等专项规划相互配套，避免规划内容的冲突和相互矛盾。以实现市域治理现代化为目标积极推动舟山市国土空间规划、城市发展规划、主体功能区规划等"多规合一"，完善国土空间规划体系。坚持战略性与可操作性相统一，一方面，着眼全球化和国家总体发展态势确定海洋经济、对外开放等方面的宏大目标，充分体现舟山在国家发展大局中的战略价值；另一方面，立足舟山发展实际，在海洋产业布局、城市发展、配套政策上确定现实可行的发展路径，确保规划实施。

二、坚持项目带动,不断夯实海洋经济发展基础

加快发展海洋经济,建设海洋经济强市,关键要以重大项目为突破口,破解制约海洋经济发展的瓶颈,夯实发展基础。舟山坚持项目带动,以极大的魄力谋划并推动了一批重大基础设施项目和重大工业项目,改善了舟山发展的硬环境,同时也夯实了海洋产业基础,为延伸产业链、推动全产业链布局创造了条件。把重大交通项目作为解放舟山生产力、释放发展潜力的关键,建成以舟山跨海大桥为主的大陆连岛工程,加快建设宁波舟山港主通道。着眼长远发展需要,积极对接宁波都市区和上海大都市圈,大力推动铁路上岛和高等级公路延伸,开工建设甬舟铁路工程,正在进一步谋划建设沪舟甬跨海大通道,力争彻底改变舟山的交通条件。同时,为了提升海洋资源集约利用水平,增强海洋产业整体实力,建成投用了观音文化园、大陆引水工程、多端柔性直流输电工程等重大项目,先后引进了浙能六横煤电一体化、新奥 LNG、鱼山炼化一体化、国电六横海上风电场、中广核岱山风电场、太平洋海工等一批重大产业项目。这些重大项目为舟山带来巨大的投资,确保固定资产投资的大幅增长,进一步完善了舟山海洋经济发展环境,为拓展产业发展空间发挥了重要的作用。

三、坚持创新驱动,着力增强海洋经济发展动力

舟山积极贯彻新发展理念,坚持把海洋科技创新作为发展海洋经济的重要驱动力,依靠海洋科技进步拓展开发海洋、利用海洋的深度和广度。以中国(舟山)海洋科学城为主要载体打造海洋科技创新平台,引资引智引技并举,促进产学研一体化发展。组建浙江省海洋开发研究院、浙江大学海洋研究中心,设立浙江海洋科技创新服务平台、中国海洋科技创新引智园区,推动科技创新、成果转化和产业孵化一体化发展。大力发展海洋高等教育,支持浙江大学、浙江海洋大学等

高校加快发展涉海类专业,加大海洋专业技术人才培养力度,海洋科技教育实力明显增强。高效促进科技成果转化,成立舟山科技成果交易中心,完善技术市场,促进科技资源市场化高效配置。建立健全高层次人才和创业领军人才扶持政策,在启动资金、项目补助、贷款贴息、住房、子女家属就学就业等方面提供强有力的支持,增强人才引进的竞争力。实施"创新舟山"三年行动计划,全面落实创新驱动发展战略,围绕科技创新平台、产业创新、人才集聚、创新环境、配套政策等方面着力补短板,激发创新活力,打造更加完善的海洋科技创新体系。

四、坚持陆海统筹,着力推动海洋经济协同发展

习近平同志在浙江工作期间,高度重视"陆海联动"在建设海洋强省中的作用。担任总书记后,他进一步从我国生产力总体布局的角度出发,提出"陆海统筹"发展的战略思路。舟山积极贯彻陆海统筹战略,通过联动发展的方式推动海岛地区和大陆地区之间协同发展,对于优化浙江生产力布局发挥了重要作用。舟山在群岛新区、江海联运服务中心、自贸试验区建设过程中,将海洋经济发展与"八八战略"紧密结合,从陆海统筹的角度出发提出打造长三角地区新的经济增长极、东部地区重要开放门户、保障我国资源能源安全的重要基地等目标。同时,积极调整区域经济政策,推动资本、技术、人才、资源等生产要素跨地区自由流动,鼓励浙商以及国内外企业到舟山投资海洋产业项目。积极参与长三角区域一体化发展,加强与宁波、上海的协作,打造甬舟合作先行区,探索建设浙沪海上特别合作区,推动区域协同发展。统筹陆域基础设施与海岛地区交通设施、能源管网建设,构建互联互通基础设施体系。着力完善港口集疏运系统,将沿海港口与长三角经济腹地紧密连接,强化舟山与腹地城市之间的经济联系。

五、坚持改革开放,不断优化海洋经济发展环境

舟山在发展海洋经济的过程中,坚持把开放发展作为主攻方向,

在群岛新区、舟山江海联运服务中心和浙江自由贸易试验区等战略的引领下,先行先试,改革创新,不断优化营商环境,开放型经济新体制日益完善。始终坚持开放发展的大方向,不断努力争取国家支持,在建设舟山港综合保税区和自由贸易试验区的基础上,着眼未来,积极谋划建设舟山自由港。坚定不移推动改革创新,以打造国际化、法治化、便利化的营商环境为目标,推动体制机制改革和制度创新,为高水平对外开放创造条件。完善市场准入机制,全面落实外商投资准入负面清单管理,建立健全适应自由贸易试验区建设的高标准监管制度。大力推动通关监管制度改革,累计形成国际贸易"单一窗口"、国际航行船舶进出境"一单四报"、保税燃料油一船多供和先供后报等116项创新成果,其中全国首创52项,27项被国务院及相关国家部委在全国复制推广,创新成果居全国第三批自贸试验区前列。切实转变政府职能,行政审批制度改革、商事登记制度改革、"最多跑一次"改革取得重大进展,加快政府数字化转型,实施"互联网＋政务""互联网＋监管",大幅提升政府服务效率。随着一系列改革创新举措的实施,舟山营商环境竞争力大幅提升,受到国内外企业的广泛关注,正崛起为我国沿海地区对外开放新高地。

第二章　宁波舟山港一体化发展，
建设国际大港

　　宁波舟山港是一个以水水中转为主要功能的深水良港。舟山港作为上海国际航运中心和宁波舟山组合港的主要组成部分，是中国沿海建设大型深水港及集装箱码头的理想港址。港口开发是舟山未来最具潜力和竞争力的产业。宁波舟山港是上海国际航运中心的重要组成部分，是长江三角洲及长江沿岸工业发展所需能源、原材料及外贸物资运输的主要中转港，是舟山市经济社会发展和对外开放的重要依托，是浙江省海洋经济的重要引擎。在浙江工作期间，习近平同志高度重视港口的作用，对宁波舟山港的开发与整合作出了一系列重要的指示批示。

第一节　两港港口优势和一体化发展战略意义

　　港航产业作为对外开放的重要窗口，是经济建设特别是海洋产业发展的重要支撑。浙江省港航产业起步早、基础好，但由于宁波、舟山、温州、台州、嘉兴五个港口分属不同行政区域，港口岸线被各自的行政主体、市场主体、监管主体分割，各个港口之间存在着重复建设、无序竞争、各自为政等弊病，削弱了整体的对外竞争力。打破旧格局、整合低小散、实现一体化，要先从位居龙头的宁波港舟山港两港抓起。宁波港、舟山港两港作为浙江省港航产业的两大支柱，是建设浙江海洋经济发展示范区的重要依托,是我国沿海重点港口和综合运输体系的重要枢纽,是上海国际航运中心的重要组成部分,在服务"一带一路"倡议、长江经济带建设、长三角一体化发展等国家战略中具有重要地位。宁波舟山港一体化发展,发轫于习近平同志在浙江工作时所作出的加快开发大港口、建设大通道、发展大物流的战略决策。早在2003年1月,习近平同志在舟山调研时就指出,海洋是浙江的一大优势,要"做好海洋经济大文章",加快宁波—舟山港一体化进程,形成以宁波—舟山深水港为枢纽,温州、嘉兴、台州港为骨干,各类中小港口为基础的沿海港口体系。① 2005年12月,他在宁波舟山港管委会挂牌仪式上指出,港口建设将是浙江省经济发展的大手笔,港口建设的重点在宁波、舟山港一体化。② 宁波舟山港一体化在推动浙江海洋经济发展和港航强省建设中地位重要、作用显著。

一、宁波、舟山两港的区位资源和功能作用具有不可替代性

宁波、舟山两大港区无论是所处的区域位置和所拥有的资源禀赋,还是所具备的特殊功能和所能发挥的重要作用,在整个浙江省、长三角区域甚至在全国和全球范围,都具有不可替代性,是中国建设海洋强国最为宝贵的战略资源之一。

(一)区位优势突出

宁波、舟山两港是"一带一路"和长江经济带的重要海上门户,是江海联运的重要枢纽,具有连贯南北、通江达海、辐射亚太的区位优势。宁波港域位于我国东南沿海、杭州湾湾口,向外直接面向东亚及

---

① 《山海相连天地广——"八八战略"实施15周年系列综述·山海协作篇》,《浙江日报》2018年6月30日。

② 《书写新世纪海上丝绸之路新篇章——习近平总书记关心港口发展纪实》,《人民日报》2017年7月6日。

整个环太平洋地区;向内可连接沿海各港口,覆盖整个华东地区及长江流域,是中国沿海通达美洲、大洋洲等港口的理想集散地。舟山港位于长江、钱塘江、甬江三江入海口,背靠江浙皖鄂闽等辽阔腹地和沪宁杭甬等大型城市群,是长江流域及华东地区的海上门户和对外主通道,与亚太、中东、欧美等地区的各大港口呈扇形辐射之势。在近洋航线上,舟山港距台中、长崎、釜山约 500 海里,距高雄、首尔约 600 海里,距香港、神户、大阪约 700 海里,与东北亚及西太平洋一线各大主力港口构成几乎等距的海运网络;在远洋航线上,舟山港距美洲、大洋洲、波斯湾、东非等地区的主要港口约 5000 海里,区位优势十分突出。

(二)港口历史悠久

宁波港具有 7000 多年的发展历史,据史料记载,河姆渡先民凿木造船、斫枝为桨,舟楫往来,宁波当时就有了港口的雏形,是中国最古老的港口之一。宁波港春秋时期称句章港,唐朝称明州港,元朝称庆元港,明朝始称宁波港。唐宋年间,来自日本、朝鲜、东南亚各国以及阿拉伯地区的商人蜂拥而至,装满陶瓷、茶叶和丝绸的货船不时张帆而发,宁波港上桅樯似林。1973 年,镇海港区建成投用,宁波港开始从内河港走向河口港。1979 年,10 万吨级大型中转码头北仑码头兴建,宁波港走出河口,走向海港,直至整个宁波舟山港发展成为全球第一大综合货运港和第三大集装箱枢纽港。舟山港历史同样悠久,早在秦朝,方士徐福就从舟山起航东渡日本,唐宋年间,舟山成为明州港的出海口,一度是日本、韩国"遣唐使""遣宋使"出入内地的必经口岸。舟山岑港曾有"六国港"称谓,同世界上许多国家有贸易往来。明代,舟山六横双屿港与印度科钦、日本长崎同为世界东方三大外贸港口。新中国成立后,特别是在改革开放以后,舟山港航业迎来了飞速发展期,现今货物吞吐量已占到整个宁波舟山港的近一半。

(三)港航资源丰富

宁波、舟山两地建港条件十分优越,码头前沿水深条件、航道规划使用、码头设计通过能力等方面优势非常突出。2020 年,宁波舟山港航线总数约有 260 条,其中远洋干线 115 条,近洋支线 93 条,内支线 20 条,内贸线 32 条,与全球 190 多个国家和地区的 600 多个港口通航。宁波港域航道资源优异,水流稳定,水域宽广,可开发的深水岸线达 120 公里以上,通航和作业自然条件优越。舟山港域拥有定海、金塘、衢山、洋山等 11 个港区,全域岸线总长 2444 公里,其中深水岸线 228 公里,占全国深水岸线资源的 20% 左右,港口岸线最大可承载 14 亿吨吞吐量;现有泊位 301 个,其中万吨级以上泊位 83 个,年综合通过能力 4.9 亿吨。舟山海域航道四通八达,其中 10 万吨级以上航道有 14 条,30 万吨级大型航道有 4 条,有 6 条国际航道过境舟山海域。

(四)经济腹地广阔

宁波舟山港具有广阔的腹地优势,可以发展的货物种类及服务种类较为丰富,规模效应明显。浙江省作为宁波舟山港的直接腹地,全省经济发展势头强劲,主要经济指标在全国保持领先地位,是中国经济增长最快、最具活力的省份之一。以上海为龙头的长三角地区作为宁波舟山港的重要腹地,随着高质量一体化发展进程的不断加快,为宁波舟山港转型升级带来了新的动能。长江流域和长江经济带占了全国约 40% 的人口规模和经济体量,为宁波舟山港打造中国江海联运服务中心提供了新的更大腹地,长江沿线所需的铁矿石、油品、粮食、煤炭、LNG(liquefied natural gas,液化天然气)等大宗战略物资,离不开宁波舟山港的运输、中转、储备等功能配套和支撑。随着西部大开发、国内国际双循环等国家战略以及"一带一路"的深入实施,宁波舟山港的腹地空间将会越来越大。

(五)对外开放度高

宁波港素有古丝绸之路"活化石"之称,752 年(唐天宝十一年),日本孝谦朝 3 艘"遣唐使"船抵达宁波口岸,开启了宁波港 1200 余年的对外开放史。唐时,宁波与扬州、广州并称中国三大对外贸易港口,宋时与广州、泉州同列对外贸易三大港口，鸦片战争后被辟为"五口通商"口岸之一。1979年，经国务院批准，宁波港正式对外开放，到2020年，宁波全市完成外贸自营进出口总额9786.9亿元，外贸出口额占全国比重近4%。舟山港作为中国最重要的海上开放门户之一，以及宁波港的外围组合港，其对外开放不仅具有区域性的战略意义，还具有国家层面的战略意义。1987年，舟山口岸正式对外开放，当时开放面积仅为0.44平方公里；1997年，舟山水陆域开放面积为291.09平方公里；2007年达到1130平方公里；2016年开放总面积达到1344.8平方公里。30年间扩大了3000多倍，承接了国家所交付的建设江海联运服务中心的战略使命，成为服务保障国家大宗物资进口的重要通道。

二、在实施一体化运营前，两港已暴露出无序竞争等弊端

宁波港、舟山港两港都拥有得天独厚的区位优势，也取得了惊人的发展成就，但对标世界一流大港，各项指标排名仍有较大差距。2004年，宁波港吞吐量为2.2亿吨，排在全国第二、全球第五，集装箱吞吐量不足200万标箱，排在全国第九。舟山港陆域面积小，多为离岛型港口，集疏运条件差，许多优质深水岸线资源"待字闺中"，7300万吨的吞吐量在全国仅排第九位。处在同一海域的两港，硬生生地被两个不同市域分割，导致资源不能整合、力量不能聚集、无序竞争等弊端日益凸显。

（一）行政区域分割

宁波港和舟山港位于同一片海域、同一处航道、同一大锚地，且身处同一块经济腹地。长期以来，受地方经济发展本位主义的影响，宁波、舟山两市都想开发港口、振兴航运、带动区域发展，都想掌握主动、不受制于人，两港在船舶进出、航线开辟以及货源、箱源拓展等方面展开了无序、激烈的争夺，事实上已经造成了不顾客观条件和市场需求

的重复建设、同质竞争。

（二）资源掌控分散

两市在岸线资源、航线资源等方面的开发利用协同不够,落实上级规划刚性不足。有的新建项目选址和已建项目调整,不符合岸线规划或使用功能要求。一些优质岸线没有合理利用,业主码头占比偏高,公共码头偏少,部分港口岸线开发存在低、小、散、差等问题。个别港区有码头但缺业务,长年"晒太阳",资源集约利用水平亟待提高。

（三）多式联运分离

两港各自独立运行、分散经营,无法从全局上予以通盘考虑,水水中转、水陆中转、水铁中转等多种运输方式难以整合,衔接不够完善紧密,集疏运体系配套建设存在短板,货物海进江、江出海的江海河联运体系需要打破瓶颈,水铁联运明显滞后,海运物流大通道梗阻颇多。统一高效的海洋港口信息管理系统也没有建立起来。

（四）口岸机构分立

由于国家口岸监管单位按行政区划设置,计划单列市又可单设等同于省级的口岸监管机构,导致浙江省出现"一省两关"格局。宁波、舟山两市虽然同处一片海域,却有两套互不隶属、独立运作、需要国家部委层级出面协调的口岸监管机构,海关、检验检疫、边防检查、海事监管、引航服务等,两个机构各管一段、各自为政,导致协调成本高、沟通周期长,行政资源配置较为低效。

出现上述问题,根本原因在于港航岸线资源被不同的行政主体、监管主体、市场主体多重多头"分割",出路就是把宁波港、舟山港两港作为一个整体来统筹规划,加快推动港口一体化发展。

三、深厚的基础条件和共同的使命任务,促成两港一体化

宁波、舟山两地隔海而望,地缘相邻,人文相亲,产业相通,推进宁

波港、舟山港两港一体化和宁波、舟山两市一体化同城化发展，既有历史条件又有现实需求，还有深厚的基础条件和共同的使命任务，在习近平同志高瞻远瞩的指示下，宁波港、舟山港两港开始向一体化目标奋力迈进。

（一）人文相亲优势互补

宁波、舟山自古以来在经济、社会、人文、旅游等方面的交流联系十分频繁，相当紧密，对接合作源远流长，互利共赢持续推进，具有协同发展的历史传统与现实基础。通过耳濡目染、潜移默化，在民俗风情、语音语调上，舟山人与宁波人有许多共同点。改革开放以来，舟山与宁波的经济交往、文化交流、人员往来迈入了快速发展的新阶段。舟山众多的岛屿、港口、岸线、航道、锚地等海洋资源优势和宁波雄厚的人才、技术、资金、市场等地缘经济优势所形成的耦合效应，为宁波港、舟山港一体化发展提供了动力源泉。

（二）产业合作有序开展

宁波的开放型经济优势、枢纽级交通地位和金融、人才、科创、教育等要素资源保障，以及舟山的海洋、岛群、港航、渔业、旅游等优质资源禀赋，使得两地历来具有资源上的互济性、经济上的互动性、产业上的互补性。着眼未来，两市更具备进一步扩大经贸合作的广阔空间。就港航领域而言，宁波港基础设施完善，港口规模较大，物流集散畅通，资金实力雄厚，管理经验丰富，拥有业务优势、管理优势和国际影响力；舟山港海域面积较大，开发程度较低，可用空间广阔，拥有资源优势、空间优势和后发优势。推进两港一体化，恰好可以实现优势互补，合作共赢。

（三）公共服务有效对接

宁波、舟山两地在公共交通、医疗卫生、社会保障、文化旅游、职称认定、户籍管理等领域的同城化已取得初步成效。近年来，人社领域已实现甬舟两地中初级职称证书互通互认，教授（专家）工作室联合组建工作稳步推进。公共交通已实现线上联网售票,公交 IC 卡已实现两地互联互通。社会保障已通过省内就医"一卡通"结算平台,实现定点医院互享结算报销、专家互访会诊等服务,养老保险办理流程、管理制度等已基本完成信息化统一管理,实现数据资源集中管理。"中高职一体化"人才合作培养有序推进。

宁波港与舟山港一体化发展的构想提出已久,合并一事在十几年前就已被提及。当时,宁波、舟山周边港口都在加快发展,青岛、大连、深圳、温州等沿海城市都在建设深水码头,上海没有深水岸线的资源,就向舟山小洋山拓展。而在此时,宁波、舟山两港却因位于同一片海域、同一处航道、同一块锚地,在争船、争航线、争箱源和货源方面各自为政,内耗不断。2005 年 6 月,时任浙江省委书记习近平同志召集宁波、舟山两市的主要领导、分管领导和相关职能部门及港口企业在舟山召开座谈会,他在听取各方面汇报后指出:"'十一五'期间,是我们推进两港一体化的关键时期,要把这个港区建设成为一个战略物资储备中转基地、临港工业发展基地、对外贸易物流基地。"①同年 12 月,浙江省政府成立宁波—舟山港管委会,推进两港在规划、品牌、建设和管理上的"四统一"。

四、推进宁波舟山港一体化意义重大、影响深远

推进宁波港、舟山港一体化,是浙江港航强省建设的战略性举措,对整个中国的港航强国、海洋经济和海洋强国建设都具有重大战略意义,在全球港航产业领域也称得上是一个大事件,引发了一系列连锁反应。

(一)有利于提高资源利用效率,减少无序竞争

港口一体化是指通过建立有效的工作机制,推行统一高效的经营

---

① 中央党校采访实录编辑室:《习近平在浙江》(下),中共中央党校出版社 2021 年版,第 96 页。

手段,改善行政管理,破除市场壁垒,使区域内的港口充分发挥各自优势,形成"分工明确、优势互补、共赢互惠"的局面,实现港口资源优化配置、港口管理完善统一、港口竞争力不断增强的过程。港口一体化策略,目的在于取长补短,尤其对宁波、舟山两港而言,由于经济腹地高度重合、优劣势互补明显,一体化整合可有效避免原本可能出现的重复建设、无序竞争等状况,实现岸线、腹地、航道、锚地等资源的高效利用,促进宁波和舟山两地互利共赢。

(二)有利于提升港口实力,培育新的比较优势

一体化之前,宁波港、舟山港两港年吞吐总量已经在 3 亿吨左右,特别是宁波港,在国内已是第二大港,在国际上也有一定知名度。舟山港则是我国著名的深水海港,有很多深水岸线航道资源,具备开发国际大港的自然条件。两港资源整合,实施一体化运营后,既可以实现资源集聚、优势互补,又可以形成合力、提升能级,增强两港参与全球港口竞争、服务全省和长三角地区经济发展的能力,在整合开发中营造全新的规模优势、品牌优势和竞争力优势,不断放大"1+1>2"的整合效应,提升我国港口的国际竞争力和对外合作水平。

(三)有利于打造世界级港口群,推进全省港口一体化

打造世界级港口集群是浙江省的战略决策,作为浙江省海洋港口一体化发展的"龙头",宁波舟山港在浙江港口集群中拥有"核心层"地位,对省内温州港、嘉兴港、台州港、义乌陆港和八大内河港口有着辐射带动使命,能引领省内各个海港、河港、陆港和空港齐头并进、转型升级,加快推进支线中转、海河联运等业务蓬勃发展,让浙江的一群港口变成一个港口群,最终形成以宁波舟山港为主体和枢纽,嘉兴港、温州港、台州港、义乌陆港以及内河港口联动发展的"一体两翼多联"新格局,确保浙江全省的海港开发、建设、管理成为可以通盘规划的"一盘棋"。

(四)有利于建设港航强省,加快海洋经济发展

宁波舟山港一体化发展,是浙江省大力发展海洋经济、加快建设港航强省最为重要的引擎之一。2007 年,浙江提出了港航强省的建设目标,通过实施全省港口资源的大整合和大开发,全力打造世界一流强港,加快发展海洋经济。港航强省发展规划提出了以宁波舟山港为龙头,整合全省港航资源,增强集疏运能力,形成"一个龙头"、"两个区域"(温台港口、浙北港口)、"三条主线"(浙北航道、钱江中上游航道、杭甬运河)的水运网络。推进宁波舟山港一体化,充分发挥宁波港的资金优势、管理优势和国际影响力,有效挖掘舟山港的区位优势、资源优势和发展潜力,促进宁波和舟山两地双赢,进而推动浙江港航强省和海洋强省建设,促进中国沿海港口的良性互动。"十四五"期间,浙江省委提出了宁波、舟山合力建设全球海洋中心城市的工作任务,宁波舟山港一体化又将成为实现这一宏伟蓝图的重要助推力。

(五)有利于推进甬舟一体化,服务长三角发展

长三角一体化发展上升为国家战略,意味着一体化发展已经进入全方位、加速度、高质量推进的新阶段。长三角地区要成为全国贯彻新发展理念的引领示范区、全球资源配置的亚太门户,就必须寻求创新区域合作模式创新,打破行政藩篱,建立一流的公共管理和市场治理体系,打造一流的营商环境,形成完善、统一的区域合作规则和共生共赢体制。实施甬舟一体化,是浙江省推进落实长三角一体化发展国家战略的有力举措和关键抓手,宁波舟山港一体化又是甬舟一体化的示范工程和重要突破口。宁波舟山港拥有港口区位规模优势、多式联运体系优势、资源整合机制优势和港产城融合路径优势,与在航运金融与保险、海事法律与仲裁等现代高端航运服务业领域拥有优势的上海港加强合作、携手共进,将有力推进长三角地区高质量一体化的发展步伐。

第二节　宁波舟山港一体化的历史进程与措施

推进宁波、舟山两港一体化，是浙江省海洋经济强省建设的一项重大举措。2005年12月，浙江省成立宁波舟山港管委会，习近平同志亲自授牌，正式揭开了宁波舟山港一体化进程的序幕。

一、宁波舟山港一体化的决策过程

习近平同志在舟山调研时，看到了舟山港口的资源优势和潜力，明确提出要"加快宁波舟山港一体化进程"[①]。他从全省、全国的视野分析舟山港口的地位作用，为舟山港确立了一个全新的定位："舟山现在既是上海国际航运中心的一部分，又是宁波舟山港口一体化的一部分，将来两个中心合围过来之后，更烘托出这里也是一个中心所在，变成了'台风眼'。"[②]

舟山港是典型的水水中转型港口。中国加入世界贸易组织后，全球性资源配置使大宗货源大幅度增长，这对有着良好港口条件的舟山来说，是一个难得的发展机遇。但光靠舟山自身的力量是不够的，必须借外力来推动舟山港的发展，大力推进宁波港、舟山港一体化进程意义重大。

2004年，舟山港7300万吨的吞吐量在全国排在第九位，在世界上的影响并不是很大，宁波港吞吐量是2.2亿吨，排在全国第二、世界第五，如果宁波港和舟山港整合起来，就是近3亿吨，不仅直追上海，还能在全世界排第二位。而且上海港吞吐量呈逐渐饱和趋势，将来我国海上运输的货物吞吐量增量都在浙江，特别是上海散货码头资源奇

---

① 《春风又绿江南岸——习近平总书记在浙江考察纪实》，《浙江日报》2020年4月3日。
② 中央党校采访实录编辑室：《习近平在浙江》（下），中共中央党校出版社2021年版，第94页。

缺,而舟山港的深水码头正好可以发挥优势,满足这些需求。宁波港有航运业务、港口规模、管理水平等方面的优势,但发展的空间受到限制;舟山有土地、岸线等优势,但开发程度相对较低。宁波港需要更多空间,舟山港需要加快发展,两港一体化,恰好可以实现优势互补、合作共赢。

2005 年 6 月,习近平同志召集宁波、舟山两市的主要领导、分管领导和相关职能部门及港口企业在舟山召开座谈会。听取各方面汇报后,他斩钉截铁地指出,"十一五"期间是推进两港一体化的关键时期,要把这个港区建设成一个战略物资储备中转基地、临港工业发展基地、对外贸易物流基地。为推进两港一体化建设,习近平同志综合考虑各方面因素,明确以港口经济作为纽带,来推动宁波舟山港一体化,并明确了"四统一"的基本思路,即统一规划、统一品牌、统一建设、统一管理。2005 年 12 月,浙江省人民政府成立宁波舟山港管委会并获得了交通部批准,办公室设在省交通厅。

二、宁波舟山港一体化的推进举措

2015 年 9 月 29 日,全新组建的宁波舟山港集团正式挂牌。2016 年 11 月,浙江省海港集团与宁波舟山港集团全面整合,开启了全省海港一体化改革的崭新一页。全面整合以来,宁波舟山港集团以改革释放动能,以创新激发活力,以文化促进融合,高质量完成了省委、省政府的决策部署和全省海港一体化改革的历史使命。

(一)主动对接重大战略,加快形成开放合作新高地

全力争当"一带一路"建设"生力军"。宁波舟山港集团积极促成《海丝港口合作宁波倡议》等四大成果列入第二届"一带一路"国际合作高峰论坛成果清单,协助连续举办了五届海丝港口国际合作论坛,发布海上丝绸之路贸易指数(STI),推进"一带一路"迪拜站建设,推进与印尼相关港口、西班牙阿尔赫西拉斯港等的合作项目,推动"义新

欧"班列加快发展,对外开放步伐进一步加快。全力争当长江经济带建设"探路者"。将长江内支线业务开发作为重中之重,通过提升船舶直靠率、打造长江精品航线等举措,为长江流域客户提供便捷高效的物流服务。积极助推舟山江海联运服务中心建设,建立了以舟山鼠浪湖码头为核心,联动北仑、舟山老塘山、太仓武港、南京明州码头的"海港＋江港"铁矿石服务体系。全力争当长三角港航一体化"主推手"。与上港集团签署合作协议,以开发小洋山北侧为标志的浙沪港航合作取得重大成果;收购太仓国际、苏州现代、江阴苏南国际等股权,为以江苏长江沿线港口布局为重点的浙苏港航合作奠定良好基础;与马钢集团开展矿石全程物流,合资建设合肥派河物流园区,以铁矿石物流和海铁联运业务为主要内容的浙皖港航合作实现稳步开局。全力争当优化口岸营商环境"排头兵"。构建高效便捷的信息化网络,加快推进"最多跑一次"改革,宁波舟山港成为全国首个集装箱进出口"无纸化"港口,宁波口岸通关效率在长三角区域领先,宁波口岸常规收费为全国十大海运口岸最低。

（二）积极构筑"三大板块",有效激发转型升级动能

紧扣浙江省委、省政府对宁波舟山港集团"四大板块"发展战略定位,统筹考虑港口主业背景和未来产业形态,全力做好内联外扩和业态提升。港口运营板块不断做强。各大货种均衡发展,集装箱业务不断发展,大宗散货业务稳步推进,宁波舟山港已成为我国重要的集装箱远洋干线港,国内最大的铁矿石中转基地、原油转运基地,国内重要的液体化工储运基地,华东地区重要的煤炭、粮食储运基地。大力推进运输结构调整,海铁联运、江海联运、海河联运业务量年均增幅喜人,跻身海铁联运全国第二大港。智慧港口、绿色港口建设走向纵深,桥龙吊远程控制、无人集卡单车自动驾驶、码头内外理智能一体化作业实现重大突破。全面推广龙门吊"油改电"、LNG 集卡、船舶岸电服务,在中国港口高质量发展和中国沿海港口国际声誉排名中,宁波舟

山港均列国内港口第二位。航运服务板块不断做大。宁波远洋进入全球百强班轮公司前 40 位;大宗商品全程物流初步实现规模化运营;浙江船舶交易市场占据国内 1/3 市场份额,"拍船网"成为国内第一个船舶拍卖平台;并购宁波航运交易所,海上丝绸之路指数写入国家"十三五"规划纲要和国家"一带一路"三年行动计划实施方案;东海保险 2016 年至 2019 年累计实现保险业务收入 7.35 亿元。集团航运服务的发展,有效助力宁波舟山港在新华·波罗的海国际航运中心发展指数的排名跃升,从 2015 年的第 23 位升至 2019 年的第 13 位。开发建设板块不断做优。港口基础硬件设施项目有序推进,鼠浪湖 40 万吨矿石中转码头、舟山实华 45 万吨原油码头、外钓 30 万吨级油品公共码头、梅山 6 号及 7 号泊位 20 万吨级集装箱码头等一批专业化泊位先后投入使用,具备了接卸全球最大专业运输船舶的靠泊能力和完善的全货种服务能力。北仑、铁路穿山港站建成投用,北仑通用泊位改造等码头功能调整和改造项目取得成效。积极探索海外建设项目,参与马来西亚砂拉越州泛婆罗公路项目建设管理。

(三)不断强化精益管理,注重提升治理能力水平

坚持把抓管理、促融合、防风险有机统一起来,夯实依法治企、规范管理的基础。"一体化"管理蹄疾步稳。理顺港口管理体制和开发建设机制,统一规划、统一建设、统一品牌、统一管理,从根本上解决了港口重复建设和同质竞争问题。建立健全管理制度,严格规范内部管控,截至 2019 年 12 月,共出台各类制度 164 个,有效推进了机构、人员、业务、制度、文化等要素的融合。港区一体化管理取得突破,"控员增效"成效显著。"信息化"管理循序渐进。建立统一的生产调度指挥中心业务协同管理系统,自主研发集装箱、散杂货等码头生产作业系统,实现了对"船、港、货"等生产业务的全要素管理。搭建数据信息生态圈,完善 EDI 数据服务中心,实现了物流、信息流、资金流的融合。完善数字化港口安全体系,实现了危险货物信息状态可查、可控、可追

溯,"宁波舟山港港口企业危险货物标准化程序化智能化管理示范工程"项目被交通运输部列为"智慧港口示范工程"。"精细化"管理提质增效。管理层级压缩在四层以内,组织管理趋向扁平化。完善全面预算管理,加强绩效管理,强化审计监督和问题整改,管理体系和管理流程进一步规范。推进"三个统一、三个集中管控平台"财务管控建设,实施两翼多联区域公司和新兴业务板块公司财务一体化管控,投融资保障体系进一步完善。依法治企工作体系和制度体系有序建成,法律风险防控体系有效运行,"三重一大"决策制度实施办法严格落实。

三、两港一体化加快提速了全省港口的大整合大发展

2015年以来,宁波舟山港集团全面贯彻落实省委、省政府决策部署,主动对接"一带一路"和长江经济带、长三角一体化发展等国家战略,不断夯实内部发展基础,持续稳固宁波舟山港全球货物吞吐量第一大港的优势地位,两港一体化成为浙江建设交通强省、海洋强省的主抓手、主平台和主力军,促成了全省港口发展的大整合大提升。

(一)以两港一体化为核心,加快完善全省港口发展格局

2015年,习近平总书记对浙江提出了"干在实处永无止境,走在前列要谋新篇"①的新要求。浙江省委、省政府于当年8月作出了整合统一全省沿海港口及有关涉海涉港资源和平台,加快推进海洋港口经济一体化、协同化发展的战略决策。2015年8月28日,浙江省海港集团揭牌成立。9月29日,宁波舟山港集团揭牌成立,宁波舟山港迈出了实质性一体化的重要一步。随后,短短一年多时间,以宁波舟山港一体化为主导,以浙江沿海"五港合一"为代表,先后完成了全省海洋港口的一体化整合,确立了"一体两翼多联"的布局,形成了以宁波舟山港为主体和枢纽,嘉兴港、温州港、台州港、义乌陆港以及内河港口

① 《习近平在浙江调研时强调:干在实处永无止境　走在前列要谋新篇》,《人民日报》2015年5月28日。

联动发展的新格局。2016 年 11 月 24 日,省委、省政府推进浙江省海港集团与宁波舟山港集团深化整合融合,实行"两块牌子、一套机构"运作。"攥指成拳",新格局带来了平台整合的高质量发展效应。6 年来,受全球经济放缓和中美贸易摩擦等因素影响,全省港航系统依托一体化发展优势,采取多种措施积极化解不利影响,全面加强业务布局与能力建设,不断提升港口服务水平,企业经营实现稳增长,建设全球一流的港口运营企业成果初现。

（二）全力发挥"1+1＞2"效应,主要经济指标屡创新高

全省海洋港口一体化发展助推宁波舟山港整体经济效益和社会效益实现了"1+1＞2"效应。2015 年以来,依托港口一体化带来的红利,宁波舟山港创造了"一年实现一大步"的发展奇迹:2015 年,宁波舟山港集装箱吞吐量超越香港港,全球排名升至第四位;2016 年,宁波舟山港成为全球首个货物吞吐量突破 9 亿吨的大港,且遥遥领先于全球其他沿海港口;2017 年,宁波舟山港货物吞吐量以"1 年增 1 亿"的惊人增速,于年底迈上"10 亿吨"台阶;2018 年,宁波舟山港集装箱吞吐量超越深圳港,全球排名跃升至第三位;2019 年,宁波舟山港累计完成货物吞吐量 11.19 亿吨,成为当年全球唯一年货物吞吐量超 11 亿吨的超级大港;2020 年,宁波舟山港完成货物吞吐量 11.72 亿吨,完成集装箱吞吐量 2872 万标准箱,货物吞吐量连续 12 年保持全球第一,集装箱吞吐量继续位列全球第三。

2015 年以来,一体化发展不只是庞大的"货物吞吐"和简单的"船来舟往",更是"五化"发展理念助推宁波舟山港发展实现质变,推进海洋港口一体化高质量发展的佐证。在与全球 190 多个国家和地区的 600 多个港口通航的基础上,宁波舟山港积极融入"一带一路"建设,陆续开通 17 条海铁联运班列及多条成组线路,业务辐射 15 个省(区、市)53 个地级市,集装箱海铁联运业务量年均复合增长 48%,成为全国海铁联运第二大港、南方第一大港。

（三）坚决啃掉最硬骨头，提升浙江海港对外形象和影响力

惟改革者进，惟创新者强，惟改革创新者胜。实践证明，以宁波舟山港一体化为核心的浙江海洋港口一体化进程，既符合世界先进港口发展的趋势，又符合浙江港口发展的实际，已成为推动我国沿海地区港口一体化发展的先行示范样本，宁波舟山港作为全球最大港的地位愈发巩固。2016 年，中央全面深化改革领导小组第二十三次会议将浙江省海洋港口一体化改革经验作为"坚决啃掉最硬骨头"的典型改革案例。2017 年，交通运输部印发了《关于学习借鉴浙江经验推进区域港口一体化改革的通知》，在全国范围推广"浙江样本"。

2015 年以来的 6 年，是浙江省海洋港口一体化持续推进、大放异彩的 6 年，是宁波舟山港集团资产规模不断壮大、地位迅速攀升的 6 年。宁波舟山港以辉煌的一体化高质量发展成就，为下一阶段牢记习近平总书记"硬核"嘱托，打造世界一流强港吹响了"再出发"的号角。

第三节　一体化对全省海洋经济的影响与启示

浙江是海洋港口大省，也是海洋经济大省，其海域面积是陆地面积的 2.6 倍，海岸线总长 6715 公里，居全国首位，深水自然岸线 754 公里，数量和质量均居全国前列；内河航道 10539 公里，居全国第五，拥有宁波舟山港等 4 个沿海港口和杭州港等 7 个内河港口。将海洋经济列入"八八战略"、推动浙江海洋经济大发展是顺应全球经济发展的大势所趋，是拓展浙江发展空间的必然选择，是浙江参与全球竞争、服务国家战略的关键所在。通过发挥港口资源优势，优化整合宁波、舟山两地港口岸线资源，推进两港一体化发展，提升了浙江港口竞争力，推动了全省海洋经济大发展。

一、以宁波舟山港一体化为契机,浙江海洋经济发展迈上新台阶

大力发展海洋经济,有利于扬长避短充分发挥资源优势、实施可持续发展战略,增强发展后劲;有利于浙江省抓住机遇,进一步拓展新的发展空间,拓宽经济领域,增强综合实力;有利于浙江省扩大开放,积极参与长江三角洲地区经济合作与发展,大力发展外向型经济,增强国际竞争力。实施宁波舟山港一体化运营以来,浙江海洋经济发展进入新时代,港口建设与港航物流、绿色石化与新材料、滨海文化与旅游休闲等海洋产业加快发展,浙江自贸试验区等开放合作平台打造以及山海协作、陆海统筹、"三海"(海湾、海岛、海港)生态环境保护等海洋事业取得新成就,为浙江海洋经济做大做强提供了重要基础和新的动力。

(一)海洋经济综合实力稳中有进

一是海洋经济总实力持续增长。2010—2019 年,浙江省海洋经济生产总值从 3774 亿元增至 8739 亿元,增幅达 132%,年均增长约17.56%。2010 年以来,全省海洋经济增加值占生产总值的比重在14% 以上,高于全国平均水平 4 到 5 个百分点,浙江省海洋生产总值占全国比重增至近 10%。二是海洋产业体系不断完善。宁波舟山港实施一体化运营以来,浙江海洋经济三次产业结构中的三产比例由原先不到 55% 增至 60% 左右,上升了近 5 个百分点,发展结构不断优化,服务业保持中高速增长。受益于工业产业结构加快升级和新旧动能加快转换,海洋传统产业转型升级步伐加快,海洋战略性新兴产业快速发展。近几年,浙江省海洋传统产业年均增幅超过 7%,海洋生物医药、海水利用、海洋设备制造、滨海旅游等海洋新兴产业年均增幅超过 10%,海洋经济综合实力持续提升。

（二）港口全球影响力明显提升

2021年10月,新华社中国经济信息社发布了《全球港口美誉度报告(2021)》,报告显示,2020年,宁波舟山港是中国港口中受到国内外关注度最高的港口,美誉度和信息密度均位居全球第二位。宁波舟山港面向全球发布宁波港口指数,港航经济监测分析平台和指数体系形成"航运＋测港口"2个子平台(宁波航运经济监测平台、宁波港口经济监测平台)和5个海丝系列指数(宁波出口集装箱运价指数、海上丝绸之路贸易指数、16＋1贸易指数、宁波航运经济指数、宁波港口指数)的总体格局。宁波舟山港区成功集聚全球国际货代、赫伯罗特、民生轮船等世界前20强班轮公司,规模实力跻身全国第一方阵。

（三）海洋基础设施网络不断完善

一是重大涉海铁路建设方面。2016年,金甬铁路正式开工建设,义乌(我国最大的小商品贸易中心)至宁波舟山港(我国最大的货运港口)的货运里程将缩短78公里,将大大提升宁波舟山港参与"一带一路"及长江经济带建设的能力。2020年底,通苏嘉甬和甬舟铁路正式开工,宁波、舟山将成功进入"上海1小时经济圈",我国首个设区海岛市将实现铁路上岛。二是重大涉海公路建设方面。甬台温高速复线途经宁波、台州、温州等沿海地市,于2019年1月正式开通运营。工程对推进发展甬台温临港产业带、快速联通浙东沿海区域将发挥重大作用。此外,宁波舟山港主通道即将建成,六横公路大桥一期工程已经开工,甬舟高速公路复线正式开工建设。三是水利能源设施建设方面。舟山市大陆引水三期工程宁波陆上段、岱山县引水工程和金塘岛引水工程等项目有序推进,三期工程投用后,舟山年均引水量将达到1.27亿立方米,舟山供水尤其是岛际供水也将得到进一步保障。此外,鱼山岛至宁波成品油管道、舟山液化天然气(LNG)接收及加注站连接管、六横宁波春晓天然气管道等油气管道设施建设也在加快推进。

（四）海洋开发战略实施成效显著

一是加快舟山江海联运服务中心建设。2020年，舟山江海联运服务中心货物吞吐量 2.56 亿吨，同比增长 8.1%，超过长江干线江海联运总量的 17%，全年完成江海联运重大项目投资 572.25 亿元。二是加快江海联运（直达）船队建设。新增江海直达船 3 艘，开建 4 艘 1.4 万吨"武汉"船型和 4 艘 1186 标箱集装箱船，完成全国首期长江至宁波舟山港江海直达船舶船员培训考试。三是推进浙江自贸试验区建设。稳步推进油品储备、石化基地、油品交易、人民币国际化等战略举措，油气全产业链基本形成，聚集油气企业 7200 余家，是挂牌前的 11 倍，成为全国油品企业聚集度最高地区。2020年，保税船用燃料油供应量达到 472 万吨，位居全国第一、全球第八，成为全球增速最快、潜力最大、效率领先的区域。国家发展改革委、自然资源部明确在浙江省设立浙江宁波海洋经济发展示范区、浙江温州海洋经济发展示范区两个国家级示范区，加上之前获批的国家首个以海洋经济为主题的浙江舟山群岛新区，浙江海洋经济发展拥有了更为广阔的国家级平台空间。

二、把准了基本原则，才能确保两港一体化不走弯路

海洋港口一体化是浙江省海洋经济发展的"牛鼻子"和"好路子"，各地发展海洋经济，无一不将港口作为发展海洋经济的重要内容，希望由此突破。深刻认识海洋港口一体化在浙江省海洋经济社会发展中的重要地位，才能以全球的战略眼光，遵循市场经济规律，坚定不移地朝着一体化发展的路子走下去，切实做强做优港口和港口经济，全力打造我国海洋港口发展的新标杆。回顾宁波舟山港一体化整合的奋斗历程，正是把握好了这些基本原则，才能确保一体化进程不走弯路。

（一）坚持一张蓝图绘到底，沿着习近平同志指引的方向奋勇前进

宁波舟山港一体化改革，任务之重、领域之广、程度之深、力度之大、影响之远，前所未有。之所以能够取得今天的成绩，正是因为省委、省政府和宁波舟山港集团始终遵循习近平同志亲自谋划、亲自部署、亲自推动的港口一体化方向指引，坚决扛起推动全省海洋经济发展和港口一体化的重大政治责任；始终同党中央保持高度一致，认真贯彻党中央决策部署，切实推动各项工作要求落地生根、开花结果。

（二）坚持加强党的领导和党的建设，推动全面从严治党向纵深发展

国有企业是中国特色社会主义的重要物质基础和政治基础。宁波舟山港集团作为全省港航系统最大的国有企业，正是因为始终旗帜鲜明讲政治，严格贯彻落实新时代国企党建新要求，切实发挥国有企业党组织"把方向、管大局、保落实"的领导作用，着力强党建促发展，不断把全面从严治党引向深入，始终坚持把纪律和规矩挺在前面，才营造了风清气正的良好政治生态，确保了宁波舟山港集团各项事业始终沿着正确的方向前进。

（三）坚持服务国家战略，以开放合作提升企业综合竞争力

港通天下，服务世界。正是由于省委、省政府始终把宁波舟山港发展放到服务国家战略、服务世界经济发展的范畴中去谋划，积极顺应国家新一轮对外开放的大势，全面对接融入"一带一路"建设、长江经济带建设和长三角一体化发展国家战略，才有效提升了宁波舟山港的辐射力、服务力和影响力。

（四）坚持革故鼎新，以改革的思路和创新的办法去破解发展难题

发展出题目，改革做文章。正是由于省委、省政府始终坚持发展

是第一要务，保持敢为天下先的精神状态，勇于挑重担，敢于啃硬骨头，才形成了宁波舟山港改革和创新的"双轮驱动"，增强了动力、激发了潜力、释放了活力，干出了勇立潮头的新气势，干出了改革发展的新境界。宁波舟山港一体化发展成就，是"八八战略"和"浙江精神"正确引导、激情创业的又一成功典范。

（五）坚持市场导向，强化全员市场意识和服务意识

企业是市场的主体，市场是企业的舞台。在省委、省政府的正确领导下，宁波舟山港集团正是因为始终围绕市场需求谋发展，牢固树立全员市场理念，不断增强研究市场、发现市场、培育市场、开拓市场的本领，才抓住了市场条件下资源要素配置的更多商机，才能够拓宽发展路径，抢得发展先机。

三、推进宁波舟山港一体化运营的经验启示

在浙江省委、省政府的高度重视和战略谋划下，宁波舟山港实现了一体化，让浙江的一群港口变成一个港口群，资金、技术、人才、资源不断优化、融合、盘活，浙江港口一体化改革取得显著成效。一体化优化了全省港口定位分工，构建了协同发展的格局，有力促进了港口发展定位科学化；设立省级港口资源整合平台，协同推进老港区功能调整与新港区开发，有力促进了港口资源利用集约化；推动沿海港口、内河港口一体化运营和与内陆无水港联动发展，运输组织进一步优化，有力促进了港口运营高效化；实现了区域港口从分散竞争、各自为政向协同发展转变，宁波舟山港的龙头带动效应进一步显现，有力促进了市场竞争有序化；适应城市新一轮开发开放的需要，加快港产城融合发展，有力促进了港口服务现代化。在推进宁波舟山港一体化进程中，这些经验和启示弥足珍贵，值得认真总结、精心提炼。

（一）顶层设计和战略谋划是关键环节

宁波港和舟山港虽然邻近，但分别由宁波和舟山两个行政区域所

管辖,要推进港口一体化发展,在行政区划不变的情况下,实现港口统一建设和管理,不仅要顾及各方的利益,还要充分考虑一体化的可行性和有效性,所以宁波舟山港一体化发展需要省级层面加强顶层设计和战略谋划。从2003年的浙江省港口规划建设委员会、2005年的宁波舟山港一体化管委会,到2015年浙江省委、省政府作出整合全省沿海港口资源,组建浙江省海洋港口发展委员会和浙江省海港投资运营集团公司,加快推进海洋港口一体化、协同化发展的重大决策部署,都体现了宁波舟山港一体化的顺利发展关键在于从浙江全省战略层面做好顶层设计。

(二)高起点规划和高标准定位是首要前提

一体化规划起点和标准定位高不高在一定程度上决定着一体化的水平,高起点规划和高标准定位是一体化过程中的制胜绝招。从规划来看,宁波舟山港一体化启动以后,2003年出台了《宁波—舟山港口资源整合规划》,2005年出台了《"宁波舟山港"一体化运作方案》,2016年出台了《宁波—舟山港总体规划(2014—2030年)》,2023年编制出台《浙江省世界一流强港建设工程实施方案(2023—2027年)》,系列规划对港口一体化的功能定位、规划布局、发展目标等都有着明确要求,为下一步发展指明了方向。从标准角度,作为浙江省海洋港口一体化发展的"龙头",浙江省提出了"一流设施、一流技术、一流管理、一流服务"的"四一流"世界一流强港建设标准,培育参与"一带一路"建设、长江经济带建设、长三角一体化发展等国家战略的"硬核"力量,力争把宁波舟山港打造成国内大循环战略枢纽的重要组成部分和"重要窗口"建设的优异成果、高分报表。

(三)改革和创新是动力之源

浙江是改革开放的先行地,在长期走在前列的创新实践中,浙江形成了以体制机制优势赢得发展优势的传统。首先,宁波舟山港一体化发展是港口之间的横向一体化,2002年浙江省政府提出一体化举措,本身就是一个创新之举。其次,宁波舟山港一体化发展的亮点是体制机制创新,既突出了政府的主导作用,又运用市场经营机制来有效整合宁波港和舟山港的港口资源。

(四)市场主导和政府引导相结合是根本原则

推动港口一体化建设,必须充分发挥市场在资源配置中的决定性作用和政府的引导推动作用。在一体化以前,宁波港和舟山港长期实行垄断性经营,其单一性的公有体制导致投融资形式和渠道比较单一。要推进一体化发展必须破除旧壁垒、改变旧体制,谋求新的可操作的合作模式。但如果单纯以市场经营机制为主导,障碍较大,难以推动,所以需要省政府"自上而下"进行整合、引导和统筹安排。浙江一方面以市场为导向,以资产为纽带,组建省海港集团,设立产业基金,搭建投资运营平台,推进港口资源整合;另一方面成立海洋港口专门机构,破除体制机制障碍,强化规划引领,有力地落实了相关改革举措。

(五)注重统筹协调和共建共赢是基本保障

推进港口一体化发展涉及多方利益调整,必须加强顶层设计和基层探索,形成改革合力。宁波舟山港一体化以资产为纽带,推进实现宁波港业务、管理优势与舟山港岸线、资源优势互补互利。嘉兴港、温州港、台州港和义乌陆港等充分融入宁波舟山港的航运服务体系,形成资源、利益共享。在海港资源整合中,省级国有资产和原属地资产各股东保留分红权和未来企业发展带来的股东权益增值收益,原属地企业的注册地和税收关系不变,做到共同发展、共享利益。通过港口资源整合发展,进一步加强海港对内陆地区的辐射带动和产业延伸,形成海陆联动、统筹发展。

(六)增强港口对经济社会发展的服务支撑作用是主要目标

港口是战略资源依托,是产业集聚基地,是综合服务枢纽,是对外开放门户,港口兴,则城市兴、经济兴。浙江省通过深化宁波舟山港一体化发展改革，加快了港口转型升级，促进了国有骨干港口企业做强做优做大，进一步推动完善现代交通综合运输体系，形成港口、产业、城市的良性互动发展，增强了港口对经济社会发展的服务支撑作用，更好地发挥了港口在"一带一路"建设中的重要支点和枢纽作用。各地经济社会的发展，也为港口一体化向纵深推进提供了强劲动力。

四、面临新形势新任务，宁波舟山港仍需砥砺前行、勇攀高峰

以习近平同志为核心的党中央提出了"两个一百年"奋斗目标和实现中华民族伟大复兴的中国梦，并以深邃的历史眼光、恢宏的战略思维，作出了建设"海洋强国"和"交通强国"的重大战略决策。近年来，习近平总书记多次亲临港口视察，作出了关于海洋港口发展的系列重要指示，为新时代港口发展指明了前进方向，提供了科学指南。浙江省委、省政府建设"交通强省"的战略部署，为港口发展擘画了新的宏伟蓝图，赋予了宁波舟山港面向全国、面向世界、面向未来更重要的角色定位和更大的使命担当。

（一）新时代赋予新使命，要在更高的起点上定位

浙江省委十四届七次全会提出，要加快形成 13 项具有中国气派和浙江辨识度的重大标志性成果，其中之一就是要打造"一带一路"重要枢纽，加快推进新一轮高水平对外开放，建设宁波舟山国际枢纽港。宁波舟山港作为对外开放的重要门户，要积极对接融入国家和浙江省重大战略，全面提升在国内外合作中的参与度、连接度、影响力。要深刻领会习近平总书记系列重要讲话的时代意义和实践意义，坚持以"八八战略"为统领，以"两个维护"的政治自觉、"三个地"的使命担当，攻坚克难创"优异"，只争朝夕当"硬核"，不负嘱托建"强港"。

（二）新方位要有新目标，要在更广的坐标中定位

要从时间和空间的大视角出发，把握大逻辑，找准新坐标。聚焦

"打造世界一流强港",找准行业定位。紧紧围绕习近平总书记提出的"一流设施、一流技术、一流管理、一流服务"的"四个一流"目标,认真贯彻党中央、国务院《交通强国建设纲要》,国家九部委《关于建设世界一流港口的指导意见》和浙江省委、省政府《关于深入贯彻〈交通强国建设纲要〉建设高水平交通强省的实施意见》,打造世界一流强港新标杆。以全球化视野、系统性思维,对标不同维度的"一流港口"权威指标评价体系,逐个厘清由市场主体、行政主体和政企协同等层面导致的指标差距,聚焦短板弱项,梳理定性要求和定量指标,实施精准攻坚,力争把每一项工作都做到极致,实现世界领先。聚焦"打造世界一流企业",找准企业定位。一流的强港要由一流的企业来支撑。要以港口主业为核心,提高港口生产经营水平;要以国际化为路径,提高港口辐射力和影响力;要立足港口节点,进行产业链延伸和生态圈打造,提升港航综合物流服务能力,成为集码头接卸、堆存仓储、多式联运和全程物流、综合物流信息服务、电商服务、供应链金融、航运金融、船舶综合服务和大宗商品贸易于一体的全球领先的综合物流服务商。

(三)形势带来新挑战,要在更大的变局中定位

当前,国际社会正经历百年未有之大变局,港口发展面临着前所未有的困难和挑战。从世界经济来看,国际格局正在发生深刻变革,中美贸易摩擦频发、新冠疫情全球蔓延、世界经济严重衰退等重大挑战凸显,国际经贸形势不确定性不断加大,各主要经济体均遭受严重冲击。从港口行业来看,中国沿海港口尤其是吞吐量过亿吨的大型港口普遍面临货运量增长压力变大、利润空间不断压缩、资产盈利能力持续下滑的困境。随着省域港口一体化的不断推进,不同港口群之间在市场腹地、生产方式、商业模式、发展业态等方面的竞争全面升级。从企业发展来看,当前,宁波舟山港的改革发展已经进入了"涉深水""啃硬骨"的攻坚期,经营、安全、法律、财务等各种风险交织叠加,要把一体化改革的先发优势变为持续优势,亟须加强体制机制改革,推动企

业治理体系和治理能力现代化,全方位提高企业竞争力、创新力、控制力、影响力、抗风险能力。

"十四五"期间,是宁波舟山港发挥"硬核"力量打造世界一流强港的"动能再造期";是抢抓发展机遇、开展纵横对标,实施"十四五"发展规划的"基础再建期";是应对困难挑战、深化整合融合,提升企业治理水平的"优势再创期"。站在新的历史起点上,宁波舟山港要把新使命新目标新挑战作为发展的最大动力,坚持"干在实处永无止境,走在前列要谋新篇,勇立潮头方显担当",推动"八八战略"再深化、改革开放再出发,全力打造世界一流强港新标杆。

第三章 完善涉海基础设施,构建立体交通网络

　　在严格遵循习近平同志关于舟山海洋事业发展的重要指示下,在"八八战略"指引下,舟山努力践行发挥海洋资源优势,着力推进与海岛居民生产生活密切相关的基础设施建设,胸怀干在实处走在前列的壮志,以大交通建设为抓手,奋力推动海洋经济高质量发展,使舟山成为海洋经济发展的桥头堡、区域跨越式发展的前沿、凸显社会主义制度优越性的一道"海岛风景线"。近 20 年来,舟山已构建起海陆空综合立体交通体系,真正实现本岛"半小时交通圈""岛际水上航线 2 小时交通圈"。未来以甬舟铁路为代表的民生民心工程大交通建设完成后,舟山到宁波将人畅其行、货畅其流,舟山基础设施建设必将迎来又一次大提升、大跨越,必将推动舟山驶向高质量发展的新征程。

第一节 构建陆岛交通融合发展新格局

　　交通运输是构建新发展格局、推动高质量发展的"先行官"和"大动脉",是区域发展、区域融合的基础工程。改革开放以来,在周边地区迅速崛起的同时,孤悬海外的舟山,由于海岛特殊的地理条件,岛屿分散,陆路交通不便,给以海岛为特征的地区发展带来了严重制约,也成了制约舟山经济社会发展的一大瓶颈,导致新的区域协调发展不平衡。在"八八战略"的指引下,舟山开始了以陆岛连接为特征的海陆统

筹基础设施建设谋划：到 21 世纪中叶，形成浙江交通强省建设舟山样板，全面形成现代化的基础设施、综合运输、科学治理体系，全方位、高水平支撑社会主义现代化建设。

一、实施大陆连岛工程建设

（一）推进陆岛交通体系建设是落实"八八战略"的重要举措

大陆连岛工程是开发舟山海洋资源、发展海洋经济、发挥浙江山海资源优势的重要工程。"八八战略"第六点强调，进一步发挥浙江的山海资源优势，大力发展海洋经济，推动欠发达地区跨越式发展，努力使海洋经济和欠发达地区的发展成为我省经济新的增长点。依托"山海并利"的自然条件，合理开发利用海洋资源和山区资源，不断拓展海洋经济发展空间，积极实施"山海协作工程"和"欠发达乡镇奔小康工程"，推动海岛、山区、老区、少数民族地区等欠发达地区加快发展，走出一条具有浙江特色的海洋经济与陆域经济联动发展的路子。

舟山连岛工程建成后，宁波、舟山将连为一体，宁波可以更好地利用舟山金塘岛的深水良港资源，进一步扩大北仑港的港口吞吐能力，宁波和舟山都可以得到更快更好的发展。而海岛基础设施落后，一直是制约舟山经济社会快速发展的重要因素。习近平同志几次到舟山调研，都对舟山以大陆连岛工程为标志的重点基础设施建设给予了大力支持和指导。

基础设施是加快发展的重要条件，尤其是一些事关全局的重大基础设施项目，对区域经济的发展具有战略意义。大陆连岛工程是"一通百通"的工程，可以迅速改善海岛居民的生产、生活条件，促进海岛经济的发展。对此，舟山必须高起点规划，高标准建设，同时要科学论证，有序推进，量力而行。海岛基础设施建设要高度重视工程质量，注意施工安全和技术的可靠性，注意生态环境保护，建成优质工程、安全工程。

（二）连岛工程是开创舟山海洋事业发展新局面的重要基石

从1954年到1978年，整整25年，基于当时人们对舟山海岛建设仅限于军港和渔港建设的认识，国家对舟山交通建设的投资总额仅为1500万元。21世纪以来，在"八八战略"指引下，以舟山大陆连岛工程为标志的交通基础设施建设实现跨越式发展。其中，"交通登陆"是舟山四大"登陆工程"中最艰难、最壮观之举。途经4座岛屿、跨越5个水道、全长约50公里的连岛工程，将彻底结束舟山本岛与大陆舟楫相渡的历史。这一工程是舟山"勇立潮头、海纳百川、同舟共济、求真务实"城市核心价值观的象征。同时，在连岛工程建设过程中，大桥建设者以自己的科研成果所获得的一项项国家专利、一个个世界先进水平和国内领先水平认证，又体现了崇尚科学、追求真知、勇于创新、迎接挑战的科学精神。

舟山连岛工程是"八八战略"指导下舟山经济社会发展的最大的物质成果，对深度开发舟山海域岸线资源、改善舟山港区集疏运环境、扩展辐射腹地，以及提升舟山海洋开发、资源开放、区位优势水平具有重要意义。同时，"八八战略"是开创舟山海洋事业发展新局面的宝贵精神财富。

二、兴建陆岛交通码头

（一）交通建设

按照"整合沿海、延伸海岛、加强互通、扩大共享"和"大岛建、小岛迁、有条件的陆岛连"的总体思路，继续加快沿海港口城市、临港工业区，以及主要海岛基础设施配套建设。

围绕海洋经济发展，进一步完善"接陆连海、贯通海岸、延伸内陆"的大交通网架。"接陆连海"，主要是集中力量加快"三大对接工程"建设，构成连接大陆和海洋的重要纽带；"贯通海岸"，主要是在已有沪杭甬高速公路、铁路和甬台温高速公路基础上，加快甬台温第二公路通道和甬台温福沿海铁路干线建设；"延伸内陆"，主要是加快省内路网连接，增加省际公路、铁路通道，改善内河航道，拓展宁波舟山港以及温州港、台州港、嘉兴港等沿海港口和沿海城市通往内陆腹地的物流走廊，提高综合集疏运能力。

（二）能源建设

除沿海大型电站和主网架建设外，继续完善大陆向主要海岛供电工程建设，保障海岛市、县（市、区）可靠、优质的电力供应，早日实现与大陆同网同价。继续抓紧实施海岛地区农村电网改造建设。鼓励利用风能、太阳能、潮汐能、生物能等可再生能源，大力开发将可再生能源用作海水淡化、城乡公共设施电源的技术和设备。

总投资76.96亿元的浙江浙能六横电厂"上大压小"新建工程竣工验收。完成220千伏岱山输电线路改造工程，岱山、嵊泗区域电网供电能力得到有力提升。完成浙江省首个海上风电场220千伏海缆敷设。海洋新能源领域，目前已建成5个陆上风电项目，总装机容量达142.8兆瓦。总装机容量25万千瓦的国电舟山普陀6号海上风电场项目，作为浙江省首个海上风电项目，正在抓紧建设。实行最严格的水资源制度，发展海水淡化，大陆引水三期工程累计完成投资12.4亿元，约占总投资的55%。积极谋划本岛拓库扩排工程，通过库库联网、拓库扩容、河道整治、闸泵扩建等措施，重点对本岛18座水库及4个片区河道进行拓库、扩排，着力提升本岛保供水、排涝水的能力。

（三）防抗灾建设

舟山地处海岛，台风等恶劣天气对地区经济社会发展造成巨大影响，防灾减灾能力建设成为重要工作。近年来，舟山不断加大防灾减灾基础设施建设力度，注重信息化技术和手段的运用。加快推进"智慧海洋"建设，及时完善海上防台应急救援机制，深化基层防汛防台体系建设，围绕建好"一平台"、绘好"一张图"，将39个乡镇（街道）和338个村（社区）全部纳入基层防汛体系信息管理平台，以全省"百项千亿防洪排涝工程"——定海强排工程建设为重点,全面推进水库除险加固、海塘提标改造和强排工程建设。

三、构建海陆空立体交通网络

(一)建设网络化"蓝色公路",营造四通八达的道路客运

1983年5月,交通管理部门开始谋划在鸭蛋山至镇海白峰间开通客滚轮渡,架起一条"蓝色公路",以衔接329国道段。1986年2月初正式开通从舟山通往宁波的客滚运输线,这条轮渡航线后来被称为"蓝色公路"。此后,又开通了岱山至西码头、六横沙岙至宁波、沈家门至朱家尖、定海至金塘的轮渡航线。继而又开通了桃花岛至沈家门、册子岛至岑港、沥港至宁波(镇海)、高亭至宁波(镇海)、三江至上海(金山)、泗礁至上海(芦潮港)、虾峙至宁波(郭巨)、桃花岛至宁波(郭巨)、秀山(兰山)至三江、高亭至衢山等滚装轮渡航线。如今,舟山岛屿各个经济大岛均开通了轮渡。为满足舟山群众日益增长的出行需求,陆续开通了普陀山至上海的沿海岛际豪华高速旅游客轮航线,沈家门—普陀山、沈家门—朱家尖、高亭—西码头等短途航线,定海—金塘、泗礁—衢山—三江等境内岛际交通,以及泗礁—上海、普陀山—岱山、高亭—上海芦潮港等长途航线,使海上客运从常规客轮时代迈向高速客轮时代。高速客轮的开通,使舟山的岛际交通实现了"两小时交通经济圈"的目标,在舟山海岛交通运输史上翻开了崭新的一页。

开通"蓝色公路"之后,1986年,舟山相继开通了至周边主要城市(宁波、杭州)的直达班车,舟山长途客运历史由此开启。1989年,随着第一条跨省客车线路(沈家门、定海至南京)开通,跨省、跨市班线如雨后春笋般开通起来,就连比较偏僻的嵊泗、岱山两县也纷纷开通跨省客运班线。同时,在政策引导、企业参与下,新的旅游客运有限公司成立后,纷纷购入豪华旅游车辆,配备航空式服务,客运车辆向高档化、舒适化方向发展,使得舟山的道路运力结构大为改善,进一步推动

了客运市场发展。

（二）加速发展空中客运，构建水陆空立体交通格局

为开辟舟山与外界的空中联系，构建水陆空立体交通格局，1988年，经国务院、中央军委批准，舟山市政府在朱家尖岛曙光农场原址新建地方民航机场，命名为"舟山朱家尖机场"。机场建设工程于1995年1月开工，1997年3月底全部竣工，总投资约3.8亿元。1997年8月8日正式通航，最先开通舟山至上海、舟山至厦门两条航线。1998年，舟山朱家尖机场更名为舟山普陀山机场。同年，机场飞行区等级从3C级升至4C级，1999年又从4C级升至4D级。2012年，中国民用航空局华东地区管理局批复《舟山普陀山机场总体规划》。根据规划，舟山普陀山机场近远期飞行区指标为4D，适合波音767、空客300等大型飞机起降。2014年12月2日，普陀山机场年客流突破50万人次，迈入民航中型机场行列。机场按照"浙东中型国际机场、长三角重要的通用航空基地和航空产业制造基地配套机场"的定位，有效统筹运输航空和通用航空发展，年均旅客吞吐量增幅保持在两位数，2017年，旅客吞吐量首次突破100万人次，正式迈入"百万级"空港序列；2018年、2019年，旅客吞吐量分别超过120万、150万人次；2020年，在我国境内238个（颁发许可证）民航机场中排名第80位。单日旅客吞吐量，2019年超过6000人次，2020年超过7000人次，2021年超过8000人次。

舟山普陀山机场开通共计25条航线，每周航班起降超过400架次，高峰期每日进出港航班超过60班次，航线网络已基本覆盖我国沿海、沿江重点城市及部分热点地区，并向中西部省份拓展，机场的发展速度和发展水平已跨上新台阶。在通用航空方面，有中信海直、幸福通航等多家单位在机场驻场作业，常驻通用航空器11架左右，开展海洋监测、海洋维权等通用航空业务，已成为华东地区通航业务量最大的机场。

(三)以宁波舟山港主通道项目建设促进北向大通道连接

宁波舟山港主通道项目,全长 36.78 公里,总投资约 163 亿元,连接富翅岛、舟山本岛、长白岛、岱山岛、鱼山岛 5 座岛屿,穿越 5 个航道,按双向四车道高速公路标准设计。其中,鱼山大桥、富翅门大桥已分别于 2018 年、2019 年建成通车。2021 年,宁波舟山港主通道项目全线建成后与甬舟高速相连,使舟山连岛工程总建设里程达到 83 公里,跨越 8 个岛屿,拥有 10 座大桥,彻底结束岱山海上悬岛时代,为岱山的交通区位、城市发展、产业提升等带来"脱胎换骨"的革命。远期将一路向北连接上海,成为世界上最长的连岛高速公路和最大的跨海桥梁群,使上海、宁波、舟山形成最短的陆路交通,对完善地区综合交通网络、支撑国家产业布局规划、推进长三角一体化发展具有重要意义。

宁波舟山港主通道还是目前国内在建跨海大桥中最重最长的混凝土箱梁桥,是连接舟山本岛与岱山岛的唯一海上通道。在此基础上,连岛工程将再出发,在未来通过新跨海大桥连接大小洋山的东海大桥与上海相连接,构成沪舟甬大通道。

(四)实施"综合交通大会战",建设高水平交通强市

为深入贯彻落实交通强国战略,2020 年 7 月,舟山市委、市政府根据《中共浙江省委　浙江省人民政府关于深入贯彻〈交通强国建设纲要〉建设高水平交通强省的实施意见》(下面简称《意见》)等文件精神,实施"综合交通大会战",建设高水平交通强市。计划到 2025 年,基本建成甬舟铁路和甬舟高速公路复线金塘至大沙段,补齐铁路短板,综合立体交通网更趋完善。到 2035 年,基本形成现代化的基础设施、运输服务和科学治理体系,实现人民满意、保障有力、走在前列的目标。

在公共交通方面,建设层次清晰、运作高效的公共交通系统。以创建"公交都市"为导向,科学优化公交运行线网和站点布局,加快公交车辆清洁能源化改造,推进城乡客运一体化,深化市域轨道网规划

研究,培育发展海上巴士,努力构建以公交为主体、海上巴士为特色、其他方式为补充的多层次公交体系。建成城区出行 30 分钟可达、近岸岛际出行 60 分钟可达、省内四大都市区 90 分钟全覆盖的高品质"30、60、90"人民满意的交通圈。

在内联外通方面,建设世界一流强港和超级连岛工程,打造陆海统筹的双向开放门户通道,打造"蓝色岛链"和岛际通用航空两大特色工程,进一步补齐岛际出行短板。围绕"接沪、联甬、融入长三角"的目标,以沪舟甬跨海通道为主轴,联通大小洋山、衢山、六横等重要岛屿,辐射长峙、小干、鲁家峙、朱家尖、秀山、鱼山等岛屿,打造世界级的连岛工程体系。以沪舟甬跨海通道为主轴,联通东部沿海交通大动脉,形成世界级的公铁跨海桥梁群。建成衔接国际国内的运输网络,建成区域性综合枢纽。建成岱山燕窝山、嵊泗沈家湾客运码头三期等码头项目,统筹谋划布局民生航线、涉旅航线和特色航线等水运航线,推进船舶向大型化、舒适化、快速化方向发展,拓展游艇、帆船等交旅融合精品项目。建设多元响应的航空服务特色工程。加快普陀山国际空港建设,建立舟山与国内、国际中心城市的快捷联系。加强通用航空配套设施建设,打造全市"30 分钟空中交通圈",形成快速响应海岛应急救援、交通战备、港航服务等需求的航空服务模式。

在推动交通强基方面,全面提升公路路网、能源管网、邮政物流、公共交通、综合枢纽五张网,建设干支通达、广泛覆盖的公路路网。建设完善 526 国道、舟山本岛环岛公路等项目,实现普通国道县(市、区)全覆盖、普通省道主要大岛全覆盖,所有县域争取通达 2 条以上普通国省道,干线公路总里程达 400 公里。以"四好农村路"建设为抓手,推进渡口码头接线公路建设。建设陆海统筹、支撑发展的能源管网。积极推进舟山绿色石化基地南北线原油管道、新奥液化天然气(LNG)管道等大项目建设,打造国际油气储运基地和 LNG 登陆中心。新增原油管道 100 公里、成品油管道 90 公里、天然气管道 109 公里。建成 19 座综合供能服务站。

在提升现代化综合治理能力方面,发展绿色生态模式,建设定海五山绿道等绿道项目,创新"美丽交通＋"特色经济模式,强化交通生态环境保护修复。构建智慧服务体系,构建覆盖主要交通设施和装载工具的全方位信息网,提升交通规划、建设、运营和管理全过程数字化水平。提升平安保障能力,建设"平安百年品质工程",加强港口危险化学品、"两客一危"和工程建设等重点领域的安全管控,提高交通应急保障能力。强化科研技术支撑,重点关注高速磁悬浮、真空管道等前瞻性技术的研究动态,适时启动交通领域 5G、物联网等新基建设施的布局和应用,培育一批面向"未来交通"的人才,打造工匠型劳动者大军。推进行业现代化治理,深化交通行业政府数字化转型,完善"一件事"全周期服务机制,实施以信用为基础的新型监管模式,深化交通运输综合行政执法改革,实现非现场执法全覆盖,建设清廉交通。

第二节　舟山从海岛到半岛的历史巨变

自践行"八八战略"以来,在区域协调发展、着力推进与海岛居民生产生活密切相关的基础设施建设理念指引下,舟山市委、市政府提出了"构造岛际和陆岛之间的交通通道"的大胆构想,给海岛内联外通交通建设带来了一个快速发展的新局面,使舟山实现由海岛到半岛的华丽转身,营造了一个促进舟山海洋事业发展迎来巨大跃升的地理空间、发展空间。

一、逐步推进沪甬舟大通道建设

(一)舟山跨海大桥成为舟山改善陆海统筹的交通基础

没有陆海统筹的交通基础是制约舟山发展的短板之一。进入 21 世纪,舟山开始谋划大交通、建设大项目。2009 年,舟山跨海大桥通车，随后开始实施岱山—本岛跨海大桥、朱家尖大桥扩建、本岛北向疏港公路、定马复线、普陀山机场改造、本岛南部滨海大道、329 国道舟山段改建等项目，这些项目初步搭建起了保障舟山海洋事业发展的陆海统筹的交通基础，尤其是舟山跨海大桥的开通构建了陆海统筹的初步框架，使舟山更方便地联通大陆，实现浙东北区域的产业互补，由海岛变成了半岛，获得了广阔的大陆腹地和初步改善的交通基础设施红利。

舟山跨海大桥作为舟山目前连接大陆的唯一陆路通道，开通至今，不但使舟山告别了"非舟楫不相往来"的历史，而且实现了舟山从大桥时代、新区时代到自贸区时代的华丽转身，为舟山打造海上交通枢纽、加快融入长三角创造了条件。

（二）登陆交通基础设施不断完善

推进交通基础设施建设与联结是解决区域发展不平衡问题的重要内容。开路架桥、陆岛相连是舟山交通建设的一大特色。在习近平同志的关怀和支持下，2009 年，舟山跨海大桥等一批重大基础设施项目建成。2018 年，甬舟铁路列入全省大通道建设十大标志性项目。宁波舟山港主通道建设进展顺利，东西快速路、百里滨海大道建设完成，鱼山大桥、秀山大桥、富翅门大桥建成通车，与上海相连接的舟山东方大通道正在谋划之中。由鱼山大桥、舟岱大桥、富翅门大桥及其接线组成的宁波舟山港主通道全线贯通后，将与舟山跨海大桥相连，组成世界上最长的连岛高速公路和世界上规模最大的跨海桥梁群。未来，还将作为舟山本岛至上海北向大通道的重要组成部分，为舟山北接上海，融入杭州湾大湾区、长三角和长江经济带的交通圈、经济圈、生活圈奠定坚实基础。

港航基础设施建设加速进行。"十三五"期间，舟山建成大浦口集装箱码头第一阶段工程、鼠浪湖矿石中转码头等一批码头项目；建成了条帚门 15 万吨级航道、蛇移门和虾峙门 30 万吨级航道、黄泽山作业区航道、鱼山作业区航道等一批公共航道锚地工程,条帚门外锚地正式投入使用。

舟山岛际跨海大桥建设持续推进。近 10 年来,从当年零星几座跨海桥,到如今已有 20 多座,仅跨海公路桥就有 19 座。浙江省交通集团投资建设的宁波舟山港主通道,由富翅门大桥、舟岱大桥和鱼山大桥等组成,全长 36.777 公里,于 2021 年底全线建成。通道与甬舟高速相连接,连岛工程跨越 8 个岛屿,未来与上海相连,构成沪舟甬大通道。该项目是浙江省贯彻落实"一带一路"倡议、舞动长江经济带"龙眼"的需要,对高质量推进长三角经济一体化发展,加快浙江省大湾区、大花园、大通道、大都市区建设具有重要意义。

二、形成完善海上客运交通体系

(一)公路路网干支协调结合,布局日趋合理

截至 2020 年,舟山公路总里程达到 1921.7 公里,其中,普通国道 154.2 公里,普通省道 29.3 公里,高速公路 41.9 公里,农村公路 1696.3 公里;一级公路 256.3 公里,二级公路 265.4 公里,二级及以上公路占公路总里程的 27.2%。与"十二五"末比较,普通国道增加了 107.7 公里,二级以上公路增加了 59.4 公里。全市公路密度达到 131.8 公里/百平方公里,等级公路通村率及通村公路硬化率均达到 100%。

(二)道路运输功能齐全,纽带作用日益凸显

一是客运企业和站场情况。截至 2020 年,舟山共有运输企业 20 家,主要旅游客运企业 10 家。全市拥有公路客运站 53 个,其中综合客运枢纽 1 个、一级站 2 个、二级站 3 个、三级站 3 个、四级及以下站 44 个;港湾式停靠站 1656 个。与"十二五"末比较,全市新增客运站场 14 个,其中新增综合客运枢纽 1 个、一级站 1 个、三级站 1 个、四级及以下站 11 个;新增港湾式停靠站 1172 个,农村客运站布局基本成形。

二是道路客运情况。共有营业性客车 2893 辆共 55095 个客位，其中长途客车（含旅游专线车）135 辆共 5589 个客位，旅游包车 320 辆共 12418 个客位，市内客运班线车（含公交车）1227 辆共 32244 个客位；省内外客运班线 161 条，其中跨省班线 25 条、跨市班线 51 条、市内客运班线（含城市及农村公交线）85 条。近年来，本岛公交得到快速发展，公交线网覆盖定海、新城、普陀城区主要街道，初步形成了由走廊线、组团间线、组团内线和城乡线组成的线网格局；现有公交车 934 辆（空调车比例为 100%）共 25328 个客位；营运线路 159 条，其中一条为快速公交 1 号线；本岛行政村通村率达 100%，日承运旅客 20 万余人次，公共交通出行分担率 23.6%。全市共有出租车企业 23 家，出租车 1211 辆，其中市区有企业 11 家、车辆 866 辆，全市上岗出租车驾驶员共有 2250 人。三是道路货运情况。全市拥有营运性货车 8598 辆共计 11.2 万标记吨位。其中，大型车 5909 辆，占营运货车总数的 68.7%；厢式车 1061 辆，占营运货车总数的 12.3%；集装箱车 2361 辆，占营运货车总数的 27.5%。

（三）陆岛交通码头实现初级全覆盖

舟山拥有陆岛交通码头 160 座共 256 个泊位，其中，客运泊位 118 个，车渡泊位 77 个，客货运泊位 46 个，货运泊位 15 个，基本实现了浙江省交通厅“十三五”期间关于 100 人以上岛屿陆岛交通码头全覆盖、1000 人以上岛屿一岛两码头、3000 人以上岛屿实现滚装码头全覆盖的目标，逐渐形成全国领先的“四好海岛水路”样板。

（四）水上客运布点齐整，初步实现无缝对接

一是水路客运企业及站点情况。舟山全市共有客渡运经营单位 22 家，其中，客运企业 11 家（4 家带渡船经营），单纯乡镇渡船经营单位 11 家；市属 2 家，定海 4 家，普陀 5 家，岱山 4 家，嵊泗 3 家，普朱管委会 3 家，新城管委会 1 家。全市共有客运站 32 个，服务舟山的市外客运站有 3 个。二是船舶航线情况。舟山拥有客运船舶 145

艘共 40057 个客位。其中,客滚船 42 艘共 14086 个客位、917 个车位;高速客船 59 艘共 7886 个客位;普通客船 44 艘共 18085 个客位。已开通水上客渡运航线 85 条,其中,客滚航线 25 条,高速航线 32 条,普通客船航线 25 条,渡运航线 26 条;13 个主要经济大岛开通客滚运输航线,14 个经济大岛开通 20 节以上高速客运航线,主要的岛际水上客运航线实现"2 小时交通圈"。

舟山已构建起海陆空综合立体交通体系,真正实现本岛"半小时交通圈"、岛际水上航线"2 小时交通圈"。待以甬舟铁路为代表的大交通建设完成后,舟山到宁波最快不到半小时,人畅其行、货畅其流,舟山交通必将迎来又一次大提升、大跨越,必将推动舟山驶向高质量发展的新征程。

三、优化综合运输服务网络建设

(一)着眼民生出行,实现移动支付全领域覆盖

一是全面提高高速公路移动支付比例。组织合作银行与保险、电信运营商等服务网点以及加油站、邮政服务网点、行政服务大厅、车管所、4S 店、汽车维修厂等车辆集中场所对接,积极提供一站式全流程安装服务,确保全市 ETC 安装率达到 80.05%,位列全省第五。二是实现水陆出行移动支付全面覆盖。构建水路客运和道路客运网上售票平台,基本实现了市、县(区)主要客运站点的全覆盖。截至 2020 年底,水路客运售票平台共接入水路客运站 28 个,覆盖岛际交通出行线路 94 条,其中 35 条岛际航线完成双向在线售票,基本实现了市、县(区)主要客运站点的全覆盖。累计售出客票 100 余万张,售出过渡车辆票 4 万余张。三是实现城市交通移动支付全面覆盖。在出租车、共享单车等扫码付费迅速普及趋势下,作为最主要公共交通出行工具的公交车于 2018 年 7 月 1 日起全面启动"市民二维码"移动支付。于 2019 年推出更快速、更便捷的支付方式——舟山交通 App 公交扫码

支付,进一步拓展移动支付途径,实现舟山本岛、朱家尖、嵊泗本岛、岱山本岛、衢山、长涂、秀山区域所有运营线路公交车辆移动支付。

(二)跑出交通加速度,打造掌上移动办事平台

一是一键申请,智能秒批。强化审批规则预设和数据智能校验,选取客货运车辆年审和客货运驾驶员从业资格四类事项实现智能秒批,通过大数据平台自动获取审批事项所需材料,自动判断申请资料是否符合许可要求,申请提交后即可知晓申请结果,从申报到审查全程不超过 30 秒。二是数据跑腿,群众受惠。开发"浙里办"舟山交通移动办事平台和移动审批钉钉端,在平台和窗口部署电子身份证十人脸识别系统,实现个人事项免到场办理全覆盖和凭一张身份证办理。申报系统前端已实现根据居民身份证号码或企业信用代码自动提取可共享材料,2/3 的事项已实现零材料提交,审批人员快速掌上审批,用数据跑代替百姓跑和部门跑。三是绿色环保,全程无纸化。审批材料目录化、标准化、电子化后,企业及群众只需在手机端申报、上传材料,待审批后领取电子证件即可(也可以同步申领纸质证件),无须再进行纸质申报,道路运输事项行政审批档案实现电子化归档。办事无见面、跑零次、环保高效。

(三)突出重点领域,提升行业综合监管能力

一是着手打造行业监管工作平台。重点加强水路客运行业管理、监督检查。实现非现场指挥调度,构建交通运行分析移动端,开发掌上行业基础信息查询和运行统计分析功能。二是着手打造重点车辆综合管理平台。针对"两客""两货"营运车辆,建立联网联控考核管理分析平台,针对巡游车和网约车,建立综合监管平台。挖掘异常营运情况并进行自动预警,逐步形成黑名单,便于及时发现行业营运中存在的管理和安全问题,为行业运营安全提供有力保障。三是着手打造网络安全防范系统。根据信息系统安全保护等级相关技术标准和管理规范,对交通运输部门相关网络进行技术、管理方面的安全建设和

整改，加强交通关键信息基础设施安全保护，强化关键数据资源保护能力，增强交通数据安全预警和溯源能力。

四、完善涉海基础设施配套工程建设

舟山的海洋开发具有鲜明的"五通"制约型特征，由此需要具备相对完备的土地、资本、基础设施等要素条件。舟山海洋事业发展之所以取得以上成果，也在于市委、市政府不断努力，从供给层面不断保障要素供给的能力和水平。

（一）水资源保障能力不断提高

"海岛发展水为先"，秉持舟山发展水资源发展为先的理念。长期以来，舟山市委、市政府对全市的水利工作高度重视，始终将水利摆在突出位置。根据舟山市实际，围绕省委、省政府"五水共治"重大战略决策，坚持本地水资源开发、大陆引水和海洋淡化并重，实施大陆引水工程、本岛北部输水工程、岛际引水工程等重大水利工程，不断加大资金投入，加快工程建设，加强水利管理，全市水利面貌发生了重大变化。十多年以来，舟山市委、市政府根据省委、省政府提出的建设"千里标准海塘""千万亩十亿方""千库保安""千万农民饮用水""万里清水河道""百万亩微喷灌""强塘固房"等工程采取一系列重大举措，一批水库、山塘、海塘、水闸、河道、堤防完成了除险加固，渔农村饮水安全工作超额完成阶段任务，农业生产和节水灌溉配套设施不断完善，同时大陆引水应急工程、部分经济大岛岛际引水工程、一批滩涂围垦工程等重大水利项目建设完成，大陆引水三期工程开工建设，实现了舟山水利建设的重大跨越。舟山防洪减灾能力进一步提高，水资源保障能力进一步增强，水资源节约和保护得到高度重视，农业生产灌排条件、农村饮水条件和水生态环境逐步得到改善，水利管理和改革稳步推进，基本形成了以蓄供水、防灾减灾、围海造田和农田水利为主体的水利基础设施体系。

（二）保证土地资源、电力、港航等基础"硬要素供给"

海洋开发"土地"为先，舟山采取向海洋要发展空间的思路，实施了钓梁围垦工程二期、金塘北部、小郭巨二期、岱山本岛北部、小洋山北侧、大小鱼山、朱家尖西南涂围垦工程，保障了项目建设所需的土地空间资源。

围绕"大平台、大产业、大项目、大企业"等重大战略，大力推进水资源保障工程和节水型社会建设，基本建成以当地水库水、大陆引水、海水淡化为主体的三位一体城乡水资源配置格局，有力保障了经济社会发展的用水需求。完成大陆电力联网工程、舟山电厂二期工程、浙能六横电厂、500千伏联网输变电工程，舟山电网总投资预计达130.5亿元左右。

港航基础设施建设加速进行。"十三五"期间，舟山建成投用黄泽山30万吨级码头等3个万吨级以上泊位，新奥LNG二期、虾峙门口外30万吨级人工航道扩建、鱼山二期北向5万吨级航道工程等一批重点项目加快建设，开展虾峙门北锚地扩建工作和衢山北部海事服务锚地工程建设。

第三节　基础设施是海岛发展的第一要务

突出具有海岛、海洋特色且关乎民生的基础设施建设，是舟山经济社会发展一以贯之的实践经验和经验总结，是舟山贯彻海洋强国战略、实现跨越式发展、使海洋经济成为发展新的经济增长点的基石。舟山市委、市政府坚持把交通工作摆到舟山发展重要战略位置，以交通建设和工业化为双轮驱动，优化布局、提前谋划、适度超前，奋力推动舟山交通加快赶超，高质量、高水平绘就现代化综合交通的海岛画卷。

一、优化布局,推动海岛基础设施要素高质量发展

(一)用系统思维谋划舟山交通革命,建设好高水平交通强市

全面、辩证、长远地审视未来发展形势。自从舟山跨海大桥打破海岛封闭据点式交通格局以来,舟山交通建设逐步进入积厚成势、赶超发展的新阶段。舟山交通将迎来四大结构性转变。一是路网结构的大转变。舟山将从大桥时代迈入高铁时代,从交通末端走向海上枢纽,国省道公路占比破底居前,岛际通道更加丰富多元。二是运输结构的大转变。长途出行方式选择多样化,危货运输市场形成规模,运输新业态不断出现,水路客运将面临新转型。三是动力结构的大转变。推动交通发展的动力来源发生了重大变化,战略驱动、创新驱动、数智驱动、人才驱动成为交通现代化的新引擎。四是治理结构的大转变。安全至上成为首要任务,节约集约成为先决条件,信用监管成为基本手段,优质高效成为第一标准。这四大结构性转变构成了今后一个时期舟山交通发展的基本判断和重要特征,是"十四五"时期加快推进舟山交通革命的总基调、总路径。

切实遵循加快推进交通革命的重要判断和重大抉择。舟山市委七届十次全会提出早日融入"浙江1小时交通圈"和"轨道上的长三角"目标。由此,需要把握舟山在浙江海洋强省建设中所处的历史方位和发展定位,聚焦服务构建新发展格局,坚持系统观念谋划推动舟山交通革命,努力建设好高水平交通强市。

(二)向外寻求互联互通是发展主旋律

向外寻求互联互通依旧是主旋律,把跨海通道建设放到立足新发展阶段、贯彻新发展理念、构建新发展格局范畴中来谋划推进,更好地服务长三角一体化发展、义甬舟大通道等重大战略。沪舟甬跨海通道被列入长三角一体化发展规划纲要,甬舟铁路开工建设、舟岱大桥即将建成等重大事件,舟山推进跨海通道建设的又一突破,让舟山早日

融入浙江"省域 1 小时交通圈"和"轨道上的长三角"。

突出重点区域合作。一方面，积极接轨上海，推进浙沪共同开发洋山区域，加快建设小洋山北侧集装箱支线码头等项目，深化大洋山整体开发研究。协同发展国际海事服务业务，拓展国际航运服务功能，共同建设世界级港口群。另一方面，建设甬舟一体化合作先行区，加快推进甬舟"六个一体化"，合力推进港航设施、制造业、新能源、新材料基地等建设，与宁波共建全球海洋中心城市，全力推进宁波舟山港建设成为世界一流强港。

以建设高水平交通强市为目标，把握大势、着眼全局。在继续深入打好综合交通大会战的基础上，全力推进甬舟铁路建设，加快甬舟高速复线动工，深化沪舟通道研究，筹建六横大桥，谋划青山大桥，加快推进南部诸岛连接，力争在"十五五"建成沪舟甬世界第一跨海大桥群，构建以甬舟高铁为标志的现代交通基础设施体系。

（三）强基础、补短板，打造"蓝色岛链"

岛际交通依然是发展重点。基于"千岛之城"的现实，舟山岛群中每个岛屿都用桥连不现实。譬如，2019 年，舟山市水上交通达到 3400 多万人次，2020 年虽受疫情影响，但也有 2700 万人次，可见岛际交通依然是重点。最主要的还是要大力加强岛际交通的基础设施建设，让码头布局功能更加完善、运输装备体系更加成熟、航线布局架构更加科学、智慧服务能力更加突出。所以，舟山交通的通畅不仅关乎进出，还关乎进岛后如何分流至各区域及各海岛，形成快捷立体的岛际集疏运交通网络。

坚持系统观念，推进各类交通要素协调发展，打造水陆空现代立体"蓝色岛链"交通网。"蓝色岛链"，顾名思义就是水上交通如珍珠般串联。但是舟山岛际交通的便捷度、舒适性与陆路交通仍有很大差距，是现代交通体系的短板。为此，"十四五"期间舟山市将坚持系统观念，推进各类交通要素协调发展，以水路客运为基础、场站枢纽为配套、接驳交通为支撑、通用航空为补充,积极打造"蓝色岛链"和岛际通用航空两大特色工程,扎实构建个性多元、智慧便捷、现代舒适、无缝衔接的水陆空现代立体交通网,推动海岛交通短板向特色优势变革。

(四)以"数字化"赋能舟山"智慧交通"

智慧化,是交通惠民服务能力的有力保障,更是交通"畅""快"通行的发展趋势。智慧交通是在有限资源空间下,更高效、集约地提升城市交通管理水平的必要手段和未来趋势。同时,发展智慧交通,可以发挥智慧交通效率"倍增器"作用,提升整个区域基础设施建设和交通管理水平。

舟山作为离散型岛屿城市,道路交通资源非常有限,因此集约化发展非常必要。在"十三五"期间,舟山市交通运输系统以"1＋N"(1个数据中心和业务平台、监管平台、公共出行等应用)为建设框架,大力实施信息化建设,加快数字交通建设进度,提升了管理效率和服务水平,为舟山市智慧交通建设奠定了发展基础。

未来,舟山需要大力发展如下数字化智慧交通。一是发展共享电动车租车。共享电动车能缓解交通拥堵,降低污染和碳排放,降低岛城对外部能源的输入依赖。二是发展无人驾驶。舟山城市道路结构相对简单,具备无人驾驶公交车、无人驾驶汽车的应用条件。三是建设智慧城市。以阿里云为代表的城市数据大脑,能够基于 AI 算法对城市进行全局实时分析,自动调配公共资源,缓解交通拥堵,让智慧、便捷、高效、优质的出行环境成为舟山智慧交通新常态。

二、规划先行,适度超前满足人民美好生活需要

(一)陆海统筹,打造杭州湾环线交通枢纽城市

对于舟山海岛区域的协调发展而言,舟山的陆海统筹主要是指与大陆的硬件统筹,即"水、路、电"统筹,即把舟山的交通设施、水资源、电力资源和浙江大陆的交通设施、水资源、电力资源统筹起来,作为一

个系统的整体来看待。习近平同志在浙江工作期间提出海洋强省战略,希望舟山在海洋强省建设中做排头兵、打头阵,进而高度重视舟山的交通建设,支持舟山跨海大桥建设。2017年4月17日,舟山市委负责人在全市交通大会战动员大会上强调,改变交通就是改变舟山的发展格局、发展时空、发展趋势,就是扩大舟山的有效需求。所以,从陆海统筹的角度看,加强舟山的交通设施建设无论怎么强调都不为过。在舟山进行重点交通设施建设,就是抓住了舟山开发开放、陆海统筹、互联互通的牛鼻子,抓住了主要矛盾和矛盾的主要方面。

目前,舟山交通运输面临的最大问题是通道方向单一。宁波方向的单一高速公路已无法满足舟山的发展需要,主要表现在:单一通道使舟山停留在陆路末端节点,无法向交通枢纽转变;单一通道无法满足客货分流需要;单一通道无法满足对沪、宁等重要城市的通道覆盖。面向上海的北向通道一旦打通,舟山将从陆路末端城市一跃成为杭州湾交通环线中的枢纽城市,既有利于发挥舟山作为海陆交汇、江海交汇节点城市的枢纽作用,也有利于海洋中心城市对腹地城市的带动作用。

(二)构建舟山公共交通的外围边缘圈层

只有"跳出舟山看舟山",从海洋的角度来看舟山,舟山才能从地市级层面实现向海洋中心城市迈进的卓越转变。国内外的交通枢纽城市,要么是多种交通方式换乘,包括航空、铁路、公路、管道等多种运输方式,交通运输和换乘方式越多,枢纽效应越凸显,典型城市如上海、深圳、天津等;要么是多条通道方向换乘,城市涵盖多个方向的交叉和换乘,实现多个方向通道的客货运转换,典型城市如武汉、郑州等。在未来20年里,舟山交通建设将分"两步走":第一步,用5年左右时间建成甬舟高速铁路,重构舟山区域大交通格局;第二步,再用15年时间谋划建成沪舟高速铁路,连接浦东高铁站,实现舟山高铁南北联通,将舟山纳入全国的沿海高铁运输网,将舟山交通格局从交通末梢变成交通节点。

第一,北上上海。加快建设北向大通道是舟山极端重要的战略之一,也是形成舟山发展新格局的路径之一。舟山与上海只有一水之隔,要尽快将宁波舟山港主通道(鱼山石化疏港公路)和远期北向大通道相连接,提升接受上海等长三角核心发达地区经济辐射的能力。

第二,南下宁波。舟山铁路成为义甬舟开放大通道的重要桥头堡。现有甬舟高速与规划沪舟甬通道呈"X"形交叉分布,甬舟高速强调与本岛南侧联系,作为客运专用通道,规划沪舟甬通道串联各岛,作为公铁客货混用通道;加快甬舟公交一体化建设,在甬舟铁路建设过程中谋划甬舟同城化设计,使原来宁波站始发的高铁移至舟山(白泉)站。南部打通宁波—六横通道,并串联虾峙、桃花、登步、朱家尖等岛。

第三,西联杭州湾区核心区。为了响应国家提出大湾区城市群发展的号召,在浙江省第十四次党代会上,浙江省委提出实施"大湾区"建设行动纲要谋划,首次明确提出重点建设杭州湾经济区、发展湾区经济的"大湾区"建设构想。2018 年,浙江出台实施大湾区建设行动纲要,努力把杭州湾经济区建成世界级大湾区,并亮出了大湾区建设的时间表和路线图。作为环杭州湾的重要节点区域,舟山需要抓住浙江建设环杭州湾大湾区的战略时机,首先在公共交通上提前谋划互联互通,缩短与杭州的空间距离,将上海、杭州、宁波三个环杭州湾区重点城市紧密连接,将环杭州湾区变成一个交通闭合的公共交通圈层。

(三)以甬舟一体化为先导,补交通短板,融入长三角一体化

"十四五"期间,除基本建成甬舟铁路及甬舟高速复线、舟岱大桥和增开机场航线,打造海陆空综合交通网外,舟山还要加快推进能源、水利、互联网和城乡服务设施"四网融合"。

第一,推进融通性交通设施建设。2020 年,甬舟两地联合发布了《推进宁波舟山一体化发展 2020 年工作要点》,明确了十大标志性工程和 40 项重点任务,为甬舟一体化发展开启了新篇章。推进甬舟铁路建设,两市共同推进金塘海底隧道专题研究、宁波段征拆工作方案制定、先行段开工筹备工作、投融资工作等。六横公路大桥方面,一期工程梅山互通至柴桥枢纽段由宁波负责先行,按 PPP 模式实施。加快推进甬舟陆海交通多元化、便利化。积极推进公共交通同城化出行,加快实现交通运输部标准下的公交卡互通使用。开通甬舟城际公交班车,推进城际轨道交通对接,减免两地牌照车辆过桥费,努力实现甬舟交通同城化、便捷化。

第二,深化港口一体化。目前已实现宁波舟山港内国际中转货物跨关区互通,实现边检部门全港锚地共享、船舶出入港手续简化,实现边检部门行政许可、备案登记"一站签发、全域通用"。甬舟两市在港口服务业经营许可互认领域已达成共识,有效实施了宁波舟山港船舶跨港域供受油作业一体化。开展深度水务合作。舟山大陆饮水管道与宁波城市供水管道对接并网,拟定甬舟一体化清水供应和原水供应两个方案,推进舟山大陆引水三期工程,基本建成宁波海上段,按计划推进宁波陆上段工程。

舟山在"八八战略"指引下,用近 20 年时间解决了与大陆陆路"通"的问题,现在要解决"畅"和"快"的问题,而城市道路、岛际交通建设,要秉持小而美、小而精、小而活、小而强的发展理念,要提升城市交通整体规划设计水平,高标准打造城市高铁站、城市快速路、四好农村路、码头客运站、电子公交站等交通设施,推进交通与城乡服务设施的融合。这引发了新一轮的海岛交通革命,也是舟山践行"八八战略"、谋划"十四五"交通规划重点和舟山交通事业未来 15 年长远规划的核心要义。

第四章　加快全方位改革开放,落实系列国家战略

　　"八八战略"是引领舟山全面发展的总纲领,也是推进舟山全方位改革开放的总方略。2015年习近平总书记到舟山考察调研时指出,舟山港口优势、区位优势、资源优势独特,其开发开放不仅具有区域性的战略意义,而且具有国家层面的战略意义。[①] 这为今后一个时期舟山群岛新区加快全方位改革开放、落实系列国家战略指明了方向,也为适应新发展阶段要求、融入新发展格局、在扩大开放中加快形成国际合作与竞争新优势提供了根本遵循。开放是舟山最鲜明的特征,必须牢牢把握开放引领,以开放促改革促发展。自2011年来,舟山先后获批浙江舟山群岛新区、舟山江海联运服务中心、中国(浙江)自贸试验区等一系列国家级战略、国家级平台和国家级项目,标志着舟山进入了新的发展阶段,对内对外开放水平不断提高。

第一节　先行先试改革开放的实践探索

　　"八八战略"是习近平同志留在浙江的宝贵战略思想和精神财富。舟山要赢得跨越发展,就要坚定不移沿着"八八战略"指引的路子走下

---

① 《习近平在浙江调研时强调:干在实处永无止境　走在前列要谋新篇》,《人民日报》2015年5月28日。

去，秉持浙江精神，干在实处、走在前列、勇立潮头。开放是舟山最大的优势，在先行先试改革开放的实践探索中，舟山取得了一系列成果：国内首屈一指的鱼山绿色石化基地一期、二期全面建成；波音完工和交付中心项目顺利完成；宁波舟山港吞吐量世界第一，舟山港区跃升全国第一、全球第五大加油港；浙江自贸试验区自 2017 年 4 月挂牌以来，聚焦全球战略资源配置，围绕油气全产业链、国际农产品贸易中心、人民币国际化等试验探索，走出了一条"无中生油"的创新之路。

一、大力建设石油储备基地，保障国家能源安全

随着全球油气资源供求矛盾复杂化，以及对油气资源的争夺越来越激烈，以石油供应为主要内容的能源安全问题已成为经济发展、社会生活和国家安全的焦点议题。我国石油年产量 2 亿多吨，但年消费量超过 6 亿吨，已成为全球第一大石油进口国，对外依存度将近 70%。我国石油储备规模大约 30 天，远未达到国际能源署安全标准 90 天消费量的水平。而且，进口石油大部分通过海上运输，海上石油运输通道亦存在一定风险隐患。无论是从保障经济、国防安全的角度看，还是从调节和平抑国际油价波动的角度看，都需要加快完善石油战略储备制度，加强石油储备建设，把我国石油储备搞上去。因此，既要解决石油储备基础设施建设滞后的"硬件"问题，也要在健全石油储备体系、强化监督管理等"软件"方面加强制度供给与创新。结合国际惯例和现实需要，研究符合我国国情的石油储备品种和最优标准，既保障能源供给安全，也能避免过高的建设维护成本。

舟山背靠长三角广阔经济腹地，具有罕见的深水岸线资源，能满足 10 亿吨级大港建设需要，完全适宜建设我国最大的石油储备基地。同时，舟山在油品储备、中转、加工、交易和保税燃料油供应等领域具有雄厚的产业基础，已建油品储罐 3100 万方（2790 万吨），约占全国总量的 25%；LNG 接卸能力达到 300 万吨，占全省总量的 50% 以上；基

本建成全国最大油气储运基地,国家能源战略保障力全国领先。浙江自贸试验区成立以来,积极探索石油储备体制改革,形成陆海岛统筹联动、管线资源共建共享、国有民营外资公平竞争的开放格局。开展了国储租赁民营油罐,商储与国储联动等相关业务试点,为国家油品储备体制创新改革提供经验。舟山建设石油战略储备基地,把国家石油战略储备、商业储备和企业储备有机结合起来,吸引各方面资本特别是外资参与石油储备,完全能够使舟山群岛具备 1 亿吨规模石油储备能力,助力国家建立 90 天以上战略储备,保障国家能源安全。

二、建设国际农产品贸易中心,把握粮食安全主动权

根据第七次全国人口普查数据,居住在城镇的人口为 90199 万人,占 63.89%;居住在乡村的人口为 50979 万人,占 36.11%。与 2010 年相比,城镇人口增加 23642 万人,乡村人口减少 16436 万人,城镇人口比重上升 14.21 个百分点。这组数据背后,隐含的是新时期粮食供需主要矛盾的变化。一方面,城镇化率的提高,代表着更多人的生活水平获得提升,进而导致包括粮食消费习惯在内的消费行为升级。另一方面,农业就业人员占比下降,叠加乡村老龄化程度增加,对我国农业特别是粮食生产效率提出了更高的要求。同时,在各国相互联系和依存日益加深的背景下,我国建设国际农产品贸易中心具有重要意义:能够满足居民粮食消费升级需求,推动农业供给侧结构性改革;提高抗御国际国内市场波动能力;提升农产品贸易定价话语权;提升国家粮食安全水平;推动经济外交目标顺利实现。

进口粮食属于初级农产品,不可避免地携带外来有害生物,对我国农林业生产生态安全造成严重影响。舟山地处海岛,相对封闭,是国内独一无二的天然隔离区,既有利于有关部门加强进口粮食集中监管、创新动物制品的检验检疫模式,也有利于降低外来物种对国内造成的危害,具有建立国际农产品贸易中心的自然条件和区位优势。舟

山口岸既是全国首批进境粮食指定口岸,也是进江船舶分港卸货的第一港,进口粮食年到港量超过 1500 万吨,约占全国进口粮食总量的13%。其中,大豆到港量超过 1350 万吨,约占全国进口总量的 15%;中转进口粮食 1200 万吨,位居全国首位。全国超过 10% 的进口粮食通过舟山港口岸转入上海、南通、张家港、泰州、镇江、南京、武汉、长沙、江阴、重庆等长江沿岸地区,几乎覆盖了整个长江中下游经济带的进口粮食加工企业,具备建立粮食储备、中转、集散中心的物流条件。因此,充分发挥舟山综合优势,以粮、油、肉和远洋水产品贸易为重点,搭建现代化国际农产品贸易平台,建成立足长三角、服务全国、面向全球配置资源的国际农产品贸易中心,是全面确保国家粮食安全的重要举措。

保障国家粮食安全是一个永恒课题,要从国家战略高度层面上,看得更深一点、更远一点,切实增强保障能力,牢牢掌握粮食安全主动权。建立国际农产品贸易中心,能够充分利用舟山区位交通优势、农产品大宗商品交易的产业基础、中澳现代产业园澳牛进口产业链的发展经验,以及检验检疫、通关便利等政策优势,提高粮食、水产品、高端动物蛋白物流进口效率,降低物流集散成本,确保进口产品的品质、数量,并有利于争取价格下降的空间。舟山国际农产品贸易中心着眼于形成"一核心一平台四基地"的空间布局,其中"一核心"就是以国际高端动物蛋白加工贸易为核心,先行建设中澳现代产业园;"一平台"就是以大宗商品交易中心为平台,开展粮油等大宗商品线上交易;"四基地"就是以舟山港综合保税区为依托的国际高端动物蛋白冷链物流配送基地、以国家远洋渔业基地和国际水产城等为依托的远洋水海产品加工贸易基地、以国际粮油产业园为依托的进境粮油保税交易加工基地、以浙台经贸区为依托的高端进口果蔬食品集散基地。舟山国际粮油产业园区作为浙江国际农产品贸易中心的重要组成部分,已成为我国东部沿海地区重要的粮食集散中心和加工贸易基地。正在积极构建高质量储备体系,强化储备安全管理,科学确定储备规模,实行动态调整;优化中央储备粮品种结构和区域布局;加强协同运作,切实发挥中央储备粮"压舱石"和地方储备粮"第一道防线"的作用;建立合理的企业储备,构建功能互补、权责清晰、统筹高效的多元主体参与的粮食储备管理体系。充分发挥我国全球超大规模市场的优势,重塑我国农业产业链、供应链的国际竞争力,增强全球农业供应链风险管控能力;扶持和培养一批国际大粮商,深度参与全球粮食安全治理,提高国际粮食贸易话语权。

三、建设大宗商品跨境贸易人民币国际化示范区,提高人民币国际地位

人民币是全球第五大结算货币,这与我国世界第二的经济总量和全球第一的贸易总量极不相称。推进人民币国际化是必由之路,而大宗商品是人民币国际化的最好载体。浙江自由贸易试验区从2017年挂牌伊始的33亿元跨境人民币结算量到2020年的超1100亿元,跨境人民币结算量实现了跨越式突破,跨境人民币结算量累计超3000亿元,在全省结算量中的占比从1%提高至12%,在同期跨境收支中的占比从6%提高至50%。

建设大宗商品跨境贸易人民币国际化示范区,是浙江自由贸易试验区打造"一中心三基地一示范区"战略的重要内容。浙江自贸区横向协作,纵向联动,创新建立省市人民银行"政策直通车"机制,进一步释放油品贸易跨境人民币结算便利化试点政策红利。一是跨境人民币业务增量扩面。作为全国5个获得资本项目收入结汇支付便利化试点资格的自贸区之一,抢抓试点先机,在全国同批次批复试点区域中率先落地试点政策,结汇资金覆盖外债和资本金,实现了浙江自贸区资本项目业务改革的新突破。办理跨境人民币业务金融机构数由12家增至16家,政策惠及面由区内242家企业拓展至全省800余家企业,业务范围由原来我国香港、澳门等地区逐渐发展至日本、美国、

德国等 48 个国家。二是聚焦油品贸易结算政策突破,落地创新业务领跑全国。针对油品贸易风险管控难点,多次组织金融机构集体研讨,在全国率先获批油品贸易结算便利化试点政策、实施高水平油品贸易便利化试点、参照国际惯例开展油品转口贸易。降低便利化政策门槛,将企业注册年限要求从 3 年调至 1 年,人民币结算占比从 30% 调至 10%。"一事一议"推动首单境外船供油业务落地,允许企业以燃油交货单(BDN)或无单放货保函(LOI)代替正本提单,业务创新领先全国。允许油品企业仅凭《跨境业务人民币结算收/付款说明》或支付信息清单办理资金结算,材料从 8 份减至 1 份,时间从 2 天缩至即时。三是贸易投融资便利化水平不断提升。先后出台了浙江自贸区优质企业跨境人民币贸易投资便利化等 4 项便利化政策,将高水平贸易投资便利化政策受益范围从油品贸易扩展至其他贸易投融资领域。多方统筹,凝聚合力,落地创新业务,提供便捷资金结算服务。

　　人民币国际化是我国的强国诉求,必须加快大宗商品跨境贸易人民币国际化示范区建设。一是围绕油气领域,加紧引进油气领域生产、服务环节的地区总部或中国总部,吸引相关市场主体将全国或区域结算中心落地浙江自贸试验区,以结算中心带动跨境人民币业务发展。推动已落户浙江自贸试验区的大宗商品类企业结算中心积极使用人民币结算。二是推动大宗商品跨境贸易使用人民币结算。引导保税燃料油加注企业使用跨境人民币结算。进一步做实做大跨境人民币结算业务,优化跨境人民币业务结构,提升大宗商品跨境人民币结算比重。支持商业银行为自贸试验区企业开展高水平的贸易投资便利化跨境人民币结算创新业务。支持开展以人民币计价、面向"一带一路"沿线国家(地区)的跨境易货贸易试点,建设数字化跨境易货贸易平台。三是推动各类油气结算中心、交易中心建设,提供便捷资金结算服务。支持国际油气交易中心建设,提供便捷的资金结算服务。积极推进浙油中心资金结算相关工作,帮助设计账户政策体系,为其开展油品现货仓单交易结算搭建有力的政策通道。力促企业跨境双向人民币资金管理政策落地。人民币在更多大宗商品交易场景中运用,获得更多跨国企业认可,对于人民币国际化,对于提升人民币定价权和交易便利度来说,都有着极为重要的意义。

第二节　先行先试改革开放的发展历程

舟山在深入实施"八八战略"中,始终坚持发挥港口资源优势和开放先行先试优势,积极利用国际国内两个市场、两种资源,着力构建对内对外全方位、多层次、高水平开放格局。随着系列国家战略的落地,舟山的区位资源优势得到了空前重视和集中释放,舟山的地位和作用发生了翻天覆地的变化。过去,舟山地处偏远海岛,主要任务是捕好鱼、站好岗。现在,舟山已站在了新一轮改革开放的最前沿和制高点,甚至可以说在国家战略全局中扮演着不可替代的角色。浙江舟山群岛新区,承载着实施海洋强国战略和推进海洋经济转型升级的神圣职责;浙江自贸试验区,肩负着为改革开放探索新路,提高全球经济治理话语权的使命;舟山江海联运服务中心,承担着"点睛"长江黄金水道、连接 21 世纪海上丝绸之路和长江经济带的重任。实施系列国家战略,是新形势下全面深化改革开放的宏伟蓝图,舟山应切实增强为国尽责的行动自觉,在服务国家战略中加快实现自身跨越式发展。

一、开发海洋,建设舟山群岛新区势在必行

2011 年 6 月 30 日,国务院正式批准设立浙江舟山群岛新区,舟山成为全国第一个以海洋经济为主题的国家级新区,在国家战略层面上肩负着开发海洋、推进海洋强国建设的伟大使命。舟山群岛新区深水岸线资源丰富,建港条件十分优越,适宜开发建港的深水岸线总长 280 公里,船舶避风和锚地条件良好,多条国际航道穿境而过。依托优越

的港口运输条件,舟山群岛新区目前已建成亚洲最大的铁矿砂中转基地、全国最大的商用石油中转基地、全国重要的化工品和粮油中转基地、国家石油战略储备基地、华东地区最大的煤炭中转基地。

在习近平总书记系列重要讲话精神和视察舟山重要指示的指引下,舟山大力发展海洋优势产业,海洋经济综合实力稳步上升。一是产业结构不断优化。经过多年发展,舟山已形成了以临港工业、港口物流、海洋旅游、现代渔业为支柱的现代海洋产业体系,并入围首批国家海洋经济创新发展示范城市。二是重大项目加快推进。鱼山绿色石化基地建设超常规推进,浙石化炼化一体化项目一、二期 4000 万吨已投产,三期正在加快落实,十年项目四年建成。新奥 LNG 项目一、二期建成,年接卸能力达 750 万吨,三期正在加快建设。鼠浪湖 40 万吨铁矿石码头成功靠泊作业,为我国长江以南地区首次接卸世界最大矿石船舶,干散货作业迈入"超级巨轮时代"。三是交通设施继续完善。甬舟铁路列入浙江省大通道建设十大标志性项目,顺利开工迈出了关键一步。四是体制机制不断创新。国际贸易"单一窗口"船舶工具"一单四报"模式在全国推广,成为全国首个船舶进出境通关无纸化口岸。"大市场"监管、陆上综合执法、海洋综合执法等改革走在全国前列。

舟山群岛新区始终把全面深化改革创新作为高质量发展的先手棋,以"最多跑一次"改革为总抓手,全面推动各领域改革向纵深发展。一是找准定位、勇担使命,抓住新区发展的重大机遇。严格按照中央部署,聚焦深层次矛盾和结构性问题,坚持"国家所需,浙江所能",注重长远战略谋划与近期实施计划有机结合,既尊重规律、立足现实,又找准创新点、突破点,培育自贸试验区自身发展新优势的特色,为国家试验出更多可复制可推广的制度创新成果。二是先行先试、勇于创新,最大限度地发挥新区的引领作用。积极深化行政管理体制和行政审批制度改革,着力推动经济管理扁平化、社会管理精细化;深化"放管服"改革,全力推进"最多跑一次"改革;加快用地用海、财政税收、金融投融资、生态环保、科技教育等体制机制创新,努力营造效率高、服务优、机制活的投资发展软环境。中央赋予浙江省的21项重大改革试点任务,近一半和舟山直接有关,新区的地位和作用更加突出。三是坚持"以项目为中心",永远走在大发展的前列。建立动态管理的"三重"项目库,实行"一项目一策""一企一策""县(区)和功能区核心制""分层分类审批协调机制"和要素保障机制,并创举性地建立了以"一个领导、一个指挥部、一个支撑平台、一个政策体系"等"四个一"为核心的"项目中心制",提高项目实施效率;督查督导层面则探索"专项考核+综合考核"模式,建立以督考为中心,容错、比选、问责、舆论监督"五位一体"的联动机制。四是牢牢把握"人民至上"理念,成就新区美好未来。始终坚持经济发展和民生保障齐头并进,共建共享。积极从群众关心的小事入手,率先实施民生实事项目代表票决制,如把"菜篮子"工程提升为"市长工程",基本品种与周边宁波做到同质同价。充分发挥舟山群岛新区先行先试优势,在重点领域和关键环节实施创新突破,不断完善有利于海洋经济发展的体制机制,加快打造扩大开放的平台和载体,积极拓展发展空间,努力形成特色鲜明、优势突出的开放格局。

二、开发开放,建立浙江自由贸易试验区

浙江自贸试验区的战略定位是"东部地区重要海上开放门户示范区、国际大宗商品贸易自由化先导区和具有国际影响力的资源配置基地",发展目标是"经过三年左右有特色的改革探索,对接国际标准,初步建成自由贸易港区先行区"。要从更高站位理解这个战略定位和发展目标,着眼于代表国家参与全球经济的合作与竞争,加快探索既符合国际惯例又具有中国特色的自由贸易制度,建设具有较强国际竞争力、高度开放、充满活力的自由贸易港区先行区。尤其在当前贸易保护主义抬头、全球化进程受阻的复杂国际局势下,要更加自觉地为国

家增强战略资源保障能力、促进全球贸易自由化公平化、推进"一带一路"贡献舟山力量。

第一，以油品突破为主攻方向。油品全产业链是最大的特色、最大的优势、最大的价值。我国是世界上第一大原油进口国，对外依存度近70%，每年进口原油3.6亿吨，但是油品国际话语权缺失。目前保税燃料油供应已有一定经验和基础，是自贸试验区建设中最有条件率先突破的领域。要集中力量开展攻关，打通保税燃料油供应各个关卡，尽快做大不同税号保税油品混兑和跨关区直供业务。完善油气储备体系，建设国际油气储运基地，扩大油品加工领域投资开放，抓紧落实产业配套政策。探索油品期货交易业务，建设国际油品交易中心。加快建成集生产加工、储备运输、国际贸易、中远期交易、油气金融、跨境结算于一体的国际油气能源供应链中心，形成具有国际影响力的油气贸易和定价中心。

第二，不断推进制度创新。自贸试验区就是要试验，放开手脚大胆试、全面试、自主改。加快营造法治化、国际化、便利化的市场环境，加快建成政策领先、监管便利、制度创新的开放高地。大力探索放宽外商投资准入限制，提高开放度和透明度，同时建立完善事中事后监管体系。提高口岸开放层次，推进普陀山机场等口岸开放。推动金融管理领域体制机制创新，拓展金融服务功能，鼓励发展融资租赁与保险业务，健全金融风险防范体系。发挥好自贸试验区牵引集成作用，推动形成制度型开放新优势。浙江自贸区聚焦油气全产业链投资便利化、贸易自由化，大胆探索实践，制度创新走在第三批自贸试验区前列。开展了保税油混兑、原油非国营贸易、成品油批发无仓储、船舶通关无纸化等百余项全国首创的制度创新探索，特色明显，集成性强，其中"保税燃料油跨港区供应模式"等30项改革试点经验在全国复制推广，充分发挥了试验田作用。低硫船用燃料油出口退税问题得到国家政策支持，"一中心三基地一示范区"建设成效明显。

第三，依托大项目支撑自贸区地位。把项目建设、项目招引作为重中之重，按照"在谈项目快签约，落地项目快开工，在建项目快推进，竣工项目快产出"的要求，强化招商引资，积极引进油品加工贸易、港口开发、码头运营、航空产业等领域的行业巨头、顶级企业落户自贸区，真正引进一批大项目、好项目，切实提升自贸区建设的支撑力。一是加快建设世界一流的大宗商品国际枢纽港。服务国家经济安全战略需求，建设大宗商品交易平台、海陆联动集疏运网络、金融和信息支撑系统"三位一体"的港航物流服务体系，打造国际物流枢纽，提高对内对外辐射水平，增强国家战略资源综合保障能力。二是加快建设大宗商品储运中转加工交易中心。全面提升大宗商品储运中转加工能力，集约利用深水泊位，积极打造全国重要的油品、液化天然气(LNG)、铁矿砂、煤炭、粮食、化工品等大宗商品储运中转加工交易基地。三是加快发展大宗商品航运服务业。优化整合大型运输船队，鼓励参与国家战略物资一程运输，拓展国际一程运输市场。推进我国"海进江"二程运输船队建设，打造国家江海联运枢纽。构筑航运公共信息平台，提高舟山群岛新区的航运影响力。吸引集聚一批重量级的国内外油气企业参与投资建设，提升国际知名度和影响力，为稳住外贸外资基本盘作出贡献。

三、共建共享，深度融入"一带一路"

习近平总书记提出共建"一带一路"倡议，为改善全球经济治理和构建人类命运共同体贡献了中国智慧和中国方案。浙江省第十五次党代会报告指出，浙江要深度融入全国统一大市场，建设市场强省，深化打造"一带一路"重要枢纽，构建全方位全要素、高能级高效率的双循环。这一战略统筹为浙江自贸区建设指明了方向、提供了遵循。在积极服务长江经济带和"一带一路"建设方面，江海联运综合枢纽港功能不断增强。铁矿石、油品、粮油、集装箱等码头加快布局建设，累计建成码头泊位 300 个，码头总设计年通过能力近 5 亿吨，其中万吨级以上泊位 80 个,25 万吨级以上泊位 11 个。江海联运物流组织不断优化。探索构建江海直达运输体系,在全国率先建成运营首艘 2 万吨级江海直达示范船,完成江海直达集装箱、商品汽车滚装、冷藏运输等系列船型研发。江海联运合作不断深化,沿江沿海对接合作明显增强。小洋北侧区域开发取得重大进展,浙江省海港集团与上港集团正式签署协议。与新加坡、荷兰、希腊合作开展船用燃料油供应、油品检测、国际船舶管理等业务,在巴西圣路易斯港布局建设全球最大粮食专用码头。

浙江省第十五次党代会报告指出,纵深推进义甬舟开放大通道建设,推动义新欧班列高质量发展,推动数字技术和产业走向"一带一路"。充分发挥浙江独具的共建"一带一路"、长江经济带发展、长三角一体化发展等叠加优势,发挥好自由贸易试验区作用,以更大力度推进全方位高水平开放。立足新发展阶段,完整、准确、全面贯彻新发展理念,积极融入和服务新发展格局,以实施扩大开放战略带动高质量发展为主线,以共建"一带一路"为重点,以高质量实施《区域全面经济伙伴关系协定》(RCEP)行动计划等为重要抓手,深度融入 RCEP 更广范围、更宽领域、更深层次的区域经济一体化进程,加快培育开放新优势,提高舟山参与全球资源配置能力和整体经济效率。不断拓展和深化与 RCEP 成员国的经贸合作,推动合作机制更加健全、要素流动更加自由、资源配置更加高效、市场融合更加深入、合作平台更加广阔、营商环境更加良好,积极建设 RCEP 高水平开放合作示范城市。引导和鼓励舟山企业扩大 RCEP 经贸合作朋友圈,全面对接 RCEP 经贸规则和标准,加速转型升级步伐,增强参与国际市场竞争力。

进入新时代,在"八八战略"的指引下,舟山正以"一带一路"为着力点,构建全面开放新格局,全力增创发展新优势。主动对接国际大宗贸易投资新规则,尤其是以油品全产业链为核心的大宗贸易交易、投资新规则,全力建设新时代高能级开放平台,重视做好世界油商大会,做到标准更高、措施更实、服务更优,充分发挥"大事件"对提高国际知名度、增强国际影响力的重要促进作用。努力成为"一带一路"大宗商品交易中心,推动政府和各类企业间信息共享互联,加强口岸、金融、信息服务支撑体系建设,发展大宗商品现货交易及分拨、配送业务,增强港口物流功能。培育、引进一批大宗商品国际运营商、贸易商、期货经纪商及会计、法律、结算等机构,提高大宗商品贸易现代化水平。努力形成"一带一路"海陆交通枢纽中心,推进义乌国际陆港和宁波舟山港一体化,着力推进舟山衢山南航道、鱼山进港航道等项目建设,加快推进义甬舟大通道建设。充分发挥港口优势、深水海岸线的优势,努力提升港口货运能力,形成宁波舟山港与"一带一路"沿线国家(地区)港口的货物运输协作机制,成为"一带一路"沿线最具港口货物运输能力的区域。积极推动普陀山国际机场开放,研究第五航权,谋划布局地区航线和至佛教国家航线。

四、先行先试,探索舟山自由贸易港

党的十九大报告提出要赋予自由贸易试验区更大改革自主权,探索建设自由贸易港。建设自由贸易港,对于打造对外开放高地具有重要意义,有利于"一带一路"建设和人民币国际化,有利于加快形成陆海内外联动、东西双向互济的开放格局,为我国赢得更多国际投资贸易竞争红利。建设舟山自由贸易港,是服务国家战略实施,对接"一带一路"倡议、长江经济带战略,打造开放大平台的重大举措。坚持边谋划、边探索、边实践,加快推进舟山自贸港方案申报和建设。

开放是舟山繁荣发展的必由之路,要以探索建设舟山自由贸易港为引领,主动作为,以开放促改革、促发展,充分发挥区位优势,推动对内对外开放相促进、"引进来"和"走出去"相结合,实现从外向型经济向开放型经济的实质性转变。我国自贸试验区与国际自由贸易港在经济自由度上的差距主要体现在五个方面。一是负面清单管理模式。目前国内自贸试验区的负面清单管理模式与国际高标准投资规则之间在涵盖范围、不符措施内容、清单开列方式等方面还存在一定差异。二是事中事后监管制度创新。与成熟自由贸易港的监管制度和体系相比较有待进一步细化,监管能力有待进一步提高。三是金融制度创新和金融服务功能拓展。从自由贸易账户体系的试点内容看,跨境投融资汇兑等资本项下开放业务有待纳入体系。四是货物监管方面。我国的货物通关涉及各部门大量衔接工作,现行试点的国际贸易"单一窗口"还需进一步调整和改善。五是法治保障方面。我国自贸试验区的法治保障尚存在法律效力等级较低等问题,有些制度还需要进一步创新。通过自贸港建设,可以进一步弥补我国自贸试验区发展上的不足。

舟山自贸港建设以新加坡自贸港等为标杆,充分依托舟山大宗商品港口仓储、加工转运、贸易交易的优势,争取国家更大授权,获得在金融、国际结算、投资、贸易、税费、海关等方面先行先试与自贸港相适应的国际通行规则的权利。一是创新管理体制,探索实行更加有效的监管制度。明确自由贸易港的区域范围,探索海关、边检、海事等中央监管职能一体化改革。以公共信用平台大数据应用为抓手,加强信用监管,提高口岸的风险控制能力和监管查验效率。二是实行开放的政策,大力发展离岸高端产业集群。依托离岛资源和大宗商品的优势,大力发展绿色石化及精细化工、国际农副产品深加工等高端离岸制造业;做强做大原油、粮油、铁矿石、国际农副产品、高端海产品等大宗商品的离岸仓储服务、离岸贸易、转口贸易、保税展示、离岸金融、燃油保税加注等业务,鼓励发展离岸服务外包、离岸大数据中心、离岸互联网物联网运营等业务。三是试点金融自由创新,加速发展人民币国际化业务。探索建立与自由贸易港相适应的本外币账户管理体系,促进跨境贸易、投融资结算便利化。四是做强江海联运,打造具有国际竞争力的航运产业链。强化江海联运公共信息平台的功能,探索与"一带一路"沿线国家(地区)开展贸易便利与港航管理的合作,创新港口投资、运营体制机制,提升自由贸易港运营的现代化水平。五是加强税费改革,成为企业发展的制度成本洼地。在自由贸易港区实行特殊财税制度,简化税种,降低税率,提升港口中转和离岸自由贸易的竞争力。六是合作共赢,加强与上海自由贸易港的联动发展。依托长三角一体化发展国家战略,浙沪联动建设中国特色自由贸易港,加快成为我国融入经济全球化的重要载体和战略高地。

第三节　先行先试改革开放的主要成就

深入学习、全面贯彻习近平新时代中国特色社会主义思想,坚定不移实施"八八战略",深入贯彻"开放强省"战略举措,坚持以大开放倒逼大改革,以大改革促进大发展,发挥浙江自由贸易试验区等系列国家战略牵引作用,主动融入"一带一路",统筹推进对内对外开放,大力提升开放型经济发展水平,舟山勇立潮头,基本建成投资贸易便利、高端产业集聚、法治环境规范、金融服务完善、监管高效便捷的自由贸易港区先行区,积极探索建设舟山自由贸易港,加快建设集聚国际要素、配置全球资源、在"一带一路"中居于枢纽位置的开放城市。

一、贸易自由,建设全面深化改革试验田

自贸试验区建设最根本的目的是为全面深化改革和扩大开放探索新途径、积累新经验。自贸区坚持先行先试,为全国改革开放探路,大胆试、大胆闯、自主改,在改革开放的"深水区"积极探索创新,一大批制度创新成果推广至全国,发挥了全面深化改革的试验田作用。

进一步提升贸易便利化水平,探索贸易自由。在自由贸易港区先行区实行"一线放开、二线高效管住"的货物进出境管理模式,逐步取消不必要的贸易监管、许可和程序要求,实行高标准的货物贸易便利

化和服务贸易自由化。深化口岸通关监管制度改革，加快建设舟山特色的国际贸易"单一窗口"标准版，创造性推出"单一窗口"运输工具（船舶）"一单多报"，实现外贸企业应用申报全覆盖，拓展外轮供应、油品国际贸易等功能，依托江海联运公共信息平台，组建舟山口岸大数据平台，打造高效便捷智慧口岸。加快口岸监管创新，推出一系列服务自贸试验区的口岸监管举措。

作为全面深化改革的试验田，自由贸易试验区始终坚持在改革开放"深水区"积极探索创新。要更好发挥示范引领作用，必须进一步处理好政府与市场关系，解决好深层次矛盾和结构性问题，积累更多可在更大范围乃至全国复制推广的经验和制度创新成果，形成制度创新的示范带动效应。深化国际船舶登记制度创新，推动国际船舶登记配套制度改革。开放中国籍国际航行船舶入级检验。发挥离岛优势，支持自贸试验区企业开展油气等大宗商品转口贸易和离岸贸易。探索开展邮轮公海游试点。建设邮轮旅游岸上国际配送中心，创建与国际配送业务相适应的海关监管制度。大力发展离岸贸易和转口贸易，放宽海运货物直接运输判定标准。支持设立地方法人性质航运保险机构。支持建设自贸试验区至国际通信出入口局的国际互联网数据专用通道。完善舟山国际海员出入境互换局功能，提高国际海员通关效率。支持舟山空港口岸成为汽车整车、食用水生动物、肉类进口指定口岸以及邮件、快件转运口岸。

二、投资自由，形成高质量发展的新模式

自由贸易试验区是推动高质量发展的重要力量。要在深入总结评估的基础上加强统筹谋划和改革创新，把自由贸易试验区建设成为新时代改革开放的新高地，加快形成高质量发展的新模式。进一步完善自由贸易试验区法律制度，协调自由贸易试验区自主改革试点政策与上位法之间的关系，建立健全自由贸易试验区相关法律规章。与中

欧双边投资协定等形成联动机制,更好发挥改革开放试验田作用。

推行极简负面清单,完善投资准入全方位开放。实施公平竞争审查制度,放宽注册资本、投资方式等限制,清理和取消资质资格获取、招投标、权益保护等方面存在的差别化待遇,实现各类市场主体依法平等准入清单之外的行业、领域和业务。按照"竞争中性"的原则,研究出台《浙江自贸区企业促进条例》。实施外商投资安全审查制度。进一步优化、简化办事环节和流程,对业务牌照和资质申请统一审核标准和时限,促进公平竞争。加大油气产业、海事服务、金融服务等领域的开放力度,加速油气进口、储运、加工、贸易、交易、服务全产业链发展。依托旅游、健康、国际农产品、大宗商品、航运等优势,加快建立现代化、国际化的交易场所。完善对外投资合作数据统计分析体系,强化境外投资合作的事中事后监管,加强与驻外使领馆工作联系机制,强化境外投资风险防控和预警工作,指导企业加强境外人员安全教育管理。

最大限度简化商事登记手续,进一步放宽油气产业、数字经济、生命健康、新材料和文化娱乐等领域投资和经营限制。支持完善公平竞争制度。允许外资企业申请电子商务行业相关的特殊许可资质,放开对外资股比条件限制。深化资源要素市场化改革,开展国家级改革试点,推动土地、能源、金融、数据等资源要素向自贸试验区倾斜。加快培育数据要素市场,根据数据性质完善产权性质,探索数据产权保护和利用新机制。开展国际人才管理改革,开辟并优化境外高层次人才工作和创业"绿色通道"机制。对符合市场需求的外籍高层次人才提供签证、停居留及永久居留便利,打造人才"蓄水池",创新"引力场"。探索取消施工图审查(或缩小审查范围)、实施告知承诺制和设计人员终身负责制等工程建设领域审批制度改革。更好落实《中华人民共和国外商投资法》,推动内外资企业一视同仁、公平竞争,打造开放新高地。搭建开放平台,抓好项目建设,增强投资对贸易的带动作用。

三、航运自由，推动开放型世界经济发展

舟山始终以打造开放型经济新体制、成为辐射长江经济带陆海联动发展的开放大平台为使命，而构建现代综合交通运输体系则是重要基础和动力。扩大航运服务业对外开放，争取出台自贸试验区航运开放政策，允许在自贸试验区设立外商独资及中外合资、合作企业，经营进出我国港口的国际船舶运输、货物装卸等业务。加快新城现代航运服务集聚区建设，大力发展航运保险、航运仲裁、海损理算、航运交易等高端航运服务业，积极推动与国际航运相关的海事、金融、法律、经纪等服务业发展。发展邮轮、游艇等旅游产业，完善国际邮轮港综合服务，探索研究开辟公海无目的地邮轮航线，实现国际邮轮出境24小时通关。支持国际运输、外轮供应、航空配套等国际服务贸易发展。

第一，进一步提升港航物流水平，探索国际运输自由。积极打造世界一流的大宗商品国际枢纽港，在沿海捎带、国际船舶登记等方面加强探索，提高对国际航线、大宗货物资源的集聚和配置能力。扩大内外贸同船运输、国轮捎带运输适用范围，提升运力资源综合效能。允许中资非五星红旗船开展以宁波舟山港为中转港的外贸集装箱沿海捎带业务，依法保障沿海运输市场有序开放。设立国际转口集拼中转业务仓库，建设国际中转集拼中心。在有效监管、风险可控的前提下，积极争取将宁波舟山港作为离境港，增加义乌、金华等海铁联运场站为启运港，实施启运港退税政策。积极争取对境内制造船舶在"中国宁波舟山港"登记并从事国际运输视同出口，给予出口退税。推进"四港"一体化立体式联动，优化海上丝绸之路指数、快递物流指数。

第二，进一步发挥区位优势，把舟山建设成上海国际航运中心的配套港。围绕共同建设上海国际航运中心目标，进一步完善上海、宁波、舟山三地港口合作机制，加快一体化进程。联合推进小洋山北侧陆域综合开发和洋山深水港建设，加强与宁波在陆向通道、供水、能源

等重大基础设施建设方面的互联对接和统筹谋划。凭借毗邻国际航线优势，舟山以新加坡自贸港等国际航运中心为标杆，聚焦船东、船舶、船员，坚持差异化发展，加快推进国际海事服务基地建设，全力打造江海联运服务中心。加强海洋生态环境联合保护，建立海洋环境监测和灾害预防合作机制，深化海洋生态修复合作，共享蓝色海洋。

四、法治保障，牢牢守住安全开放新边界

进一步健全诉讼、仲裁、调解等有机衔接、相互协调的多元化纠纷解决机制，以"整体智治"引领构建安全高效的风险防控体系，加强重点领域风险防范。聚焦贸易、投资、金融、人员、数据等重点领域，实施严格监管、精准监管、有效监管。依托外贸风险快速预警综合平台，完善外贸预警机制，实现监管信息互联互认共享，提高外贸企业抵御风险能力。完善与投资规则相适应的过程监管，对新业态、新模式、新技术实行包容审慎监管，对油气等高风险行业和领域实行重点监管。实施外商投资安全审查，创造稳定、透明和可预期的投资环境。推动完善相关纠纷的多元化解体系。

第一，创新贸易综合监管模式。要在"放得开"的同时，构建"管得住"的监管体制，防范各类风险，实现"宽松的准入＋事后监管＋最严格法治"。探索海关两线设置，取消一线不必要的监管、许可和程序要求，实施更高水平的贸易自由化便利化政策和制度。深入实施货物状态分类监管，研究将试点从物流仓储企业扩大到符合条件的贸易、生产加工企业，具备条件时，在浙江省其他符合条件的海关特殊监管区域推广实施。根据油气体制改革进程和产业需要，研究赋予自贸试验区内符合条件的企业原油进口资质、成品油出口资质。完善船舶、海洋工程结构物融资租赁标的物海关异地委托监管制度。依照自由贸易协定安排，推动实施原产地自主声明制度。增加与服务贸易相关的货物暂时进口便利。支持国内外快递企业在自贸试验区内的非海关

特殊监管区域,办理符合条件的国际快件属地报关、报检业务。探索外检内放等贸易便利化措施。探索扩大检验鉴定结果国际互认的范围。

第二,牢固树立底线思维,注重监管机制建设,特别是围绕生产安全、意识形态安全、国家安全等方面,加强风险监测预警,加强事中事后监管,以有效防范化解各类风险。在实施重大政策之前,一定要开展风险评估和压力测试,及时查堵监管漏洞,扎紧制度"篱笆",实现精准管理和有效管理。建立高标准风险管控机制。以风险防控为底线,分类监管、协同监管、智能监管为基础,实现以生态环境安全、生产安全、贸易安全等为重点的风险实时监测和动态预警管理,全面提升风险防范和安全监管水平。强化完善以油气安全生产管理为核心的监管机制,建立油气贸易跨境人民币结算优质可信企业"白名单",完善跨境资本流动管理的监测、预警和响应。建立贸易预警响应机制,完善社会信用体系,实施企业信用分级分类管理,健全守信激励和失信惩戒机制。建立原产地、知识产权、意识形态、国际公约等特殊领域的风险精准监测、控制和处置机制,加强金融监管部门、反洗钱行政主管部门、税务、海关和司法机关在反洗钱和反恐怖融资领域的政策协调、信息沟通和快速响应。放开从第三国上船的外籍远洋渔业船员限制,允许其持国际海员证从自贸试验区登岸,限时限地转道回国。

第四节　先行先试改革开放的成功经验

浙江自贸试验区坚持走首创性、差异化改革探索之路,特别在推进以油气全产业链为核心的大宗商品投资便利化、贸易自由化方面不断进行大胆实践,形成了215项含金量较高的制度创新成果,其中全国首创103个;特别是聚焦油气全产业链发展开展了70余项制度创新,成功推动全国油气市场体制改革;获批全国首个专项自贸区赋权政策,较好地体现了差异化探索的经验。

一、聚焦产业:中国开放的大门只会越开越大

浙江自贸区聚集油气全产业链,探索制度型开放。坚持新发展理念引领高质量发展,忠实践行"八八战略",深化"一带一路"建设,以制度创新为核心,以构建现代化经济体系为导向,实施具有较强国际竞争力的开放政策和制度,建设具有中国特色、高度开放、国际水准的营商环境。着力打造以油气为核心的大宗商品资源配置基地、新型国际贸易中心、国际航运和物流枢纽、数字经济发展示范区和先进制造业集聚区,把自贸试验区打造成为新发展阶段畅通国内大循环的战略节点、联通国内国际双循环的战略枢纽,充分利用国内国际两个市场两种资源,积极促进内需和外需、进口和出口、引进外资和对外投资协调发展,打造新时代浙江的"新名片"。

二、制度创新:把自由贸易试验区建成新时代改革开放新高地

"八八战略"是推进"四个全面"战略布局在舟山实践的根本遵循,是全面落实新发展理念的总路径。浙江自贸区以制度创新为核心,以可复制可推广为基本要求,对标国际先进自由贸易港政策,实施具有较强国际市场竞争力的开放政策和制度,实现投资经营自由、货物交易自由、资金收付自由、人员流动自由、物流开放便利、服务智慧快捷,形成经济转型发展新动能和国际竞争新优势,把自由贸易试验区建成新时代改革开放新高地。

第一,立足对接国际经贸新规则。"八八战略"是管全局、管长远的,是必须长期坚持的指导思想和总纲。面对百年未有之大变局,积极对接国际经贸新规则,加快探索建立高水平的自由贸易政策体系,为我国参与全球经济治理探路。一是深化扩大开放实现领域拓展,包

括关境政策、服务贸易和投资政策及横向规则等;二是深化扩大开放重视协同效应,实现贸易和投资联动开放;三是深化扩大开放注重探索油气全产业链领域的"中国议题"和"舟山方案"。

第二,立足国内经济转型和制度创新。围绕服务国家战略突出"首创性、差异化"制度创新,对标全国各自贸试验区,努力把浙江自贸试验区打造成浙江的一张"新名片"。一是突出服务国家能源战略大局。紧扣"具有国际影响力的资源配置基地"目标定位,打造油品全产业链,维护国家能源安全、经济安全。二是进一步提升政府治理能力。不断推进监管、争端解决、环境、劳工、中小企业、国有企业、竞争政策、政府采购、知识产权等领域的制度创新,为我国未来深入参与国际经济治理积累经验。

第三,立足制度集成创新探索自由贸易港制度体系。深入推进高水平制度型开放,建设更高水平开放型经济新体制。增强全球资源配置能力,加快发展人民币离岸交易、跨境贸易结算和海外融资服务,服务构建新发展格局。加快培育数据要素市场,推进数据安全有序流动,在国家数据跨境传输安全制度框架下,开展数据跨境传输安全管理试点,创新数据资源确权、开放、流通、交易等相关制度。依法加强对产权的平等保护。探索建立与国际接轨的知识产权保护体系、知识产权侵权惩罚性赔偿制度。推进跨境资金流动自由便利,破除妨碍生产要素市场化配置和商品服务流通的体制机制障碍,探索建立自由贸易港政策制度体系。

三、扩区赋权:推动形成全面开放新格局

浙江自贸区的成功扩区,使得自贸试验区建设内容全面拓展,开放水平和辐射能级大大提升,功能定位也从聚焦油气全产业链建设,向数字经济、先进制造业、国际航运物流、新型国际贸易等五大功能定位拓展。

为了加强既有区域和扩展区域联动发展、融合发展，加快把浙江自贸试验区建设成"新时代改革开放的新高地"和"重要窗口"的示范区，浙江省先后出台了《中国（浙江）自由贸易试验区深化改革开放实施方案》《关于支持中国（浙江）自由贸易试验区高质量发展的若干意见》，围绕赋权、人才、投资、财税、土地等方面制定了 20 条操作性强、含金量高的举措，大力推进自贸试验区建设。把自贸试验区打造成为"国内大循环的战略支点，国内国际双循环的重要枢纽"，为新发展格局的形成提供具有浙江辨识度的成果。全力承接国家新赋予的重要使命，加大各片区间的建设协同，同时发挥好自贸试验区的辐射带动作用，力争在全省范围内推动形成"自贸试验区＋联动创新区＋辐射带动区"的改革创新高质量发展新格局，努力把浙江自贸试验区打造成"重要窗口"的示范区。

浙江把自贸试验区作为融入长三角、服务全国开放大局、参与"一带一路"建设的主要平台。加快北向大通道的基础设施投资，持续放宽市场准入，谋划"数字自贸区"，推动长三角高质量一体化发展，打造对外开放新高地。推进外汇项目结汇支付便利化，研究谋划自贸试验区一体化协作的新机制，协同推进海陆统筹、高度开放的自贸试验区建设。健全高标准投资促进体系，加强外商投资服务和合法权益保护，打造新时代外商投资首选地和高质量外资集聚地。加快服务业的改革和开放，创新服务业监管体系，把握数字化、智能化、网络化时代机遇，以服务贸易为先导，在深度融入经济全球化中引领浙江改革开放，高水平建设现代海洋城市。

四、营商环境：勇当"一带一路"建设排头兵

对照世界银行营商环境评价体系，着力构建市场化、法治化、国际化、便利化营商环境。高度法治是自贸区的基本要求和重要保障，法治供给直接关系着自贸区建设成效。抢抓《中国（浙江）自由贸易试验

区条例》修订重要机遇，以立法形式保障和促进自贸区建设发展，加强和创新市域社会治理现代化，提高基层治理能力，营造国际一流的自由贸易试验区法治环境。持续推进平安舟山建设，防范化解重大风险，强化舆情研判及响应机制。加快推进与自贸区相适应的司法体制改革。建立以调解、仲裁等为主要手段的替代性纠纷解决机制，推进"诉调对接""调仲对接"，完善国际商事纠纷多元化解机制。充分激发市场活力，强化知识产权保护。

第一，加快建立高质量的政府治理环境，形成全方位高效服务体系。自由贸易试验区要实现国内外货物、资金、人员等高度流动，必须具备全方位的高效服务体系。树立服务意识，建立高质量的政府治理环境，在深入推进"清单式"简政放权、推进管理型政府向服务型政府转变、建立高水平的地方政府治理体系、建立公平竞争审查机制、深化商事制度改革、推动税务服务创新、建立综合执法体系、加强信用体系建设、健全知识产权保护体系、建立健全国际仲裁和商事调解机制等领域，形成全方位高效服务体系。加快建立和完善社会稳定预警机制、突发事件和危机的应急反应处理机制。营造全民参与的宣传环境，在全社会着力营造一个思发展、谋发展、敢发展的社会舆论氛围。

第二，对标国际最高标准，厘清政府与市场的关系。以市场准入和行政审批为突破口，进一步释放和激发市场活力，完善事中事后监管，基本建立与国际高标准规则要求相适应的经济管理新模式，推动法治化、国际化、便利化营商环境建设取得重大进展，使各领域营商环境指标达到国际公认标准的先进水平，使企业的满意度和获得感全面提升，勇当"一带一路"建设排头兵。推进海洋生态文明和海绵城市建设，探索开展出口产品低碳认证，建设全球海洋中心城市。更好地服务海洋强国战略，发展海洋科技，推进"智慧海洋"建设。集中建设和展示一批具有鲜明舟山辨识度、让人眼前一亮的标志性成果。

新时代，舟山要贯彻落实习近平新时代中国特色社会主义思想，对照"八八战略"要求，进一步明确优势，找准差距、补齐短板，保持定力、抢抓机遇，与时俱进、勇于开拓，不断丰富思想内涵，不断创造实践经验，不断取得新的突破，使"八八战略"在新的开放发展中更显生机，使中国特色社会主义在舟山的实践更加生动。在推行"两个先行"新征程中，以争当改革开放"弄潮儿"、再创体制机制新优势的具体实践，生动展现中国改革步伐一刻不停、开放大门越开越大的坚毅决心和奋进姿态。

第五章 促进海洋文化发展，
增强新区软实力

    2006年5月30日，习近平同志在为"浙江文化研究工程成果文库"作的总序中指出，"文化为群体生活提供规范、方式与环境，文化通过传承为社会进步发挥基础作用，文化会促进或制约经济乃至整个社会的发展。文化的力量，已经深深熔铸在民族的生命力、创造力和凝聚力之中"①。任何一座城市的发展，其背后必定有一种无形的强大的文化精神力量作支撑，这个支撑就是一座城市的精神坐标，就是城市之魂魄。作为我国从第一岛链和第二岛链直接面向太平洋最敞开的战略出口，舟山群岛的区位、岸线、岛屿和周围环境决定了其文化必然蕴含鲜明的海洋文化特质。海洋文化作为舟山群岛新区的兴岛之魂，其重大意义和作用不言而喻。

第一节　海洋精神与舟山精神交融的战略理念

    海洋文化中蕴含无所畏惧、勇往直前的进取精神，它铸就的舟山精神具有鲜明的海洋气质。"勇立潮头、海纳百川、同舟共济、求真务

---

    ① 习近平：《干在实处　走在前列——推进浙江新发展的思考与实践》，中共中央党校出版社2006年版，第294页。

实"是舟山精神的精髓，深深根植于舟山深厚的海洋文化土壤中。海洋精神与舟山精神具有内在契合性，彼此交融发展。

一、"八八战略"精神与海洋精神的内核相通

"八八战略"坚持发展是第一要义，强调抢抓发展机遇意识、创新发展赢得先机思路，以此赢得更好发展空间，形成新发展优势，这其中必然蕴含着时不我待、不进则退、慢进也退的精神，而这种精神恰恰与追求开拓冒险、不畏艰难、勇往直前的海洋精神是一致的、贯通的。《说文解字》释海："海，天池也。以纳百川者。从水，每声。"海洋精神是一种博大包容精神、开放进取精神、刚毅无畏精神、探索冒险精神、自由开拓精神，凸显着中华文化生生不息的"和合"理念和价值追求。因此，"八八战略"精神与海洋精神的内核是根本一致的。这必然要求我们无论遇到什么困难，敢闯敢试、勇立潮头的发展意识要强，不畏艰险、勇往直前的发展热情要高，尚新图变、百折不挠的发展干劲要足。

"八八战略"精神与海洋精神内核相通具体表现在以下几方面：一是刚毅无畏的精神内核。大海变幻莫测，海上生存充满变数，踏浪而行是对人类生命极限的挑战，人类在长期与海浪和海洋风险的搏斗中形成了刚毅无畏、强悍机智、知难而进的精神。这正是"八八战略"所强调的抢抓发展先机意识、开拓冒险意识、赢得自由发展空间、形成创新发展优势的精神要旨。二是开拓图变的精神。沿海渔民不断创新海上作业方式，从近海捕捞向远洋作业，从单一的渔业生产向多功能的海上综合应用进发，始终开拓图变的生活与生产方式正是"八八战略"践行的实践基础。三是务实耐艰的精神。长期的海上作业，形成了渔民开放变通、务实耐艰的精神。他们出洋历九死而得一生，历千辛而成一就，具有吃苦耐劳的精神。在中华民族伟大复兴战略全局和实现社会主义现代化的进程中，"八八战略"的践行必然也需要这种持久务实的精神。综上可知，"八八战略"的践行需要的正是这种勇于拼搏、敢于

创新、勇于冒险、开拓创新图变的海洋精神，"八八战略"精神与海洋精神具有内在贯通的必然逻辑。

二、舟山精神与海洋精神的内在契合

2008年，中共舟山市委《关于全面改善民生，构建海岛和谐社会的若干意见》提炼出舟山的城市精神是"勇立潮头、海纳百川、同舟共济、求真务实"。2012年，中共舟山市委第六次党代会报告指出："推动社会主义核心价值体系大众化、具体化、本地化，深化和弘扬以'勇立潮头、海纳百川、同舟共济、求真务实'为主要内容的'舟山精神'，为新区发展提供精神动力。"舟山精神是舟山速度的内在动力，是舟山形象的根本内核，是建设舟山群岛新区的精神地标。在全面推进舟山群岛新区建设的背景下，必须进一步提高舟山精神软实力。改革开放的伟大实践，全面激活了舟山人身上的文化基因，强化了适应市场经济的思想观念和行为方式，从而创造了海洋经济快速发展的新局面。可以说，舟山社会经济的跨越式发展，深层原因就在于舟山深厚的文化底蕴和文化传统与当今时代发展的有机结合。"勇立潮头、海纳百川、同舟共济、求真务实"的舟山精神，发源于海洋、孕育于风浪、植根于海岛，是舟山现实发展所凝成的思想之花、智慧之果，而且深深根植于舟山深厚的海洋文化土壤中。海洋精神作为舟山经济发展和社会和谐的内在动因，紧紧把握时代发展的新特点、新要求，也不断充实和提升着舟山精神，与时俱进地构筑着舟山人的精神坐标，使舟山在跨越式发展过程中不断得到强力支撑。舟山精神与海洋精神具有内在契合性，具体来说，舟山精神与海洋精神的内在契合体现在如下方面。

第一，勇立潮头。海是运动的，船是运动的，在这充满运动和未知性的生存环境中，海岛人民形成了驾驭大海的能力和硬汉精神。舟山历史上有过两次大规模"海禁"，一次在明洪武十九年（1386年），另一次在清顺治十三年（1656年），舟山岛民悉数内迁，然而不久又纷纷扬帆重来,在各岛扎根落户。舟山人属于勇敢的猎海者家族,天生有不惧风浪、不怕挫折的冒险开拓精神。"勇立潮头"的精神体现了舟山人积极进取、敢为人先、不惧风险、开拓创新的海洋气魄,是海洋精神的气魄之魂。

第二,海纳百川。舟山自古以来就是中国的东大门,历史上通过海上交通与不少国家有过交往。徐福东渡、鉴真东渡、遣唐使往来、郑和下西洋都曾将舟山作为始发站或中转站;16 世纪中叶,葡萄牙殖民者侵占了六横岛、佛渡岛,建立双屿港,成为当时亚、非、欧各国商人云集的世界上最大的贸易港之一。"海纳百川"的精神体现着开放的心态,彰显着大气、包容、和谐、汇通的人文魅力,为建设舟山群岛新区注入了不竭动力。

第三,同舟共济。一条船就是一个世界,就是一个社会。波澜壮阔、气象万千的大海,赋予舟山人民坦荡胸怀下的同舟共济精神。1752年"春日丸"事件中对日本人的救助,1942 年"里斯本丸"事件中对英国人的救援,昭显了舟山人民跨越国界的朴实无华的真情。在经济发展的黄金期和社会矛盾凸显期,更应彰显"同舟共济"的精神,为建设舟山群岛新区建功立业。

第四,求真务实。无论是在茫茫大海中航行、作业,还是在远离都市的小岛上生活,艰苦的环境和条件使舟山人民深深地懂得,想要在海洋环境中生存、发展,就不能有半点的懒惰和侥幸心理,只有实实在在地付出,才有实实在在的回报。特殊的地理环境和艰苦的海洋生产方式,造就了舟山人民坚韧不拔、吃苦耐劳、扶危济贫、重义轻利的"求真务实"的品性,彰显着优秀的海洋品质。

三、以舟山精神促海洋经济文化大发展

舟山的海洋文化大发展,要以舟山精神为引领,前瞻性地结合海洋文化旅游、文化产业、海洋新能源开发,在世界海洋文化中定位,在国家区域的比较中定位舟山海洋文化发展方向。以舟山精神为动力,强力推进以海洋为主题的特色文化产业建设。文化产业已成为未来世界经

济发展的新引擎、新增长点,也是增长最快的支柱产业。舟山跟踪、超越国际文化产业发展的路子,以海洋旅游产业、海洋知识产业和海洋信息产业为重点,以海洋创意产业、海洋教育产业、海洋数字产业为协同支撑,打造核心产业层,构筑文化产业集群。要通过不断带动辐射外围层的产业发展,构成一个特色明显、关联互动的海洋文化产业发展新格局。

舟山精神是一种实实在在的文化软实力,是一种推动舟山经济文化大发展的精神原动力、思想凝聚力。舟山人没有"等""靠""要"的习惯,坚守自强不息、坚韧不拔、勇于创新的精神,抢占自己的海洋经济发展先机,逐步形成具有自身特色的发展优势。紧紧抓住海洋能源产业发展为海洋文化建设带来的重大机遇,同时以舟山海洋文化建设促进旅游业发展,以旅游业提升文化产业,转变经济发展方式,提升经济社会发展水平。

舟山精神体现着对"八八战略"的践行,其提升转化昭示着舟山海洋经济文化大发展正在实现新的飞跃。从这个过程中,我们可以看到一个城市的精神文化对一个地区经济发展的重要作用,看到城市精神不仅仅是一种文化软实力,更是一种可以转化的经济硬实力,能在实现经济、文化双向发展的过程中最终达到和实现"人的全面发展"的根本目的。

第二节　探索提升群岛文化的内在活力之路

舟山市委、市政府始终秉持文化作为软实力的重要发展理念,不断提升文化发展活力,激发内在发展动力。一是注重挖掘海岛红色基因,接续文化传承。二是注重激发海洋文化活力,繁荣区域文化产业,引领舟山文化产业集群大发展,推动彰显个性的海洋特色文化产业蓬勃发展,以文体结合焕发海洋体育产业活力。三是注重完善海岛文化供给体系,提升岛民文化素养。强化公共文化服务供给,提升文化惠民力度;

完善公共文化服务设施，满足市民精神文化需求；在公共文化精神传承传播中，稳步提升公民素质等。

一、挖掘海岛红色基因，接续文化传承

舟山红色文化包括对鸦片战争、登步岛战役、蚂蚁岛创业等红色基因的挖掘和传承，以红色基地为依托深入传承其红色精神。红色基因的引领也使舟山完成了从站起来到富起来的伟大飞跃，并朝着强起来的目标不断迈进，其中蚂蚁岛精神就是一面典型红色基因旗帜。

弘扬新时代的蚂蚁岛精神，既为浙江红色精神谱系拼上了一块极有分量的海洋海岛板块，也为浙江有力践行"八八战略"作出了海洋海岛的生动阐释。蚂蚁岛精神最宝贵的资源，不在其他，恰恰就在精神本身。蚂蚁岛的快速发展，是海岛地区忠实践行"八八战略"，大力发展海洋经济和城乡协调发展的缩影和最佳样板。弘扬新时代蚂蚁岛精神，不仅为舟山发展提供了强大的精神动力，而且为全省乃至全国发展提供了舟山智慧、舟山样板。

蚂蚁岛精神是以地域为主轴进行命名的，是百年党史中海岛人民奋斗史的典范样本。这一精神的形成有其新中国成立前悬水小岛苦难的辛酸史，也有新中国成立后建设社会主义的光荣创业史，更有新时代改革发展的创新奋斗史。蚂蚁岛精神是蚂蚁岛人民创造的精神成果，是自下而上不断升华的精神成果，它彰显的是翻身解放的海岛渔民在建设社会主义的过程中所迸发出的精神伟力。

蚂蚁岛精神形成、发展和创新在不同的阶段，同时又是不同阶段人民群众在伟大实践中通过实践检验历久弥新的精神硕果。在新中国成立后的 70 多年间，蚂蚁岛精神经历了三个传承和发展的阶段，艰苦奋斗精神贯穿始终：源于新中国成立初期蚂蚁岛人民为生存求发展，在困难面前不怨天尤人，千方百计排除万难，通过艰苦奋斗实现改天换地；发展于为国家为人民，为海岛社会主义事业翻天覆地的变革；体现于改革开

放以来伟大的经济社会发展之中，成为新时代蚂蚁岛人创新创业的思想源泉。

在新中国成立之初，蚂蚁岛人民不畏困难，不消极等待，从艰难中奋起，靠勤劳的双手，通过自力更生、艰苦奋斗来改变自己的命运，展现出了在一穷二白、百废待兴状况下建设新中国所最需要的艰苦创业精神，成为那个时代的标杆。蚂蚁岛人民勇立潮头、敢为人先，用新思路、新办法打开新局面。他们先后建立渔民协会，组建舟山渔业史上第一个互助组——近洋张网互助组，成立舟山第一个渔业生产合作社，组成全国第一个无所不包的综合性合作社，实现全岛一体和政社合一，在全国最早走上人民公社之路。1958 年 11 月 3 日，刘少奇巡视蚂蚁岛时也赞扬"小小蚂蚁赛苏联"。

在新时代，蚂蚁岛人从"艰苦创业"到"创新创业"，实现了艰苦奋斗精神的发展与升华。蚂蚁岛党员干部带领人民群众在创新创业取得新成就的基础上，积极申报国家级爱国主义教育基地，全面打造红色小镇，推动一、二、三产业融合发展，建设绿色生态岛等，使蚂蚁岛先后荣获全国环境优美乡镇、全国创建文明村镇先进村镇、全国妇联五好集体、浙江省教育强镇等称号。在新时代弘扬蚂蚁岛精神的过程中，各级党委政府充分挖掘模范先锋人物，通过融媒体矩阵的作用，与高校、党校等实现联动，通过开发红色资源课程、讲好红色故事，实现传承、弘扬奋斗精神的因子，发挥着量子化裂变的引领作用。

舟山是如何将红色基因文化挖掘出来并予以传承和发展的呢？一是将区域性红色基因元素挖掘、梳理、整合，提升至全国和全民族的高度，既保持舟山在红色基因传承中的鲜明特色，又结合时代精神进行创造性转化和创新性发展，将合乎舟山发展要求的思想观点、价值观念予以弘扬传播，使红色基因不断汇入以爱国主义为核心的民族精神和以改革创新为核心的时代精神，筑牢舟山人民共同奋斗的精神基础。二是以红色基因文化助力舟山未来发展大势。舟山将红色文化基因融入社会历史发展的伟大征程中，与时代发展同步伐、与国家民族共进步，更好地实现区域性红色基因文化的与时俱进。三是以舟山红色基因文化正确领航思想方向。红色基因既是指引各项事业发展的精神武器,又是检验社会主义建设各项成果的重要标准。四是建立传承激活舟山红色基因的制度体系。舟山红色基因的传承注重从制度层面入手,用制度筑牢精神根基,从而构筑舟山传承和激活红色基因的长效机制。

二、激发海洋文化活力,繁荣区域文化产业

在海洋文化建设中,舟山市既注重激发海洋文化软实力,又注重提升海洋文化产业硬实力。这不仅构成文化软实力的基础,也是文化软实力得以增强的核心载体。文化产业作为硬实力,凸显了文化的经济价值,也成为发展文化产业的基本动因。具体来说,政府搭台引领舟山文化产业集群大发展,以文体结合焕发海洋体育产业活力,彰显个性的海洋特色文化产业得到蓬勃发展。

(一)政府搭台引领舟山文化产业集群大发展

舟山市委、市政府始终将推进海洋文化产业作为经济社会发展的重点工作,尤其是党的十八大以来,进一步加大了对文化产业的政策扶持力度。继 2011 年出台《舟山市关于加快发展文化产业的实施意见》之后,2016 年出台了《舟山市文化产业发展“十三五”规划》,将文化产业发展纳入新区“十三五”发展规划,2017 年又出台了《关于进一步推进海洋文化产业融合发展的实施意见》。自 2014 年起,设立 1000 万元的舟山市文化产业发展专项资金,制定出台了《舟山市文化产业发展专项资金使用管理暂行办法》。2011 年成立了舟山市文化产业促进会,2016 年成立全省首个地级市文化产业咨询委员会。通过举办文化产业发展座谈会、文化产业经营管理人才研修班,组织文博会展销等活动,进一步加强了行业自律和团结协作,发挥了行业指导和引领作用,推动了全市文化产业持续健康、集群有序大发展。

舟山的海洋文化产业呈现集群化发展趋势。一系列海洋文化发展

平台的搭建,为舟山海洋文化产业的发展提供了新的动力。舟山市重点打造海洋文化衍生品展示会,作为展示海洋文化产业发展成果的重要平台;初步建立舟山海洋文化动漫产业服务平台,引进国内外动漫专业人士,开发具有海洋渔俗文化特色的动漫产品,填补了舟山市动漫产业的空白;启动建设文化艺术品交易平台,依托舟山港综合保税区"境内关外"政策优势和长三角地区文化资源优势,打造长三角地区特色文化艺术品交易平台;正式启用舟山市中小企业"文创贷"合作平台,设立舟山市文创产业担保贷款风险补偿金,推进政府、担保公司、银行三方合作,构建多层次的贷款风险分担和补偿机制,专门针对文创企业发放"文创贷"贷款,拓宽文创企业融资渠道。文化产业园区项目建设取得实质性突破,其中普陀海洋文化创意产业园区已完成主体工程建设,累计完成投资约 2.6 亿元,目前正在进行二期园区海洋会展中心等项目建设。园区依托 PPP 模式运行,目前有 27 家企业与园区签订入驻协议并完成注册,注册资金 8620 万元。定海伍玖文化创意产业园区二期项目已完成主体工程建设,正在积极开展园区招商工作等。

(二)以文体结合焕发海洋体育产业活力

舟山历史文化悠久,海洋资源丰富,海岛特色鲜明,战略地位突出,区位优势明显。依托独特的海洋文化、佛教文化元素,舟山做优做精演艺、影视、动漫创意、设计等产业,建设了一批文化产业集聚区。舟山充分发挥好"蓬莱仙岛"岱山岛、"海天佛国"普陀山、"东海鱼仓""中国渔都"沈家门渔港、"蓝色通道"虾峙门航道等区域地理优势,推动海洋文化产业规模化、融合化发展。实施文化精品工程,观音文化园等重大文化项目建设提高了海洋艺术作品创作水平。强化文化产业品牌的策划与营销,扶持文化节会展产业发展,推进文化与旅游科技、互联网深度融合,培育新的文化业态,如为广大市民开启了"5G 智慧文旅"全新体验,为市民文化阅读提供了可视化表达方式。文化惠民工作落到了实处,取得了实效。

舟山市已经培育了白沙岛海钓休闲旅游度假基地、朱家尖南沙滨海运动休闲基地、普陀人家生态运动休闲园、东海岸户外运动拓展基地、普陀国际游艇会、定海东海大峡谷运动休闲基地、万花谷户外运动基地、滑泥运动公园、大青山国家生态公园等一批具有舟山海洋特色的运动休闲产业群。通过参与国家级、省级、市级旅游特色项目、精品旅游线路等评选,培育了塘头麒麟山青少年户外体育活动营地(国家级)、白沙海钓基地(浙江省运动休闲精品线路)、普陀国际游艇会景区(浙江省运动休闲旅游示范基地)、岱山东北部滨海休闲运动带(舟山市运动休闲旅游精品线路)、东海岸海岛户外拓展训练基地(舟山市运动休闲旅游优秀项目)等系列优秀的体育产业基地项目与示范精品线路。

此外,体育产业蓬勃发展。舟山体育产业以发展滨海运动休闲业为核心,不断加快体育产业发展步伐。近5年来,全市每年体育及相关产业总产值约22亿元,创造增加值约9亿元,体育及相关产业增加值约占地区生产总值的0.8%。同时,出台了《舟山市县区体育局体育彩票考核办法》,全市体育彩票销售额达年均10亿元,总销售额居全省第4位,为群岛新区文体事业筹集年均1亿元公益金,有力地保障了舟山体育事业的发展。

(三)彰显个性的海洋特色文化产业蓬勃发展

自实施"八八战略"以来,舟山海洋文化产业不断做大做强,海洋文化资源转化为产业资源,海洋文化转化为现实生产力的能力不断得到加强,文化资源不断被开发成文化产品和文化服务,附加值不断提升。

随着旅游产业的发展,"文化+旅游"进一步丰富了旅游内涵。舟山不断完善海洋文化旅游功能布局,重点打造以海洋佛教文化为核心的普陀山—朱家尖功能区、以海洋历史人文为核心的定海古城历史文化区域和以海洋文化"非遗"传承展示为核心的东沙古镇等。根据文化特色资源,打造白沙钓岛、秀山泥岛、桃花侠岛等文化主题岛。打造大型山水实景演出《印象普陀》、歌舞剧《观世音》等文化旅游演艺项目,品牌影响力逐年提升。此外，南海观音文化节、舟山国际沙雕节、中国海洋文化节、东海音乐节等文化节庆活动，极大地丰富了海洋文化内涵，提升了品牌辐射能力。其中，舟山国际沙雕节自1999年创办以来，已成功成为全国沙雕产业的领头雁。东海音乐节融合音乐、大海、沙滩等元素，自2011年创办以来，吸引了大批知名音乐人参加，成为国内有影响力的音乐盛会。2015年10月，首届世界海岛旅游大会在舟山举行，并将舟山定为永久举办地，进一步提高了舟山群岛海岛文化旅游的知名度和美誉度。

浙江舟山群岛新区获批以来，一批重大"科技＋文化"项目纷纷落户舟山。海洋科学城以科技文化创意设计为核心，集聚项目和创意，目前网易研发中心、船舶工业设计基地、国脉海洋大数据研发中心、赛丽正宏文创广场、新加坡比茨高知产业园等重大项目建设已启动。船舶工业设计基地自2011年建立以来，已拥有专业研发设计人员200人，累计为全国船舶企业提供服务约100次，工业设计服务总收入近27650万元，工业成果转化产值达137.5亿元。淘文化运营中心依托互联网建设"淘文化"产业平台，新增文化产业和文化商城模块，移动客户端"淘文化"App同步上线，吸引了舟山市600余家文化企业入驻，海洋文化产品实现集聚推广、线上交易。

文化企业不断发展壮大，独具特色的海洋文化产品得到了国内外客商的高度关注。天运工艺美术厂的贝雕《大唐公主入藏》获中国（义乌）文化产品交易会金奖。同时，舟山普陀印象旅游文化发展有限公司、浙江岑家木船文化发展有限公司等一批海洋特色鲜明的文化企业快速成长，中国舟山国际沙雕节、东海音乐节等一批文化节庆活动的社会影响力不断扩大。普陀海洋文化创意产业园区、舟山国际沙雕有限公司等5家单位获批成为全国海洋文化产业示范基地。舟山渔民画产业蓬勃发展，涌现出舟山彼岸文化传播有限公司、舟山红钳蟹海洋文化发展有限公司等一批优秀文化企业。完成"舟山群岛渔民画"集体商标注册工作，打造健康经济的渔民画产业链。新区重大项目观音文化园总投资约 60 亿元，总面积约 9 平方公里，建设用地约 50 亩，其中观音法界项目于 2019 年竣工，2020 年投入使用。

三、完善海岛文化供给体系，提升居民文化素养力

"八八战略"践行以来，舟山市把公共文化建设作为重要的民生工程来抓，千方百计挖掘整合文化资源，不断完善公共文化服务供给体系，全面贯彻落实《关于加快构建现代公共文化服务体系建设的意见》《国家基本公共文化服务指导标准》，以做好国家级、省级公共文化服务标准化试点工作为基础，健全完善舟山市公共文化建设服务评价等系列标准，让人民有更多获得感，为人民创造更加幸福的美好生活。

（一）强化公共文化服务供给，提升文化惠民力度

舟山市充分发挥各类公益性文化艺术机构的功能与作用，广泛发动社会和群众参与，通过实行基本公共文化服务零费用制，开展"送文化""种文化"活动，实施"文化低保"工程，培植"一乡一品"特色文化，为城乡居民提供优质、均等的公共文化服务。全市年均送戏下乡 400 余场，农村放映电影 5000 余场次，每年向困难群体发放近 200 张阳光电影卡；全市已设立馆外图书流通站（点）387 个，全年配送、交换各类图书 10 万多册次；推进艺海拾贝周末剧场民生工程，举办演出 70 余场，接待观众 3 万余人次，成为市民享受高雅、健康文化的重要平台；打造"市民大舞台""市民大展厅""市民大讲堂""市民大书房""社区艺术节""文化走亲""合唱节"等市民系列群众文化品牌。

为推进公共文化领域的供给侧结构性改革，2014 年，舟山市在全国率先建立了公共文化服务社会化运作平台"淘文化"网。"淘文化"打破了长期以来公共文化服务和产品供给由政府垄断的局面，政府只扮演政策制定、资金扶持和内容管理三重角色，实现了从"办文化"向"管文化"的转变。推行公共文化服务和产品社会化运作，改变了一些偏远社区看不到演出的局面，群众的基本文化权益得到保障。利用互联网架

构起文化产品服务供需双方的信息互通平台和群众反馈机制,实现了文化项目与群众文化需求的有效对接。截至 2017 年底,"淘文化"网已有注册用户 601 个,社会组织、文艺团队等提供文化服务的注册单位 76 家,参与服务人数 4350 人,提供节目 516 个(场),注册需求单位 205 家,网上已成功交易 380 笔,充分体现了全社会对文化的需求。"淘文化"的建立受到了上级部门的肯定和基层群众的广泛好评,2015 年《人民日报》对此作了专题报道,浙江省文化厅在全省予以宣传推广。2019 年,舟山"淘文化"被"学习强国"学习平台点名表扬,认为这种公共文化网购平台让市民点击鼠标即可享受文化服务,创新了社会化文化服务体系。2021 年,舟山市文化和广电旅游体育局又专门出台了《舟山"淘文化"文化服务团队管理办法(试行)》,为更充分地发挥"淘文化"服务团队的作用,促进文化进一步繁荣兴盛,进行了制度化规范等。

(二)完善公共文化服务设施,满足市民精神文化需求

随着群众精神文化需求的日益增长,全市公共文化设施日趋完善,建筑面积不断扩大,总面积已达 1.54 万平方米,处于全省平均水平线以上。围绕打造"15 分钟公共文化服务圈",全市初步建立了由 1 个市海洋文化艺术中心、3 个县(区)海洋文化中心、5 个大型艺术表演场所、9 个县(区)级文化场馆、35 个乡镇综合文化站、351 个社区文化点、172 个农村文化礼堂、249 家农家书屋、329 个文化信息资源基层服务点组成的四级公共文化设施网络,基本满足了群众就近享受文化服务的需求。建成舟山市艺术剧院、普陀保利大剧院、市海洋文化艺术中心一期工程(包括图书馆、文化馆、博物馆)、岱山文艺中心,进一步提升了舟山国际化水平,更好地满足了市民的精神文化需求。

重点推进"城市书房"为民办实事项目建设。颁布《舟山市"城市书房"三年行动计划》,为广大市民提供阅读学习的社交平台,打造集读书、沙龙、茶吧于一体的城市阅读空间。在全市城区范围内建成风格各异的城市书房 30 家,基本满足了市民的精神文化需求。

积极打造"文化地标"，将渔农村"文化礼堂"建设作为推进基层文化工作的主抓手。2017年，舟山市委、市政府出台了《关于推进渔农村文化礼堂长效机制建设的实施意见》，明确把文化礼堂建设工作列入党委（党组）意识形态工作责任制检查范围和党政领导班子实绩考核评价体系，列入新农村建设和美丽海岛建设、文化发展指数等工作考核，同时按照建设情况进行综合性奖补。各县（区）坚持统筹部署、均衡发展、示范引领，截至2020年已建成172个文化礼堂，遍布全市所有乡镇及25个住人岛，其中市级示范点60个、首批四星级文化礼堂2个。深入挖掘舟山独有的地域优势、历史内涵和文化特色，做到"一堂一品"；创建"公民素质讲习所"，注重礼堂惠民功能的发挥，凸显教化引领作用，努力打造这一基层思想道德教育品牌，使文化礼堂成为传播科学理论、培养良好风尚的"红色殿堂"。同时，探索"乡镇（街道）文化礼堂中心站"制度，打造全域全景式文化礼堂；发挥"海上文化礼堂"的作用，把文化礼堂向渔船拓展。

（三）在公共文化精神传承传播中，稳步提升市民素质

通过加强公共文化设施建设，推进市美术馆、音乐厅、城市文化公园等设施改扩建，规划建设职工、青少年、妇女、儿童和科技工作者综合性活动场所，大力推进以渔农村文化礼堂为代表的基层文化综合体建设；提升公共文化服务的现代传播能力，提升公共文化利用与服务水平，拓展惠民服务领域。通过完善现代公共文化服务体系来播种文化文明种子，稳步提升市民素质。

第一，始终把提升公民的思想道德素质放在重要位置。党的十八大以来，舟山市以建设社会主义核心价值体系为根本，以提高市民文明素质为基础，广泛开展职业道德、社会公德、家庭美德、个人品德宣传教育活动，精心打造"最美"系列品牌，树立了以"道德模范""身边好人""感动魅力人物"为主体的先进典范。开展了"文明交通""文明旅游""文明服务""文明经营""文明餐桌""文明礼仪"等一系列贴近实际、贴近生活

的主题教育实践活动,进一步提高了市民文明水平。优化了旅游环境,提升了窗口服务质量,树立了诚信经营意识,养成了文明用餐习惯,展现了市民彬彬有礼的文明素养,积极健康向上的社会风尚已经形成。

第二,针对不同层次、不同人群、不同文化背景、不同教育需求,全方位推进市民素质教育。加强对全体市民的道德教育,把道德教育与道德实践紧密结合起来,依托市民文明学校、道德讲堂、公民讲习所等平台,开展经常性、系统性的教育活动,不断提高公民的思想道德水平。对下岗失业人员和被征地农民,组织多种形式的技能培训,帮助他们提高技能、提升素质,促进他们自谋职业、自主创业;对进城务工人员,大力开展思想、科技、文化、法制等方面的教育,引导他们融入城市文明,融入主流社会;对中小学生,大力加强爱国主义、集体主义、社会主义以及传统美德、民主法制教育,提升他们的思想道德品质;对广大老年人,依托老年大学等阵地,开展多种形式的素质培训,举办丰富多彩的文化活动,促使他们"老有所学、老有所教、老有所乐"。

第三,大力推进诚信教育建设。市政府成立了信用舟山建设领导小组,推动建立覆盖舟山全域的信用信息系统,逐步形成诚信信息互通共享、相互支撑的诚信建设工作格局,重点抓好市场、卫生、食品、旅游、出租车等重点领域的诚信建设。市文明委印发了《舟山市深入开展道德领域突出问题专项教育和治理活动的实施意见》,深化道德领域突出问题专项教育和治理,从食品行业、窗口行业和公共场所三个领域入手,加强道德教育,深化道德实践,开展走访评议,树立道德典型,广泛宣传教育。

第四,积极推进志愿服务常态化。大力开展志愿服务工作,强化机制建设,制定了社区志愿服务工作流程,建立了志愿服务时数记录制度,出台了志愿服务星级评定办法。志愿服务数据平台投入运行,初步实现了志愿者登记注册、活动开展、服务时数记录和星级评定等功能的数字化管理,不断扩大志愿者队伍。近几年,在继续加强市、县(区)、街道(乡镇)、村(社区)四级志愿组织建设的同时,大力拓展志愿服务中心、服务站(点)建设，把志愿服务触角延伸到全市所有社区、所有家庭。积极开展以"关爱自然关爱他人关爱社会"为主要内容的"三关爱"志愿服务活动。发动全市220家文明单位组织开展文明交通劝导志愿服务活动，每逢节假日开展"展志愿者风采，促假日经济"统一行动，在车站码头设点为国内外游客提供茶水、常用药品、旅游咨询等便民服务。广泛开展以"文明交通劝导""新春送温暖行动""关爱农民工子女""关爱孤寡老人""志愿者助残阳光行动"等为主要内容的志愿服务。截至2020年底，全市累计注册志愿者达16万余人。建立各类志愿者服务中心(站)318个，文明单位学雷锋志愿服务队400支，专业志愿服务团队192支，建成新区志愿服务大平台二期"志愿家"。

第五，不断推进未成年人思想道德建设。舟山市始终把未成年人思想道德建设作为战略工程、民心工程摆在突出位置，坚持立德树人，塑造美好心灵，在促进未成年人综合素质提升、成长环境优化等方面取得显著成效。完善了学校、家庭、社会"三结合"的教育网络，发挥学校教育主渠道作用，积极开展"美德少年"评选、"中华经典诵读"、"优秀童谣征集传唱"、"童心向党"等主题教育实践活动，将社会主义核心价值观融入未成年人学习成长的全过程，让他们从小学会感恩社会，争做美德少年，培育爱国情怀。通过发挥"小手拉大手""爱心彩虹文明交通行动""社会主义核心价值观进校园"等品牌效应，全面开展市级文明校园的复查、验收工作。截至2020年底，全市学校中共有县级文明单位(校园)68家、市级文明单位40家、省级文明单位10家、全国文明单位1家。此外，舟山市积极抓好乡村学校少年宫和"春泥计划"两个基地建设，继续围绕"提质扩面"工作目标，创新活动载体，实现"春泥计划"与渔农村文化礼堂、乡村学校少年宫等资源的互促共融，使全市"春泥计划"的实施提升到一个新的水平，实现了乡村学校少年宫"一镇一所"全覆盖。

从盆景到风景，从风景到风尚，舟山人正在通过实际行动践行着"向上向善向美"的舟山精神。公共文化供给关注人的价值诉求、精神追求和文化需求，不断提高社会成员的文明素质，是对经济社会发展的终极价值目标的确认。同时,市民素质的全面提升又为经济社会的发展提供了精神动力、思想保证和智力支持。

第三节　加快海洋文化名城建设路径探索

在加快推进海洋文化名城建设进程中,舟山注重独具韵味的海洋文化名城打造,以加快海洋新兴产业发展为载体,实现海味文化数字赋能,打造科技创新平台,提高数字赋能速度。在"最多跑一次"上求突破创特色,掀起更深层次的"数字效能革命",实现海味文化数字赋能。在海洋文艺精品创作上提质增量,强化交流,注重培育海洋文化活动品牌,持续提升海洋文化品牌影响力。充分发挥渔、港、景的优势,注重完善海洋文化建设布局,把舟山建设成浙江省参与长三角地区经济合作与一体化发展的"蓝色通道"。

一、建设独具韵味的海洋文化名城

舟山是我国以群岛立市的地级市,是以海洋经济为主题的国家级新区。随着改革开放的不断深入,舟山城市化进程有序推进,城市现代化功能显著增强,城市海洋文化内涵和特色全面增强,以独具韵味的海洋文化为特色的现代化港口旅游城市正在迅速崛起。

打造海洋文化名城的筋与骨,就是培育文化灵魂。"文明"一词仿佛一块磁石,深深吸引着每个舟山人崇德向善。改革开放以来,舟山创建全国文明城市的脚步从未停歇,用行动引领文明风尚,铸就城市灵魂。2000 年,舟山市委、市政府向省委、省政府上报了《舟山市创建文明城市规划》。2003 年 4 月 1 日,全市召开创建文明城市动员大会。2004 年 12 月,省考核组对舟山市创建工作进行实地检查。2005 年,舟山市召开了创建全国文明城市动员大会,制定并下发了《舟山市创建全国文明城市实施意见》,对全国文明城市创建工作进行了全面部署。十多年来历次市党代会、人代会都把创建全国文明城市作为市委、市政府的重要工作目标,写进了五年发展规划和年度政府工作报告。在 2005 年的全省宣传思想工作会议上,舟山市正式荣获省级文明城市称号。2006—2010 年,全市文明城市创建工作取得了新突破,保持了省级文明城市和全国、全省"双拥模范城市"称号,四县(市、区)先后跨入了省级示范文明城区(县城)行列。2011 年 6 月,国务院正式批复设立浙江舟山群岛新区,市委、市政府从推进舟山群岛新区建设的战略高度出发,加快推进全国文明城市创建工作。2012 年,市委、市政府全面启动了以创建全国文明城市为龙头的"多城联创"活动,把全国双拥模范城市、国家卫生城市、国家环保模范城市、中国优秀旅游城市、国家园林城市、国家森林城市、国家节水型社会等创建整合在一起,实行"多城联创",创建工作成效明显。2015 年 2 月,舟山市获得"全国文明城市提名城市"资格,2020 年,成功获得"全国文明城市"荣誉称号。这些荣誉,对提升舟山海洋文化城市品位、优化海洋文化发展环境、增强海洋综合竞争力、推动舟山经济社会协调发展、建设宜居又充满活力的美好家园具有重要价值,也是构建海洋文化名城的重要筋骨、软实力和支撑。

基于"创城为了人民,创城依靠人民,创城成果让人民共享"的民本理念,独具韵味的海洋文化名城建设已融入整个城市民生发展的大格局中,让市民成为这座城市的参与者、检验者和最终受益者,真正实现了"舟山有你,越来越好"。舟山坚持以人民为中心弘扬海洋文化,在充分挖掘海洋文化资源的基础上,着力把舟山建设成海洋文化个性充分张扬、海洋文化产业优势明显、海洋文化市场日益繁荣,具有独特魅力和城市品质的中国现代化海洋文化名城。

二、实现海味文化数字赋能

抓创新就是抓发展,谋创新就是谋未来。创新舟山,就是全面实施创新驱动,以科技创新为引领,以产业创新为主导,以人才智力为支撑,把舟山建设成创新资源集聚、数字赋能、环境良好、富有海洋特色的海味文化创新城市。新时代我国经济发展的特征是由高速增长阶段转向高质量发展阶段,创新是实现高质量发展的第一动力。舟山市委、市政府提出要以科技创新为引领,以产业数字赋能为主导,突出产业重点,加快建设创新舟山。到 2020 年,基本建立起具有舟山特色的海洋创新体系,创新驱动能力显著提升,产业质量明显提高,成功打造了全国有影响力的海洋高新技术产业基地和海洋科技创新中心,为创建国家创新型城市奠定了坚实基础。舟山市委、市政府始终坚持科教兴市,相继推出了一系列科技发展战略,充分发挥独特的资源优势和区位优势,不断加大科技创新工作力度,使舟山的科技创新资源不断集聚,科技创新条件和环境不断优化,科技创新能力不断提升。尤其是 2015 年以来,舟山在海洋生物资源精深加工、远洋渔业、船舶修造和临港工业等领域的共性技术和关键技术攻关上取得了显著成绩,特别是在运用数字高新技术改造传统产业、建立和完善科技创新服务体系、完善数字赋能市场等方面取得新的突破,为全面推进舟山经济和社会快速发展提供了数字技术支撑。科技实力的增强和创新能力的提高,为舟山市全面建成小康社会奠定了良好基础。不断完善的科技创新和数字赋能技术体系,为提高企业科技创新能力、优化经济结构和产业结构、推动经济高质量发展等奠定了坚实基础。

第一,以加快海洋新兴产业发展为载体,实现海味文化数字赋能。加快海洋数据资源共用共享,建设集采集、存储、管理、挖掘、利用等功能于一体的海洋数据中心,构建海洋数据综合服务平台及应用平台。着力开展海洋观测网示范、江海联运大数据应用示范和军民融合应用试点示范,探索建立海洋数字交易所,着力建设我国重要的海洋大数据中心、智慧海洋应用示范基地和海洋电子信息产业基地。设立智慧海洋产业基金,实施"互联网＋"行动计划,支持基于互联网的各类创新,推动海洋信息技术与制造业、服务业的深度融合。大力发展众筹、众包、众扶等新模式,推动电子商务等新业态、新产业发展。依托海洋资源优势和产业基础,进一步培育发展海洋新能源、海洋生物医药、海洋新材料等战略性新兴产业。

第二,打造科技创新平台,提高数字赋能速度。加快国家高新区创建,突出六大类产业发展重点,优化高新区创新发展、招商引智、创新创业和产业服务等软硬件环境,促进科技创新要素集聚和高新技术产业壮大。高水平推进舟山海洋科学城海洋产业集聚,重点建设浙江舟山群岛新区大学科技园、舟山高新技术产业园区科创中心等凸显舟山特色的科创园区,提升对大众创业、万众创新的承载能力和服务水平。促进产学研协同创新,推进绿色石化、高性能船舶及高端船配、海洋工程装备、海洋新能源、海洋生物医药等重点产业、重点领域的科技攻关和成果转化应用。提高园区项目准入门槛,优化产业分工布局,谋划和推动具有战略性和前瞻性、最能带动全局的重大科技项目。引进高新技术大项目、好项目,推动功能区块二次创业、腾笼换鸟、腾园换企,把有限的土地、岸线、资金等要素向高端产业、优质企业集聚,促进科技成果向现实生产力转化,不断提高全要素数字化生产率。

第三,围绕打造全省"审批事项最少、办事效率最高、投资环境最优""群众和企业获得感最强"城市的目标,在"最多跑一次"上求突破创特色,掀起更深层次的"数字效能革命",全方位提高运营创新资源的能力水平,让各类主体的创新创造活力充分迸发、释放。进一步打破信息孤岛,推进数据共享,加快实现"一窗受理""一证通办""一次办结",确保"最多跑一次"改革覆盖全部民生事项和企业事项。围绕"最多100天"目标,全面推进企业投资项目审批制度改革,实行职能部门代理代跑代办制度。以"最多跑一次"撬动各项改革,加快政府职能转变,让发展更有质量,让数字化治理更有水平,让人民在数字赋能中更有获得感、幸福感。

三、培育海洋文化活动品牌

第一，注重培育海洋文化活动品牌，在海洋文艺精品创作上提质增量。舟山海洋文化活动创作百花竞放、异彩纷呈，文化创作积极活跃，文化氛围融洽和谐，文化队伍意气风发。市委、市政府将扶持海洋文化精品创作作为繁荣海洋文化、推进海洋文化名城建设的重要手段，积极鼓励广大文艺工作者开展文艺创作，设立了专门奖项和专项奖励基金。尤其是党的十八大以来，舟山市先后召开全市文化发展大会和文艺工作座谈会，出台《关于进一步加强文艺创作繁荣文艺发展的实施意见》和《舟山市文艺作品创作生产三年计划（2015—2017）》。确定了电影、舞蹈、摄影、器乐、美术、电视、文学、戏剧等多种形式的创作项目，落实专项经费 300 万元，设立政府文化奖、舟山群岛新区文学艺术奖、三毛散文奖等奖项，支持文艺精品创作。着力打造中国海洋文化节、中国海洋歌会、中国海鲜美食文化节、东海音乐节、普陀山南海观音文化节、国际沙雕艺术节等节庆文化品牌，展现具有海洋特色的舟山锣鼓、舟山渔民画、舟山渔民号子等文化元素，筹办国际艺术展演活动，开展具有学术支撑的文化活动。中国海洋文化节的影响力逐年扩大，2012 年被人民日报社、人民网评为"首批中国最具影响力品牌节庆"，并被列入全国海洋经济发展"十二五"规划，2013 年经国务院正式批复，成为又一个"国字号"节庆。

第二，强化交流，持续提升海洋文化品牌影响力。多年来，舟山市坚持推进引进来工作，不断扩大文化交流，为市民提供更丰富的文化服务。舟山市艺术剧院和普陀大剧院积极引进境外优秀文化艺术精品，邀请了美国里士满市政府代表团、韩国江华郡代表团来舟山开展友好交流系列活动，让当地市民接受高雅艺术的熏陶。2017 年 10 月，由中国人民对外友好协会和加拿大国际文化交流协会共同举办的第十六届环太平洋国家艺术展，在舟山美术馆举行，来自中国、加拿大、美国、英国、荷兰、日本、韩国、波兰等国的 120 件作品参展，作品种类包括版画、油画、水彩画、中国画及摄影等，其中舟山本土艺术家有 12件海洋题材的作品参展。环太平洋国家艺术展是中国人民对外友好协会历史最悠久、最重要的国际交流项目之一，在加拿大、日本、韩国等国具有一定知名度，吸引了环太平洋各国艺术家参与。之后，中国人民对外友好协会决定，环太平洋国家艺术展在中国的举办地永久落户舟山市。举办中国海洋文化节庆，开展系列形式多样的主题文化活动，激发了市民关注海洋、热爱海洋的热情。

第四节　海洋文化助力海洋经济发展经验

辩证处理文化效益与经济效益的关系，实现海洋文化精神与海洋经济"和合"发展，实现海洋文化名城与海洋经济强市并驾齐驱，探索精神富有与物质富裕的舟山样本，则是实现舟山海洋文化助力海洋经济发展的重要路径。在坚持物质幸福和精神幸福有机统一的过程中，使改革发展更具共享性和包容性，让全体市民有更多的获得感、成就感、归属感和自豪感。

一、辩证处理文化效益与经济效益的关系

要实现海洋文化助力海洋经济发展，需要辩证处理文化效益与经济效益的关系。《浙江省建设文化大省纲要（2010—2020）》基本原则中提到社会效益与经济效益要相统一，在强调繁荣文化事业、发展文化产业时，要正确处理文化事业和文化产业的关系，把社会效益放在首位，同时实现与经济效益的统一。在社会主义市场经济条件下，文化产业是国民经济的有机组成部分，文化产品具有商品属性，必须在坚持社会效益的前提下，十分重视文化产品的经济效益，努力实现两

者的最佳结合。在社会主义市场经济条件下,市场机制对人们的文化需求起资源有效配置作用,只有通过市场的具体运作,实现了文化产品和文化服务的经济价值,社会效益才能得到体现。随着生活水平的提高,人们越来越通过市场满足文化的要求,满足这种需求的产品和服务质量越高,经济效益也就越好。文化产业目标效益高于手段效益,当两者发生冲突时,应奉行目标效益与社会文化效益高于经济效益的原则。实现经济效益和社会文化效益的统一,在政策层面就是经济政策和文化政策、社会政策之间的协调一致。两者之间避免二律背反、相互冲突的情况发生。

文化生产是精神产品的生产,是一种文化软实力创造。在社会主义市场经济条件下,广义的文化生产往往体现为公益性文化事业和经营性文化产业两种形式的生产,其中经营性文化产业的目的是为人提供文化商品,公益性文化事业的目的是为人提供公益性文化产品、文化商品的二次再分配和公共文化服务。从发展看文化,透过发展意识到文化是舟山发展的深层动因,经济的竞争是体制的竞争,体制的竞争是文化的竞争,文化的竞争是观念的竞争;从文化看发展,经济发展是为了人的发展,文化的发展是提高人的生活品质的核心因素。经济文化化表明生产力的主导形态正在发生变化,代表先进生产力发展的要求与代表先进文化的前进方向相互融合并交集在一起,表明必须从经济文化和文化经济相统一的角度理解代表先进生产力发展的要求,才能真正代表人民群众的根本利益。以新文化观推动舟山的发展已经成为今后的重要趋势。

二、实现海洋文化精神与海洋经济"和合"发展

《浙江省建设文化大省纲要(2001—2020)》"基本原则"的第一项阐明了经济发展与文化发展的关系,即经济发展为文化发展提供必要的物质基础,文化发展为经济发展提供强大的推动力量。如何实现海

洋文化精神与海洋经济"和合"发展？海洋文化精神正是一种特别有利于社会主义市场经济发展的精神意识，包含开拓进取、勇于冒险、探索求新。在这种强有力的海洋文化精神的强劲推动下，舟山海洋经济必将实现快速发展。同时，舟山海洋经济的科技升级也日益呼唤海洋文化精神的支撑，海洋经济的发展必然要求在文化上有与之相匹配的海洋文化精神表达，实现二者"和合"发展。

舟山海洋文化精神是舟山海洋经济发展的精神原动力。海洋文化精神的提升和转化，文化战略的提出和完善，都昭示着舟山经济社会发展正在实现新的飞跃。在这个过程中可以清楚地看到海洋文化软实力对舟山经济发展的重要作用，看到文化既可作为发展手段又可作为发展目的的基本价值。海洋文化精神与海洋经济的"和合"发展将最终诠释经济发展的硬道理——只有围绕着"人的全面发展"才是真正"过硬的"道理。人类不仅追求物质条件、经济指标，还要追求"幸福指数"；不仅追求自然生态的和谐，还要追求'精神生态'的和谐；不仅追求效率和公平，还要追求人际关系的和谐与精神生活的充实，追求生命的意义。

正是浙江文化中开放图强、勇于开拓的文化底蕴，及其强大的生命力和创造力，激励着浙江人民以敢为天下先的胸怀和胆略，冲破传统思想观念的束缚，勇于创新，大胆实践，率先进行经济市场领域革新，形成了体制机制上的先发优势，极大地解放了生产力，促进了经济社会的快速发展。舟山作为浙江的重要部分，具有不畏艰难和挑战、敢想敢做的创新发展精神，它滋育着海洋经济的生命力，催生着舟山人民的凝聚力，激发着发展的创造力，培植着海洋经济的竞争力，激励着舟山人民永不满足、永不停息地自我超越与创业奋进，最终实现了海洋文化精神与海洋经济的"和合"发展。

三、实现海洋文化名城与海洋经济强市并驾齐驱

文化要素是综合竞争力的核心要素，文化资源是经济社会发展的

重要资源，文化素质是领导者和劳动者的首要素质。在推动精神文明和物质文明协调发展进程中，舟山市坚定文化自信，不断提升市民文明素养，推动海洋文化名城建设与海洋经济强市并驾齐驱。

第一，依托深厚的海洋文化底蕴，深挖海洋文化内涵，发展海洋文化产业，这是舟山建设海洋文化名城的优势所在。要进一步发掘具有海岛特色、渔村特色的民间文化，弘扬具有舟山特点的历史文化特别是爱国主义历史传统文化，大力发展具有时代特点的海洋文化，使舟山的海洋旅游业充满深厚的文化底蕴，如此才能具有无穷的发展后劲。舟山要创建海洋文化名城，实现舟山经济社会的跨越式发展就需要进一步贯彻落实省委"八八战略"，以此转化为舟山市人民群众强大的精神动力，使广大人民都继续保持清醒头脑，坚定信心，振奋精神，大力建设海洋文化名城。

第二，创建海洋文化名城就要推进精神文明建设，为海洋经济发展和海上花园城市建设提供智力支持和精神动力。注重文化对市民的精神引领发展作用，无论在城市实体建设上还是在精神文化软实力建设上都成为"最美"海洋文化名城。注重发挥社会主义核心价值观对市民教育、精神文明创建、精神文化产品创作生产传播的引领作用，把社会主义核心价值观融入社会发展各方面，转化为人们的情感认同和行为习惯。繁荣发展哲学社会科学，结合舟山实际推动理论创新、实践创新。千百年来，舟山人民常年与大海为伴，劈波斩浪，形成了吃苦耐劳、艰苦奋斗、勤俭创业的精神，挖掘和弘扬舟山海洋文化价值精髓，弘扬舟山精神，是建设海洋文化名城的核心内容，能够为加快推进"四个舟山"建设提供强大精神动力。着力传承优秀文化，用道德的力量撑起舟山精神的脊梁，培育"最美"风尚，深化"最美"品牌，不断推进市民文明素质和社会文明程度整体提升。

第三，打造舟山海洋经济强市，实现海洋经济强市"五个抓手"与海洋文化名城"四个充分发挥"的统一。舟山作为一座海岛城市，具有独特的区位优势和鲜明的海洋资源优势，拥有得天独厚的深水港口和航道资源,在发展海洋经济上具有十分重要的战略优势。因此,舟山市始终坚持以发展海洋经济为主题,充分发挥舟山海洋优势,始终坚持走海洋兴市、特色发展的路子,大力推进宁波舟山港一体化,涉海产业迅速发展,形成了以临港工业、临港物流、海洋旅游、海洋渔业等为支柱的现代海洋经济体系,实现了从单一的传统海岛经济向综合的现代海洋经济的转型。同时,不断加大科技创新力度,科技创新资源不断集聚,科技创新能力不断提升,为增强海洋经济强市发展后劲、推动经济高质量发展奠定了坚实的基础,舟山经济实现了跨越式发展。实现海洋文化名城与海洋经济强市并驾齐驱,就要充分发挥"渔"的优势,充分发挥"港"的优势,充分发挥"景"的优势,建设海洋旅游城市,充分发挥区位优势,把舟山建设成全省参与长三角地区经济合作与一体化发展的"蓝色通道"。

四、探索精神富有与物质富裕的舟山样本

综合竞争力并不只有经济一个指标,文化软实力正恰恰体现了经济领域之外的、属于意识形态吸引力的文化力量,是经济发展的"助推器"、政治文明的"导航灯"、社会和谐的"黏合剂"。2003 年全国文化体制改革试点工作会议指出,文化软实力有两个十分清晰的维度:一是民族精神。文化哺育并传承了民族精神,滋养着民族的生命力,激发着民族的创造力,铸造着民族的凝聚力。文化极大地提高了人民群众的思想道德素质和科学文化素养,为现代化建设提供了强大的精神动力和智力支持。文化的力量是民族生存和强大的根本力量。二是文化生产力。文化是社会生产力的重要组成部分,在国民经济中占有越来越重要的地位,具有既能带来精神富有又能带来物质富裕的特点。因此,我们必须在推进舟山文化建设中实现舟山物质富裕与精神富有的齐头并进。

如何打造舟山海洋旅游产业的精品,是习近平在浙江工作期间一

直关心的问题。他在一系列调研讲话中都反复强调要规划先行，提升档次。按照发挥优势、强化规划、突出创新的原则，深入研究海洋旅游开发的重大问题，进一步理清思路，明确发展重点和工作切入点。舟山搞旅游开发，要规划好，要搞精品，搞一个是一个，不怕慢，将来可以保证长盛不衰。舟山市委、市政府要紧紧围绕"海天佛国、海上观光、海岛度假、海洋文化"等特色打造文化名城。

全面扎实推进文化建设，需要锲而不舍、脚踏实地、久久为功。大力发展社会主义先进文化，不断满足人民群众日益增长的精神文化需求，推动文化与经济的相互交融。舟山文化发展既要大力推动社会生产力的解放和发展，又要弘扬发展舟山精神，通过不断增强文化软实力和经济硬实力，以其综合竞争力推进幸福舟山建设，实现以幸福为导向统领全市经济社会发展全局，最终实现人的全面发展和社会全面进步。2022年浙江省第十五次党代会报告指出，要推行以精神富有为标志的文化发展模式，在共同富裕中实现精神富有，在现代化先行中实现文化先行。为此，舟山要坚持以人民为中心，坚持物质幸福和精神幸福有机统一，使改革发展更具有共享性和包容性，让全体市民有更多的获得感、成就感、归属感和自豪感，把舟山建设成人民福祉丰厚、市民素质提升、社会平安稳定、充满人文关怀的幸福城市，建设成人民精神富有与物质富裕交融的中国城市样本。

第六章　建设高水平治理的海上花园城市

"八八战略"着眼长远,坚持发展是第一要义,解决的是浙江走什么路率先基本实现现代化的问题,社会治理现代化也是题中应有之义。"八八战略"谋划的浙江新发展,不仅是一个如何推动经济发展转型升级的问题,还是一个如何切实优化区域治理,提高区域治理水平,以实现社会长治久安的问题。根据中央构建社会主义和谐社会的要求,2004 年 5 月,浙江省委十一届六次全会上作出了建设"平安浙江"、促进社会和谐稳定的决定,推行综合而系统的"平安浙江"工作体系。2006 年 4 月,浙江省委通过《关于建设"法治浙江"的决定》,率先开始了省域法治建设的全面实践探索,注重发挥法治对推进治理体系和治理能力现代化的作用。在浙江工作期间,习近平同志多次到舟山考察,深入调研,科学谋划舟山发展战略。历届舟山市委、市政府按照"八八战略"和"平安浙江""法治浙江"的决策,以及习近平同志对舟山工作的指示精神,积极推进社会治理创新,不断提高社会治理现代化水平,努力为发展创造和谐稳定的社会环境。

第一节　海岛城市社会治理现代化的理念与战略

舟山从实际出发,以"发展、平安、和谐"为主线,以"争领先、打头阵、创特色、求实效"的工作思路,牢固树立和落实科学发展观,统筹经济社会协调发展,全面部署建设"平安舟山""法治舟山"工作,面对发展过程中遇到的新问题、新挑战,先行先试,探索构建和谐社会的新办法、新途径,通过树立科学的现代化社会治理理念、实施共建共治共享的社会治理战略来实现新的治理效能和目标,为大力建设海洋经济强市、在推动海洋经济发展中打头阵创造良好的发展环境,建设高水平治理的海上花园城市。

一、贯彻以人民为中心的现代化社会治理理念

面对社会矛盾转变、社会问题和社会冲突的增长与积累,在推进社会建设改革创新过程中,经历了从社会管理发展到社会治理,再进一步提升到社会治理现代化的理念发展轨迹。

(一)从社会管理走向社会治理

在"平安浙江"和"法治浙江"的战略建设中,浙江积极探索治理体系建构和治理能力提高的路径。基于浙江的理论探索、实践与经验总结,深化了关于社会治理的目标、理念、方式等认识。2013年11月,党的十八届三中全会通过《中共中央关于全面深化改革若干重大问题的决定》,首次从国家层面正式提出"社会治理"这一概念,强调"创新社会治理,增强社会发展活力,提高社会治理水平",实现了从"社会管理"到"社会治理"的转型,并从国家战略层面论述了创新社会治理的必要性和重要性。

舟山市委、市政府从2006年开始,创新并推广"网格化管理,组团式服务"模式,网格化管理是创新基层社会治理体制的一种新手段,而"组团式服务"则实现了基层社会治理从"管理"到"服务"的重心转移,给"服务型政府建设"注入了丰富的、具体的内容。逐步从以解决问题和矛盾为导向,以强化秩序和稳定为目标,实现对社会的整合和控制,转变为加强对社会需求、公共服务的供给,力求实现解决社会问题与满足人民需求的平衡、社会秩序与社会民生的兼顾。

（二）"以人民为中心"的现代化治理

在不断加强和创新社会治理的过程中,舟山实现了治理理念、方式、目标的深刻转变,需求导向和民生导向日益突出,"人民至上"的价值取向不断凸显。

"以人民为中心"也是舟山推进社会治理创新一以贯之的核心理念和根本宗旨。通过不断完善正确处理矛盾纠纷的有效机制,使人民群众由衷感到权益受到公平对待、利益得到有效维护、情感得到更多尊重,满足人民群众对美好生活的向往和期待,以此评判创新社会治理的效果。舟山市委、市政府在推进"平安舟山""法治舟山"建设过程中,聚焦社会治理中的薄弱环节和突出问题,以人民心声为改革导向,对与民生有关的改善和保障工作保持足够的重视,对与人民密切相关的基本医疗、社会保障、就业服务、收入分配和公共教育等社会事业的发展作出科学规划并予以落实,使人民最关心、最直接、最实际的利益问题得到切实解决。围绕提升人民群众满意度和获得感,推出实实在在的为民革新的举措,完善党和政府主导的群众权利和利益保护机制,创新社会治理的参与途径和手段,畅通利益表达渠道,统筹协调各方面的利益关系,加强社会纠纷的治理,妥善处理社会矛盾,维护人民群众的正当权利和利益。就"如何解决基层群众办事难,实现海岛群众就近就便办事"等问题进行深入研究,不断完善基层服务平台建设,建立健全办事服务机制,推进"最多跑一次"审批制度改革,实现"群众办事不出岛"的目标。

二、构建共建共治共享的社会治理新格局

打造共建共治共享社会治理格局,既是社会治理目标,也是期待呈现的社会治理模式与特征,更是目标实现的最优路径。

（一）作为治理路径的共建共治共享

打造共建共治共享的治理格局蕴含着对全体人民意志的遵从,对

全体人民参与权利的肯定,对全体人民利益的敬畏。共建、共治、共享三者之间,共建、共治是手段,为共享提供切实的保障和可行的路径;共享是目标,为共建、共治提供指引。

首先,共建是基础,强调共同参与社会建设,突出制度和体系建设的基础性、战略性地位。在现代社会治理体系中,除党和政府外,各种社会组织、企事业单位、基层群众自治组织、普通公众都是社会治理的主体。政府从"全能政府"逐渐向"服务型政府"转变,政府、市场、社会的合作成为必要和可能,党委、政府与社会、公众不断努力,在互动和发展中相互协调。舟山市委、市政府围绕理顺政府与市场、政府与社会的关系,转变政府职能,优化区域治理结构。倡导切实转换政府职能,努力建设服务型政府、法治政府。通过更好地发挥政府的作用,把促进社会公平正义、增进人民福祉作为一面镜子,审视各方面体制机制和政策规定。一方面,舟山贯彻省委"用政府权力的减法换取市场活力的乘法"的改革路径,在"四张清单一张网"的基础上,推进"最多跑一次"改革。另一方面,加强社会治理顶层设计、整体规划和统筹协调,建立健全社会治理领域权力清单制度和责任追究制度,加快从"全能政府"向"有限政府""有为政府"转变,发挥"看得见"的手的应有作用。在坚持党委领导、政府负责的前提下,以政府主导、政社合作为基本原则,充分激发社会协同、公众参与的活力,充分发挥市场主体和各种社会力量的作用。

其次,共治是关键,强调共同参与社会治理,打造全民参与的开放治理体系。企事业单位、社会组织、公众等社会力量参与社会治理发挥协同作用,是健全现代社会治理格局的基本要求。社会参与水平反映各类社会行动者在社会治理和社会服务中主体性和能动性的发挥程度,体现着社会治理水平。这就要求党和政府为公众参与社会治理创造条件,善于调动各方主体的积极性和创造性,激发社会活力。在简政放权之外,舟山市委、市政府创新社会协商治理平台,积极培育、引导、推动社会组织发展。把"健全激发社会组织活力的体制机制"

"建立社会组织承接政府购买服务工作机制"等作为重点改革项目,创新机制,通过赋权赋能赋誉,培育了"东海渔嫂""阿拉义工协会"等一批积极参与社会治理的社会组织。创新平台,激发人民群众主人翁精神,如各类志愿者组织队伍在创建文明城市中发挥了重要作用。以"平安舟山"和"法治舟山"建设为主要载体,推动社会自治、自主、能动力量的发展,打造和提升"网格化管理,组团式服务"和"海上枫桥"治理模式,努力形成社会广泛参与共同治理的局面。

最后,共享是出发点和最终目标,强调共同享有治理成果,治理的成效更多、更公平地惠及全体人民。共享是中国特色社会主义的本质要求,这一本质要求体现着中国特色社会主义公平正义的价值取向。为贯彻落实保障和改善民生的治理目标,舟山市委、市政府建立健全重大决策社会稳定风险评估机制;建立和完善矛盾纠纷解决机制,人民调解、行政调解和司法调解联动工作体系;建立畅通有序的诉求表达、心理干预、矛盾调处、权益保护机制;深化改革信访工作制度等及时化解社会矛盾,打造最平安城市;完善公共服务体系、社会保障体系和社会救助体系,推进公共服务均等化,重点保障公共教育、就业创业、社会保障、健康、基本生活、公共文化、环境保护、公共安全等基本公共服务水平的提高,不断满足人民美好生活的需要。

(二)作为治理目标的共建共治共享

首先,共建共治共享的治理格局意味着形成了现代化社会治理结构,共建共治共享凸显了治理的公共性特质。舟山在探索推进社会治理创新的过程中,发挥各类社会组织在社会治理、公共服务、市场服务方面的积极作用,大大缓解了各级党委政府直接组织经济建设的压力,缓解了政府在社会领域大包大揽的压力,各级地方党委政府得以腾出更多的精力和资源加强政府管理体系的创新,推动市场发育、社会成长和政府创新的良性互动,推进形成党委领导下,政府治理、社会协同、公众参与并存的现代化区域社会治理结构。

其次,共建共治共享社会治理格局意味着社会和谐有序、充满活力。打造共建共治共享的社会治理格局,推进政府治理、社会协同和公众参与紧密结合,旨在给社会松绑,激发社会活力,更好地确保人民安居乐业、社会安定有序。

舟山在推进社会治理创新中逐渐实现了从单一治理主体向多元治理主体的转变,从单一的纵向治理向多元合作共治的网状治理格局转变。政府转变职能,兼顾管理与服务,提高顶层设计的能力,依托完善的法律机制,通过规范与激励,建立疏密有度的制度约束,保障人民群众依法充分参与社会治理,让社会成员依法依规行事。重视和保障人民在社会治理实践中的地位、作用,搭建开放包容的创造空间,畅通公众参与社会治理的渠道,积极引导各种社会力量整合资源广泛参与社会治理,调动人民群众参与治理的积极性,集思广益,群策群力,最大限度地激发社会治理活力。解决区域内影响公共安全、社会和谐稳定的突出问题,化解社会矛盾,维护社会秩序,增强人民群众的获得感、幸福感、安全感,确保社会在深刻变革中既和谐有序又充满活力。

三、加强和创新社会治理,建设高水平治理的海上花园城市

新的历史发展阶段,舟山围绕"完善正确处理新形势下人民内部矛盾有效机制""完善社会治安防控体系""健全公共安全体制机制""构建基层社会治理新格局"等重点任务,在社会治理领域不断深化改革,加强和创新社会治理,不断提升社会治理体系和治理能力现代化水平。特别是在中央政法委作出"推进市域社会治理现代化"的决策部署以后,以"提高社会治理社会化、法治化、智能化、专业化水平"为目标导向,以走在前列的标准,高水平推进平安舟山建设,推进市域社会治理现代化,建设高水平治理的海上花园城市。

(一)建设服务型政府,实现社会协同

持续推动行政体制改革,简政放权,进一步推动政府职能从管控

到服务的转变,调整政府、社会、市场三者之间的关系,充分调动企业、社会组织、人民群众等多元主体参与社会治理的积极性,降低社会治理行政成本,提高各主体社会治理的能力和水平,实现公共服务的优化,提升社会治理效能。

（二）建设法治舟山,维护社会公平正义

以落实和推进法治政府目标任务为抓手,服务于加强和创新社会管理。持续推进法治舟山的建设,使人们越来越充分地认识到法治在社会治理体系中的作用,不断提高法治在社会治理体系中的地位,将法治思维和法治方式贯穿到社会治理的全方位和全过程,从立法、执法、司法、守法各个环节综合发力,使法治对社会治理的保障、引领和规范作用得到完全发挥,不断提升社会治理的法治化程度。

（三）推动政府治理数字化转型,实现社会治理智能化

全面推进社会治理智能化基础设施建设,着力推进"智慧城市"建设,为社会治理智能化水平的提升提供保障。大力推进社会治理智能化服务,以智能技术服务社会治理为切入点,建立社会治理大数据平台,推进"互联网＋政务服务"平台建设,有效拓展公共服务职能,为群众提供更多更优质便捷的服务。推行智能化社会治理模式,依托智能互联技术,围绕智慧服务这一主线,将智能化社会治理拓展到民生领域,加大智慧政务、智慧医疗、智慧交通、智慧教育等实施力度,调动群众参与社会治理的积极性、主动性,赢得广大群众的认可。

（四）推进社会治理专业化,提升基层社会治理绩效

社会治理专业化,主要是指着眼于社会治理效能的提升,打造专业的社会治理人才队伍,通过专业的理念、知识、方法开展社会治理和社会服务活动。社会治理专业化主要通过两个途径实现:一是健全社会治理人才培养机制,建设高素质的社会治理专业化干部队伍和各类人才队伍,为实现社会治理现代化提供有力的人才保障;二是创新符合社会规律和特点的科学治理方法和手段,健全预测预警、风险防控、

利益协调、矛盾调处、事件应急等机制，建立完善的治理评价指标体系，精准掌握社会治理政策成效，及时发现社会治理的短板，提高基层社会治理专业化水平。

加强和创新社会治理，就是要立足海岛海洋实际，全力打造最安全城市，推进市域社会治理现代化，推进建设高水平治理的美丽海岛城市。让舟山城乡更加美丽协调、经济更加发展、政治更加稳定、文化更加繁荣、社会更加和谐、人民生活更加幸福。

第二节　海岛城市社会治理现代化的路径与逻辑

舟山市委、市政府积极探索新时代社会治理现代化的实践路径，在推进体制改革中厘清政府与市场、社会的结构性关系，以此规范划定社会治理多元主体（党委、政府、社会、公众）的定位与相互关系，实现治理体系的现代化。在多元主体格局下不断推进治理体系制度化、规范化、科学化、程序化，使治理主体运用法治思维和法律制度进行社会治理，把制度优势转化为治理效能。不断探索实现多元主体在社会治理中的协同合作、共同治理的现代化治理机制，不断提升市域社会治理现代化水平，营造安定、有序、安全、和谐的环境，为全市改革发展大局和"四个舟山"建设提供有力社会支撑。

一、建设治理共同体，引导多元主体有序参与

随着社会转型和变革的不断深入，解决社会问题的主体由传统的政府一元包办转变为社会多元主体共同参与，社会治理方式要由主要靠政府管理向多元主体合作共治转变，党委、政府、企业、社会组织、人民群众等要在社会治理实践中共同参与，共同治理，共享成果。党的十九届四中全会提出要"建设人人有责、人人尽责、人人享有的社会治

理共同体",深刻诠释了"社会治理共同体"的时代内涵。"人人有责、人人尽责",表明社会治理共同体首先是权利共同体、责任共同体、实践共同体;"人人享有"则表明这一共同体还是利益共同体、价值共同体、命运共同体。"人人有责"是前提,"人人尽责"是根本,"人人享有"是结果。

（一）加强党组织建设,发挥服务引领作用

党组织在社会治理中发挥着"统领全局、协调各方"的领导核心作用和"以人民为中心"的组织化服务作用。舟山在加强和创新社会治理中,充分发挥党组织的政治功能与服务功能。在宏观层面,加强顶层设计,对社会治理从战略全局上统筹谋划,在关键节点上把握方向,构建党组织与其他社会治理行动主体良性互动的正式制度环境,推动社会治理融入经济社会发展全过程。在微观层面,发挥强大的社会整合功能,统筹各方力量协调行动,促使社会治理各项工作在政策取向上相互配合、在推进过程中相互促进、在实际成效上相得益彰。注重把党群服务中心打造成基层党建引领社会治理的主阵地,为基层党组织引领群众性自治组织、社会力量和广大群众参与社会治理活动提供必要场所。推动基层党建与基层治理深度融合,积极探索基层党组织政治引领、组织引领、机制引领的途径和载体,协调好各个方面的关系,各尽所能、各负其责,通力协作,形成社会治理的合力,确保最大多数人的利益。

推进社会治理现代化,关键在党组织,重心在基层。舟山市坚持把党建引领作为提升基层社会治理能力的根本途径,深化"党建＋"体系建设,加强以服务为导向的基层党组织建设,积极探索党建引领城乡社区的有效路径。在新型经济组织和社会组织中建立健全党的组织机构,把红色阵地建在社区、网格、船头,创新打造城市社区"兼合式"党组织和"红色物业联盟""瀛洲红帆"等特色党建品牌。

（二）推动政府职能转变,建设服务型政府

多元主体治理格局下,首先要求推动政府职能转变,进一步厘清、优化政社关系。发挥好政府对社会治理的主导作用，合理妥善地处理与社会、市场的关系，统筹整合多方社会资源、组织动员各方力量积极参与社会治理。

舟山市委、市政府贯彻中央和省委决策部署，持续推进简政放权，推进行政审批制度改革，改善政务环境，提升行政效率，激发市场和社会的内生活力。2013年，舟山市以提高新区统筹发展、海洋海岛开发保护和综合管理能力为重点，以强化新区统筹协调职能、政府职能转变、经济功能区建设以及优化部门机构设置、乡镇（街道）行政区划、基层社会管理和公共服务等为突破口，启动行政体制创新，进行"大部门制"改革。此后，围绕"放管服"改革部署和"最多跑一次"改革，创新体制机制，通过机构改革大力实施"四张清单一张网"（即政府权力清单、政府责任清单、企业投资负面清单、省级部门专项资金管理清单和政务服务网）的建设和社会信用体系建设，努力建设精简、统一、高效、便民的行政管理体制。

依托舟山群岛新区和浙江自贸试验区政策体制优势，在全国率先推进工程建设项目审批制度改革，打造法治化营商环境。加强行政规范性文件监督管理，建立行政规范性文件合法性审查机制，常态化开展清理核查工作。持续深化"证照分离"改革。梳理形成"舟山版"证照分离改革事项清单，制定出台《舟山市（中国〈浙江〉自由贸易试验区）涉企经营许可告知承诺管理暂行办法》，推进破解"准入不准营"难题。开展"无证明城市"创建，梳理公布证明事项清单，设立"证明直通车"服务专窗，探索"容缺＋信用"联合承诺制度。积极开展行政复议体制改革，"五个领域"综合行政执法改革和乡镇（街道）"一支队伍管执法"改革试点工作。大力推进"最多跑一次"改革，持续深化海陆一体综合行政执法体制改革，推进社会治理创新。通过加快改革步伐，推进落实限制政府权力、赋予市场自由、减少微观干预、打造阳光政务、强化政府责任，形成政府履行职能的制度架构，实现从"全能"政府向"有限"政府和"有为"政府的转变。落实党对社会治理的各项政策主张,协调社会关系、稳定社会秩序、激发社会活力和创造性。整合资源,不断改善民生,为社会供给优质公共产品和公共服务。

（三）培育社会组织,推进社会协同

政府的简政放权意味着"还权赋能"社会领域,社会组织在承接政府转移职能、参与社会事务管理、提供公共服务中发挥着重要作用。这也要求加快推进培育社会组织、引入市场和社会力量构建多元主体协同的社会治理新格局,实现社会协同,推进社会治理社会化。为进一步推动社会组织的发展,充分发挥其在社会治理中的作用,舟山市加快社会组织服务体系建设,激发社会组织活力,盘活社会组织资源,充分发挥好提供公共服务、推动基层自治、协调社会关系等支持作用。

一方面,积极培育新社会组织。以健全激发社会组织活力的体制机制、建立社会组织承接政府购买服务工作机制等作为重点改革任务,从制度设计、登记管理、财税资金支持、服务平台支撑、人才队伍建设等各方面对新型社会组织的培育和发展给予扶持、激励与引导,取得了良好效果。另一方面,推进落实政社分开、政事分离改革,清理、规范和改革体制内单位组织,对已有体制内的一些单位组织进行脱钩改制,进一步厘清政府与市场的关系。推进事业单位改革,推动中介机构、行业协会与政府、行政机关脱钩,逐步成为依法设立、自主办会、服务为本、治理规范、行为自律的社会组织。在此基础上,推进充分发挥社会组织积极作用的机制创新。创新组织发动群众工作机制,建立健全社会组织培育管理和动态赋权机制,增强行业协会商会自律功能,推动志愿服务常态化、规范化、专业化,健全志愿服务激励保障机制等。发挥社会组织优势,推动社会组织承接并承担政府合理转移出来的相关社会治理职能,有效改善社会治理格局。引导社会组织做到行业自律,承接与填补政府逐步放权形成的行业管理空隙;构建政策通道,保障社会组织积极承接政府购买的服务,实现资源有效配置;营造良好氛围,激发社会组织参与社会治理的热情和信心,增强其社会责任感,使其积极从事公益服务。

(四)尊重人民主体地位,发挥群众自治精神

现代化社会治理要求充分激发社会参与的活力,发挥社会个体作用,增强主人翁精神,推动社会自治、自主、能动力量的发展。发挥群众自治组织在预防和化解社会矛盾、维护社会治安秩序、应对突发公共安全事件中的积极作用。

舟山市在加强和创新社会治理过程中,全方位多举措推进实现人人参与。首先,培养各个治理主体关于治理活动的正确认识,完善制度建设,保障人民群众参与社会治理的权利,着力构建群众参与的平台和载体,完善群众参与机制,最大限度地调动群众参与的积极性、主动性,充分动员社会公众广泛参与。其次,培育和形成积极的主体责任意识,激发人民群众的社会责任感,尊重人民群众的首创精神,发挥人民群众在社会治理中的主力军作用,生成一种建设与维护社会共同体的目标及与之相应的"群众的事多同群众商量,群众的事多依靠群众"的实践自觉。最后,建立健全权利与义务统一、风险与责任关联、激励与惩戒并重的制度。大力倡导志愿精神,广泛发动、组织志愿者活动。把社会治理变成亿万人民参与的生动实践,真正让人民群众成为社会治理的最广参与者、最大受益者、最终评判者。

二、推进良法善治,建设法治政府和法治社会

依法治理是开展社会治理的基本方式,同时也为社会治理提供了基础保障。推进社会治理法治化要求把社会治理纳入法治轨道,强化法律在维护群众利益、化解社会矛盾中的权威地位,推动形成自觉守法、遇事找法、解决问题靠法的良好社会氛围,有效维护社会和谐稳定。在浙江工作期间,习近平同志对法治建设高度重视,并将之提升为支撑浙江整体发展的重大战略。2006年4月,习近平同志主持召开省委十一届十次全会,作出建设法治浙江的重大决策,率先开始了建

设法治中国在省域层面的实践探索。习近平同志指出："只有把社会生活的基本方面纳入法治的调整范围,经济、政治、文化和谐发展与社会全面进步才有切实的保障,整个社会才能成为一个和谐的社会。"①"和谐社会本质上是法治社会"的观点,鲜明地体现了以法治化为善治战略取向的法治思维。

多年来,舟山市将中央、省对法治政府建设方面的任务部署进行细化、量化、标准化,将法治舟山建设作为市域治理现代化的基础性工程和骨干工程来抓,推进法治政府、法治社会一体化建设,将依法治理贯穿于平安建设全过程,形成平安与法治相互融合、共同进步的良好局面。以法治思维推进社会治理创新,运用法治手段破解社会治理难题,以法治为保障推动社会治理的稳步前行。通过改革和完善与时代不相适应的制度体系,推进科学立法、严格执法、公正司法、全民守法,增强按照制度办事、依法办事的意识,加强制度供给,严格规范公正文明执法,提高司法公信力。运用法治思维和法治方式行使公权、保障权利、化解矛盾、防控风险,把各方面的制度优势转化为治理效能,依法解决社会治理中的痼疾顽症,增强人民群众的获得感。

（一）以良法保障善治

舟山坚持问题、特色、结果和民意导向,在地方立法权限范围内加快推进以保障改善民生、维护社会公平正义为重点的法规制度建设,研究制定符合社情民意的规章制度,建立社会治理法规规章体系,依法加强和规范公共服务,引领社会治理创新。起草和实施了《中国（浙江）自由贸易试验区条例》及我国首个保税油经营管理办法等系列配套制度;修订完善了《舟山市人民政府重大行政决策程序规定》等系列制度,出台了《舟山市国家级海洋特别保护区管理条例》《舟山市户外广告和招牌设置管理条例》等十多部地方性法规。建立利益相关方代

---

① 习近平:《之江新语》,浙江人民出版社 2013 年版,第 204 页。

表列席市政府有关会议制度、法制部门负责人列席决策集体讨论制度,首创市领导"法律助手"工作机制,实现市、县(区)、乡镇(街道)政府及其部门法律顾问全覆盖,政府决策更加依法、民主、科学。

(二)加强社会治理领域的严格执法

全面推行重大行政执法决定法制审核制度、执法全过程记录制度、行政执法公示制度"三项制度"落地落实;推进社会治安综合治理,努力建设平安舟山,确保人民安居乐业、社会安定有序。完善立体化社会治安防控体系,健全以源头防控、动态防控、重点防控、科技防控、网格防控、区域防控等为主要内容的立体化社会治安防控网,有效防范化解影响社会安定的各类问题。严密监管,创新执法监管方式,深化"双随机一公开"监管改革,在全省率先实现行政执法监管平台和掌上执法系统全域应用;强化执法监督合力建设,构建起"事前有防范、事中有制约、事后有应对"的行政执法监督制约网络体系。坚持严格的安全生产制度,依法加大食品安全、安全生产、环境保护等重点领域执法监管力度。

(三)以司法公正促进社会公正

尊重群众知情权、参与权和监督权,推进"阳光司法"评估建设。公开审判流程,公开裁判文书,公开执行信息,直播庭审。推进"司法为民",通过"指尖移动法庭"等措施和制度创新,让正义以便利化的形式达成,坚定人民群众通过法律渠道解决纠纷,维护自身合法权益的信心。打造多元纠纷化解模式,如深度融合"12345"政务咨询投诉举报平台;构建覆盖市、县(区)、乡镇(街道)三级的网上流转终端,成立市、县(区)两级行政复议局推进行政复议体制改革;构建人民调解、行政调解、司法调解"三调联动"及"海陆联动",跨域和县域综合解纷等人民调解机制,实现群众诉求集成化精准化办理,让群众维权更加合理顺畅。

（四）营造尊法、学法、守法、用法的社会氛围，推进基层依法治理

通过常规化普法教育提升群众和社会法治素养，通过法治实践平台提高法治意识，推进领导干部出庭应诉等制度举措，加快形成覆盖城乡居民的公共法律服务体系，促进基层社会和谐。推动法律服务资源进一步下沉，推进依法治理向基层深入。创新打造"指尖上的公共法律服务超市""法律援助不出岛""公证 E 岛通"等民生法律服务产品，深化公共法律服务网络、热线、实体三平台融合发展，实现公共法律服务站点全覆盖。深化村（社区）法律顾问工作，全市"一村（社区）一法律顾问"全覆盖，打造基层社会治理"一窗式"纠纷化解模式，持续推进基层"民主法治村"创建。加强县级矛盾纠纷调处化解中心建设，推动实现矛盾纠纷调处化解"最多跑一地"。开展民营企业"三服务"活动，优化自贸区法治营商环境。

三、探索社会协同治理，实现社会治理提质增效

在社会治理过程中，各类社会主体都要积极参与并形成合力。舟山持续探索多维赋权和充分赋能民众参与社会治理的主动性、能动性和创造性机制的构建。在"制度赋权"和党建引领的基础上构建对话、妥协、合作和集体行动的共治机制。以新科技群落的支撑和专业化提升，赋能形成人民群众能够随时参与社会治理的参与机制。实现社会治理机制的良性运行，激发治理主体的治理责任，凝聚共识、调度资源、释放潜能、激发活力。发挥社会协同作用，打造开放合作、民主协商的共治系统。

（一）创新多元主体民主参与机制，实现社会协同

从村级民主恳谈制到"委员会客厅"，舟山不断探索推动社会多元主体广泛参与、充分表达、利益博弈，最终求得"最大公约数"的公共政策的社会治理创新。

围绕法治舟山建设,注重在立法机关、政府和公众之间建立有效的沟通机制,尤其是在涉及民生利益等重大事项的立法和决策过程中,推进和完善民主沟通机制,畅通群众参政渠道,充分听取社情民意。采用立法听证、论证、座谈等方式集中民意、开门立法,提高立法质量。规范行政机关权力行使,保障广大群众对治理的知情权、参与权、决策权、管理权和监督权,依靠制度的力量促使不同主体在不同的社会治理专业领域中履行各自的岗位职责和使命,提高公职人员和执法人员依法履职,运用法治思维和法治方式解决问题、化解矛盾、维护稳定的能力。加强基层法治机构和队伍建设,提升网格员等基层工作人员的法律素养。畅通群众参与渠道,推进协商民主的落实,并时刻监察社会治理各个环节的情况。

围绕平安舟山建设,在提高经济、政治、文化和社会各个领域的法治化水平的基础上,重视发挥民主作为一种治理手段、治理方式在优化区域治理中的作用,推进基层民主建设。大力提高通过民主方法解决基层矛盾的能力,基层组织和基层干部自觉加强民主作风建设,不断创新领导方式和工作方式,采用民主协商的方式,提高将矛盾化解在基层、消灭在萌芽状态、控制在局部的能力。建立健全人民群众参与基层社会治理的制度化渠道和方式,夯实基层群众自治基础。通过激发基层组织自我管理、自我教育、自我服务、自我监督的活力,形成"大事一起干、好坏大家判、事事有人管"的社会治理新局面。推进村级重大事项决策"五议两公开",打造新时代"海上枫桥"治理新模式,创新和不断升级"网格化管理,组团式服务",努力实现全方位、动态式管理和多样化、多元化服务。推进人民调解,打造化解社会矛盾纠纷的"第一道防线"。着力打造"海陆联动"人民调解机制,形成了定海"海上的士"、普陀虾峙"远洋调解"、岱山"人民调解示范船"、嵊泗枸杞"海上牧场"等调解品牌,并与宁波、台州、上海市崇明区等13个沿海涉渔市、县(区)建立异地协作通道。社会治理机制和平台的创新充分发挥党员、人大代表、政协委员和各类志愿者队伍的作用,最大限度地整合、利用基层行政资源、公共服务资源、社会资源和市场资源,满足人民群众个性化、多样化的需求,力求对每一位群众实行联动服务,对每一个问题实行联动解决。

(二)推动科技赋能,构建网络化社会协同机制

伴随着大数据技术的迅猛发展,社会治理的数字化、网络化和智能化趋势释放了数据红利和效率优势,推动了社会治理的智能化转型。积极打造大数据与市域社会治理现代化的智能化应用模式。通过为社会治理安上"最强大脑",弥合信息孤岛和数字壁垒的鸿沟,实现了政务数据的互联互通;通过去中心、扁平化、信息共享、共享经济等发展模式和运行样态,为破解社会治理现代化的痛点、难点和堵点提供了基于数据驱动的数字化、智能化和精细化实施方案。舟山围绕矛盾纠纷多元化调解机制形塑、立体化社会治安防控体系建设、网格化服务管理信息平台常态化运行等方面进行了深入探索与实践,以民众需求为导向、从民众体验出发、以民众是否满意为标准扎实推进市域社会治理共享局面的形成。

第一,积极推进社会治理的数字化、网络化,创新社会治理方式。以网络化和网络空间为基础,通过大数据、云计算、物联网等信息技术,重构社会生产与社会组织彼此关联的形态,为社会治理的难点和重点问题提供新的解决方案,优化治理过程,提高治理效能,实现精确、高效、便捷的新型社会治理。

通过大数据技术的应用,构建智能化社会治理平台体系,在集成体制创新、机制创新、政策举措创新等方面进行了一系列跨部门协作整合应用的大胆实践和探索。按照"平台联通、数据融通"的理念,开展协同运作的社会治理信息化体系建设。通过"互联网＋政务",实现流程优化、业务协同;通过"互联网＋公共服务",促进基本公共服务均等化;通过"互联网＋治安管理",构建全覆盖的"平安网"。以社会治理"互联网＋"新运行形态倒逼政府职能的数字化转型,逐步实现去中

心化、网络化、全覆盖的社会治理,形成对社会治理的实时化、精准化和快速反应的新趋向。

第二,推进大数据智能化应用,提高社会治理绩效。为打造全国最平安城市,舟山积极推进公共安全管理大数据应用与智能化,提高治理效率和精准性。整合信息技术资源,创新公共安全防范手段,建立公共安全突发事件分析模型,构建"社会参与、关口前移、重心下沉"的公共安全管理模式。打造线上与线下相结合的社会治安防控体系。加强社会治安大数据防控,建立快速反应的公共安全管理模式。一方面,利用大数据,通过"雪亮工程"等的建设,利用大数据对违法犯罪进行了有效打击;另一方面,加强线下力量的网络化建设,培育和引导更多的社会组织,推动平安志愿者等群防群控力量参与社会治理。把法院开在网上,降低人民群众维权成本,丰富人民群众维权手段。

第三,通过社会系统性智能化建设,构建良好的社会秩序。"群众的眼睛是雪亮的"——公共安全视频监控建设联网应用(简称"雪亮工程")是以县、乡、村三级综治中心为指挥平台、以综治信息化为支撑、以网格化管理为基础、以公共安全视频监控联网和智能化应用为重点的群众性治安防控工程。充分利用视频图像信息与人工智能、云计算、大数据等现代科技手段的有机融合,致力于服务打造全国最安全城市。以"雪亮工程"为牵引,同步搭建社会治理数据和视频融合能力"双引擎",打造社会治理多元集成的"综治大脑"——社会治理的人工智能中枢,及时有效地汇总社会治理策略执行后的各项微观数据,并且进行实时监测、量化分析、动态预测、效果评估。高效便捷地掌握各种确切信息和事件资料,深入挖掘数据视频的潜在价值,建立社会风险隐患"预警台"、社会治理协同指挥"大平台"、网格服务管理"空间站",形成立体化、网络化的社会治理体系,破解社会治理难题,增强社会治理的预见性、精准性、高效性。

舟山市相关部门不断拓展"雪亮工程"应用领域,利用信息化手段调动各方力量实现共治共管,如"科技管岛""城市住宅智慧安防工程"

"连队化＋科技化""全域夜不闭户"等。借助这些智能化治理方式,把治安防控措施延伸到群众身边,发动社会力量和广大群众共同监看视频监控,共同参与治安防范,真正实现治安防控"全覆盖、无死角"。这些举措不仅为群防群治注入新的内容、激发新的活力,增强群众对社会治安的认同感和主体责任感,还大大提高了预防打击违法犯罪、防范化解风险的能力,真正做到为人民群众生产生活安全保驾护航。

社会治理智能化本质上是政府改革、组织创新和制度创新对形势变化的不断适应,"智能化"为资源共享和社会合作提供了更大的可能性和便利性;互联网、云服务、区块链等新技术缩小了空间距离,促进了社会治理主体合作理念的形成;数字化服务畅通,开辟了不确定性需求和高度复杂性需求的表达渠道,推进了供需匹配制度的改革,满足了不同行业、不同人群、不同领域的需求。进一步激发社会治理主体的积极性与主动性,从"要我参与"转变为"我要参与"。从线下到线上,改变的是治理行为,从人治到数治,改变的是政府治理绩效,贯穿始终的是如何利用技术手段,调动所有利益相关方,为人民群众解决社会发展中面临的痛点、难点问题。

（三）打造专业化治理平台和队伍,统筹加强社会协同

舟山在推进社会治理现代化进程中,大力开展赋能性质的专业化工作,以改善民生为目标,实施社会治理专业化行动,强化社会治理统筹协同,实行标准化、专业化管理,精细化服务,提高基层社会治理效率。

以"网格化管理、组团式服务""四个平台"等模式和载体为依托,搭建专业化社会治理平台。舟山首创并在全省推广的"网格化管理、组团式服务"是在乡镇（街道）、村（社区）行政区划不变的前提下,把乡镇（街道）划分为若干个单元网格,通过整合基层各类服务资源,对应每个网格,组建相应的管理服务团队。在此基础上进一步提升打造了全科网络,县（区）社会治理综合中心等平台,将乡镇（街道）和县级部

门派驻机构承担的职能相近、职责交叉和协作密切的日常管理实务归类形成综治工作、市场监管、综合执法、便民服务四个功能性工作平台,实现社会治理功能全覆盖,构建权责清晰、功能集成、扁平一体、运行高效、执行有力的乡镇(街道)管理机制和体制。依托专业化治理平台,为广大群众提供培养治理能力的机会与平台,强化他们的权利与责任意识,以此激发其积极参与公共事务的热情,帮助广大群众将参与的外化机制内化为参与的主动性,为辖区内的居民提供主动、高效、有针对性的服务。

建设数量充足、结构合理、素质优良的职业化社会治理人才队伍。用先进的理念、科学的态度、专业的方法、精细的标准,为加强和创新社会治理提供各种专业服务,切实提升基层社会治理的专业化、智能化、精细化水平。多年来,舟山持续加大对社会工作服务机构的扶持培育力度,培育专业社工队伍。政府向社工机构购买专业服务,充分发挥社会组织和专业队伍的力量,在社会救助、社区服务、贫困帮扶等领域开展工作。社会工作机构和专业人员运用专业方法,推动社会治理活动的科学、规范、有序开展,回应困境群体需求,防范化解社会矛盾,推动政法完善社会政策,协助政府更有效地解决困难群体的生存和发展问题,促进社会公平正义和社会秩序的稳定。学习发展"枫桥经验",以提升调解工作的专业化水平为重点,整合各领域调解资源,形成一支结构合理、水平高、能力强的专业化调解员队伍。2020年全市共有人民调解组织547个,全年成功调处矛盾纠纷13176件。打造创新型智库,发挥智库成员咨政建言、理论创新、舆论引导、社会服务等重要功能,成员综合自身学术和社会资源,结合现实问题开展研究,提高了社会治理决策的质量和效率。

推进社会治理专业化。这既是应对当前社会矛盾日趋复杂的现象,对症下药,促进各类纠纷化解方式各就其位、各得其所的需要,也是在社会协同治理中充分发挥广大人民群众的特点和优势,促使人人尽责,各尽其能,实现从"我要参与"向"我能尽责"转变,提高社会治理绩效的必由之路。

第三节　海岛城市基层社会治理的特色化建设

治国安邦重在基层,社会治理的重心必须落到城乡社区。要坚持和发展"枫桥经验",争取做到"小事不出村、大事不出镇、矛盾不上交"。立足海岛实际,舟山市在推进基层社会治理创新中坚持源头治理、依法治理、系统治理和综合施策,积极构建基于网格化的"党建引领、多方联动、高效治理、综合服务"社会治理创新体系,为打造自由贸易试验区、海上花园会客厅,建设开放活力的幸福舟山提供了安全稳定的社会环境。

一、从管理到服务:创新升级"网格化管理、组团式服务"

舟山是全国首个以群岛建市的地级市,也是全国首个以海洋经济为主题的国家级新区,地域特色明显。舟山市注重顶层设计,强化创新意识,强化因地制宜,持续推进探索具有时代特征、舟山特色的治理方式和社会治理模式。

(一)"网格化管理、组团式服务"模式的创新探索

2007年,舟山市在普陀区桃花镇试点实施海岛特色的"网格化管理、组团式服务"模式。试点不仅将网格化管理首次应用于渔农村,还在网格化管理的基础上加入了组团式服务,实现了其从基层维稳工具到公共服务供给手段的跨越。经过近一年的实践探索和经验总结,2008年8月,舟山市委、市政府按照"网格化定位、组团式联系、多元化服务、信息化管理、全方位覆盖、常态化保障"的要求,在全市全面推行"网格化管理、组团式服务"工作,形成了党政主导、公众参与、社会协同、上下联动的基层工作新格局,逐步形成了以网格化为基础、扁平化

为要求、信息化为支撑的基层社会治理舟山模式。

首先，划分网格，重构基层治理的基本单元。这项举措有利于党委、政府的管理服务职能覆盖到社区，有利于形成覆盖社区的服务体系，以提高社区基层治理水平为基本原则，按照属地原则及地理布局，在不改变街道、社区格局的前提下，以村落或居住密集地、群众的生产生活习惯为基础，将家庭作为基本单位，将管辖群岛划分为若干网格单元。渔农村一般以 100—150 户为一网格，城镇网格户数则在此基础上适当增加。舟山 43 个乡镇（街道）总共被划分为 2464 个服务网格，部分网格划分在海面。

其次，调整治理体系结构，优化治理机制。整合相关部门，建立"县（区）—乡镇（街道）—村（社区）—网格"的四级管理体系，实现治理中心下降，把服务的重心落在网格中。健全各部门的联动机制，将基层社会治理的各自为政局面转变为条块结合，解决了过去各部门在管理上存在的协调不足及多头管理问题，强化了各条块之间的协同性及互助性，形成集信息掌控、需求回应、问题解决和责任控制于一体的行动机制，实现资源整合、权威统合与社会控制相结合的治理功能。

再次，组建管理服务团队，提高管理效能和服务水平。通过整合基层各类组织资源，每个网格组建相应的管理服务团队，团队成员包括社区干部、党小组组长、社区医生、教师、民警、信访员与司法员等，在管理服务团队的基础上成立党小组。全面承担网格内联系群众、掌握民情、改善民生、解决矛盾、维护稳定、促进发展等职责；运用现代数字技术搭建信息化管理服务平台，为群众提供更为直接、高效的多元化、精细化服务，提高社会管理的科学化、精细化水平。

最后，制定配套法律法规，增强社会管理服务实效。明确网格化治理的工作流程、标准规范、事件处置、责任分工，使得各类事项有法可依。以居民满意度为宗旨制定网格化管理工作制度和考评办法，网格管理服务团队定期深入走访了解居民诉求。总结居民诉求办理进度及成效，公示和总结等都要按相应的规定开展，以定量定性相结合的方式,对网格管理服务的走访、了解民意、隐患排查、申诉处理等工作进行考评。

"网格化管理、组团式服务"治理模式将县(区)和乡镇(街道)工作"落"在"网格"上,将社会参与"聚"在"网格"上,是新时期做好群众工作,基层党建和社会管理工作互融共促的一种创新模式,成为维护舟山新区平安和谐发展、保障人民安居乐业的重要基石。这一模式以基层政权建设和发挥党员干部先锋作用带动各项工作,将党政主导与社会参与更紧密地结合,形成一套以满足群众需求为导向,党政社三位一体、融合协作的工作体系,是打通国家权力与基层治理的"最后一公里"和发扬"依靠群众就地化解矛盾"的"枫桥经验"的海岛创新探索。

这一模式在畅通群众利益表达渠道的基础上赋权相关参与者,强化地方参与式治理趋向,推动基层多元治理机制的构建,强调治理单位的重构、治理范围的延伸、治理资源的下沉,强化服务理念。通过整合服务资源,组建服务团队,深入基层深入群众,回应群众需求,为发现并解决基层群众的各种实际问题提供全方位、多元化、个性化和主题化服务,实现社会管理从"事后处置"向"事前预警"转变,从维稳向基层服务转移。促使基层公共服务供给理念由"被动"向"主动"转型,供给主体由"单一"向"多元"转型,供给方式由"粗放"向"精细"转变。

在多年实践中,这一模式切实提高了服务效率,密切了党群干群关系,促进社会和谐发展,逐渐推广成为一项全省社会治理品牌工程。随着"网格化管理、组团式服务"这一公共服务网格化供给的实践在浙江全省及全国部分地区逐步推进,2013年,中共中央在《关于全面深化改革若干重大问题的决定》中明确提出"创新社会治理体制,以网格化管理、社会化服务为方向,健全基层综合服务管理平台"。目前,舟山有关公共服务网格化供给的推广与完善工作并未止步,仍在持续推进打造"网格化管理、组团式服务"升级版。

(二)打造"全科网格",公共服务再升级

网格化管理支持和承载了大量国家权力向基层延伸的任务,是调适"政府管理"与"基层社会活力"间关系、营造"共建共治"新格局的创新探索。随着"组团式服务"的实践深入,网格划分不当、人员配置不合理、服务对象不全面、服务内容泛化以及考核管理、激励惩戒、走访机制不完善等问题逐渐显露。

2017年5月,中共浙江省委及省综治委出台了《关于加强全省网格员队伍建设的指导意见》《浙江省全科网格暨网格员队伍建设示范县(市、区)创建工作指导细则》。舟山市积极响应政策号召,借助"网格化管理、组团式服务"的先发优势,推动网格化社区治理升级,全面铺开"全科网格"的构建工作。健全基层公共服务体系,创新公共服务供给方式,实现基层公共服务"网格化＋网络化"供给,是打通基层公共服务"最后一公里"的重要实践探索。此举进一步推动了公共服务从"被动"向"主动"转变,从"事后"向"事前"转变,实现全覆盖、全过程、全方位的基层公共服务供给,以维护社会和谐稳定。

"全科网格"是在"网格化管理、组团式服务"基础上实现机制、队伍、载体等方面的全面升级,突出全科多能、全网覆盖。以"按格定岗,人在格上,事在网中,条块结合,一岗多责,网格全科"为实施准则,构建县(区)、乡镇(街道)、村(社区)、网格四级联动的城乡社区网格化治理机制。将分散的社会管理服务统一纳入一张网,统筹各项资源,打破部门壁垒,完善大数据平台建设与应用,推动政府服务管理能力综合提升。

首先,全面整合优化基层网格。借助网格信息系统,加强部门间协作,推动空间与职能"横向到边、纵向到底"的统一。整合基层社区管理服务事项,统筹网格内的力量、资源和经费,将其纳入同一张网,变单科为全科,增强基层综合治理能力。为持续扩充网格服务内容与服务对象,"全科网格"以乡镇综合指挥室为龙头,对接"四个平台"为基础,全面整合基层网格,建设网格工作信息和基层工作"一张网",构建空间无缝覆盖、组织架构清晰、便利高效的网格格局。

其次,整合网格服务队伍,健全工作机制。为更便利地为群众提供公共服务,根据"多员合一、一员多用"的原则对网格团队的人员结构进行标准化调整,形成由网格党小组组长、网格长、专职网格员、兼职网格员、网格指导员及志愿服务组织组成的"5＋X"全科网格团队。理清涵盖基础信息、安全隐患、综合治理、民生服务、社会动员、重点工作等网格清单,明确职能,使网格员"干有方向、巡有要求、报有重点"。构筑职能实现的空间载体,依托文化礼堂、物业用房、居民院落、渔船服务站等场所建设"网格点",推动网格服务向末端延伸。例如,岱山东沙镇在每个网格建立"网格·家",打造化被动为主动的全科网格工作阵地;成立由网格党小组组长、网格长、专职网格员、兼职网格员、网格指导员组成的网格理事会,对网格内公共事务、自治事项协商处理,形成奖优罚劣、科学有效的激励问责机制。"网格·家"成为解决群众困难、调解群众矛盾的工作阵地和为老百姓提供"最多跑一次"全程代办服务的窗口,及时便捷地进行社会治理,提供优质的公共服务。

最后,构建综合信息系统,实现业务流程的数字化及驱动机制的平台化。公共服务信息化成为新时期公共服务供给创新的重要方向,综合信息系统成为政府向下延伸发展的服务供给窗口、政策宣传载体与信息采集终端,搭建综合信息平台,统筹行政力量,优化组织资源配置,将部门协调提升为平台协调,推动地方服务供给由"条条为主、各自为政"向"条块融合、平台协同"转变。促使行政力量围绕需求、紧贴一线,进而激发地方政府服务供给潜能。全科网格实现了信息化与网格的深度融合,网上网下联动及部门联动,大大提升了信息沟通效果与便民服务水平,也使公共服务供给的各个环节有迹可循,实现真正意义上的全过程监管,助推基层公共服务供给的精细化、智慧化、高效化。

公共服务有效供给的前提在于满足群众需求。但以往基层群众面对庞大复杂的职能部门与冗长烦琐的办事手续,普遍陷入了"不知道能否表达、不知道如何表达以及不知道向谁表达"的境遇。以解决基层群众需求表达问题为重要突破口,全科网格实现"上面千条线、基层一根针"到"上面千条线、基层一张网"的转变,基层公共服务需求随之被划分为各网格公共需求,结合分片包干制,明确各网格服务团队的供给责任。依托网格走访制度,优化网格内信息采集,在需求地域性分解的基础上,全科网格团队成为紧贴一线的诉求倾听者,在走村入户、民情恳谈中主动采集村民公共需求,畅通农村基层民意表达渠道。与此同时,以及时性、全面性为原则,由网格长或专职网格员将所得信息上传网格综合信息系统,自下而上传递诉求。通过服务事项的逐级上报,各类需求信息快速自动地到达相应层级,实现需求表达与服务供给的高效对接。

"全科网格"从机构设置、人财物资源、职能部门事权、技术手段等方面强化政府供给机制,通过畅通需求表达渠道、优化问题处理流程等方式形成需求导向型公共服务网格化供给机制。横向整合全科网格员队伍、村"两委"组织、乡镇"四个平台"等的力量资源,同时融入多项配套机制,形成了"横向到边、纵向到底"的服务格局。"全科网格"超越过去强调稳控、"重管理轻服务"、偏于被动处置的治理模式,进一步凸显了主动服务导向。

从"网格化管理、组团式服务"到"全科网格",实现了治理模式从"重复交叉"向"一网到底"的升级、管理方式从"有形覆盖"向"有效覆盖"的升级、信息指挥从"单线作战"向"系统集成"的升级,组团服务从"虚泛化"向"实效化"的升级。

二、从陆地到海上:"海上枫桥"护航海上平安

习近平同志在浙江工作期间,针对舟山市情多次作出指示,要重视和抓好渔民生产生活和群众利益问题、海上安全生产问题。随着中国(浙江)自贸试验区、江海联运服务中心等国家战略落地,众多重大项目在舟山动工,舟山"海上枫桥"建设的意义进一步从保障渔业生产拓展到保障和助推项目建设、维护海洋安全等领域。在中国(浙江)自

贸试验区、江海联运服务中心等平台推进过程中,在保障渔业生产安全的基础上,如何保障和助推系列国家战略落地,维护海洋安全成为新的挑战。近年来,舟山市聚焦"自由贸易港区""海上花园城市"建设,围绕"群众在哪里,社会治理就延伸到哪里;渔船开到哪里,社会治理就跟进到哪里"的要求,坚持"党建引领、海陆联动、群众首创、共建共享",大力推进平安渔场创建、海陆联动调解,创新发展"海上枫桥"模式经验。在有效破解诸多海上管理难题、化解涉海矛盾纠纷中,确保百姓生命财产安全,让舟山的海区更加平安、和谐、稳定。

(一)党建从陆地延伸到海上,因地制宜引领渔区平安

舟山坚持"哪里有群众,哪里就有党的工作;哪里有党的组织,哪里就有党的活动",创新基层党组织发动群众的机制和为民谋利、为民办事、为民解忧的机制。基于"让党旗在海上飘扬、让党徽在船上闪光、让党员在生产一线上领航"的创新思路,2017年,岱山县创新打造"瀛洲红帆"党建特色品牌,把支部建在了渔业生产第一线,着力提升海上治理水平。经过几年发展,舟山已有700多艘"瀛洲红帆"船,成为一个个漂在海上的红色课堂、纠纷调解室、抢险救助站,党建工作从陆地延伸到了海上。党员渔船成为维护渔场秩序稳定的"主心骨",充分发挥了党员先锋模范船和渔民党员在环境保护、抢险救灾、安全生产、矛盾调处等方面的示范引领作用,稳定了渔业经济,保障了海上生命安全和财产安全。

在"全科网格、党员微格"机制下,全面推进网格管理从陆地向海上延伸,通过全方位的信息系统搭建起了一张"网",把海面分成不同的网格海区,可以掌握渔船行驶路径,实时发送预警信息,提示作业船只注意安全。随着信息系统的不断推广应用,海上安全生产形势明显好转。建立渔船网格化"分类管理"制度,充分发挥党员的带头作用,成立海上网格党支部,由渔民党员担任网格员兼安全员,与指挥中心进行实时联络,对纠纷进行现场调解,形成海上网格管理模式。

(二)通过多元联动,强化自治组织促进海上和谐

舟山群岛海上作业人员多,海上渔业安全生产压力大,平安渔场建设任务重。聚焦涉渔海上矛盾纠纷易突发、离岸远、情况杂、证据保全难等特点,舟山发扬和创新"枫桥经验",建立海陆联动人民调解机制,实现涉渔海上矛盾纠纷"群众自治、原地解决"。

在渔业生产中,海上捕捞作业易因网具纠缠、争抢捕捞海域发生矛盾,一旦发生矛盾纠纷,制止、调解相对滞后。舟山市建立完善由市、县(区)、乡镇(街道)、村(社区)四级渔业服务机构,职能部门,海上网格编组,渔民群众四个层面组成的矛盾纠纷排查化解工作体系。鼓励渔区群众、社会组织参与平安海区建设,调动社会力量参与海上矛盾纠纷化解,构建共建共治共享的海上社会治理体系。

以海洋与渔业部门为龙头,以公安、港航、海事等涉海执法部门为主体,舟山组建海上联合执法船队,实行扁平化统一指挥和联动化处置,健全快捷、通畅、高效的安全应急救援网络,形成了海、陆、空三位一体的快速反应处置机制。巩固区域交流协作机制,与周边温岭、奉化、象山、椒江、临海等涉渔地区广泛开展"联心、联谊、联利、联事"等协作联动,开辟了"海上纠纷跨区域调解绿色通道",基本实现了"小事海上就地解,大事陆上联合调"。

每到开捕繁忙期,浙江省内外万余艘渔船、数万名渔民云集于浙北渔场,冲突时有发生。海上纠纷、案件处理难度非常大,发动和依靠群众,就地化解海上纠纷是一条有效途径。"东海渔嫂""海上老娘舅""海上治安员"等自治组织和群体应运而生,充分发挥了基层社会组织在矛盾源头化解中的重要作用。对发生在海上的海事渔事纠纷,先由海上调解船和"海上老娘舅"调解,有效减少并解决纠纷,在维护海上安全秩序等方面发挥了重要作用。"渔嫂＋平安""渔嫂＋文明""渔嫂＋素质"等"东海渔嫂"项目建设将岸上渔嫂们拧成一股绳,大力推动渔业安全教育、法治宣传和国家安全教育进渔村、进渔船、进渔家,常

吹渔业安全生产"枕边风"。渔嫂们助力渔区平安建设,及时了解渔村群众的诉求与愿望,开展针对性的调解和服务,极大维护了家庭和社会的稳定和谐。

远洋渔业生产条件艰苦,尤其是公海作业,海上停留时间长、劳动强度大、生活枯燥、人员思想情绪不稳,很容易引发各类纠纷。从 2014 年起,普陀区在全市率先实施远洋渔船海上治安员配备制度,2016 年又开始探索开展远洋渔民心理辅导干预,通过着力构建远洋渔业生产安全管理体系,为远洋渔民身心健康提供保障。

（三）科技铸就立体防控网,智能管控支撑海区安全

在陆地,舟山所有专职网格员和 7000 多名网格服务团队成员与基层社会治理综合信息系统联通共享。在海上,舟山近年来安装了许多高科技装备,如避碰系统、卫星定位系统、互联网宽带卫星终端、船舶自动识别系统终端设备、24 小时监控系统等。通过动态监控、高频询问、值班点验等非接触式监管,对 6000 多艘渔船实现管控。在此基础上,将人机协同的治理新模式应用到海上,以科技为支撑,畅通核心治安要素监控海陆联动。不断推进现代科技与"海上枫桥"模式的深度融合,逐步形成了立体化、专业化、智能化的海上治理新体系。

作为重要的国际航道,来自世界各地的船只在舟山航道穿梭来往。通过深化科技应用,舟山在全国率先建成渔船安全救助信息系统,并接入市里的海上综合指挥平台,实现海上安全事故可防、可控,实现矛盾纠纷就地化解、不上交。将"雪亮工程"建设与海上治理相结合,深入推进"蓝色天眼"工程,将海上、港区、码头、滩涂等区域的安全监控统一接入海上综合指挥平台,逐步形成全面覆盖、动态跟踪、联通共享的智能化海上治理新体系。

舟山由 2085 个岛屿组成,分散岛屿管理的创新是重点也是难点。鱼山岛创新"连队化＋科技化"制度,为海岛项目建设提供了充分的平安供给。在建章立制的同时,运用人脸识别、指纹识别、视频监控、"一

卡通"、海岸线红外报警等技术，实现务工人员定人、定岗、定房、定床精确掌控。有效构筑起警企共建共治共享的工地治理新模式。2017年以来，舟山市公安局先后在全市 7 个岛屿开展"科技管控岛"试点，在岛屿重要部位架设集视频监控、人脸识别、智能卡口、实名制预警等众多科技手段于一体的防控网络。同时，对全市 1160 个无人岛加强管控，实行无人机定期巡控远海水域和无人岛礁，探索建立了无人岛科技监管平台，实时反映舟山上千个无人岛及其周边重要航道的信息，数据全部接入社会治理综合服务中心指挥系统。

舟山创新发展"海上枫桥"经验，强化了部门联动融合，增强了海上社会治理的系统性、整体性和协同性，并借助前沿技术推动了事后处理向事前预测预警预防转变。重点推进涉海人员服务管理、涉海矛盾纠纷预防化解、海上安全管理、党建引领海上共建共治共享等体系建设，着力破解海事渔事纠纷多、治安管理隐患大等海上管理难题。海上社会治理实现由渔事纠纷化解向海上平安建设升级，由传统管理模式向信息科技治理升级，由海上治理为主向海陆融合互动升级，由保障渔业生产向保障系列国家战略落地升级。站在新的历史起点，舟山将进一步加强和创新海上社会治理，努力建设更高质量、更高水平的平安海区，为浙江推进大湾区建设、海洋强省建设保驾护航。

三、系统集成：矛盾纠纷调处化解"最多跑一地"改革

2016 年，浙江省开始实施"最多跑一次"改革，续写"八八战略"再深化、改革开放再出发的新篇章。围绕努力打造"审批事项最少、办事效率最高、政务环境最优、群众和企业获得感最强"的服务型政府，集成政府服务和社会治理，系统引领基层社会治理现代化。舟山积极贯彻执行"最多跑一次"改革在基层社会治理领域的深化。在"全科网格"和"海上枫桥"的基础上，结合地方实际和海岛特色探索实施"办事不出岛，一次不用跑"和"矛盾化解最多跑一地"等基层治理模式。其

中普陀区"探索推进社会治理领域'最多跑一地'"入选 2019 年全国创新社会治理典型案例十大最佳案例,得到高度肯定并在全国推广。

（一）以问题为导向,创新矛盾纠纷化解新模式

随着经济社会的快速发展,矛盾和冲突的复杂程度日益上升,涉及多个管理部门的事情越来越多,群众诉求的复杂化亟须社会治理实现专业化、综合化。针对以往基层治理力量比较分散、单兵作战现象比较突出,群众有诉求不知道找哪个部门只能多头跑、重复跑等现象,普陀区拓宽"最多跑一次"理念,回应群众最急切的期盼。通过积极打造与多职能部门联合办公、诉调深度融合的矛盾纠纷多元化解新模式,探索出一条"党委领导、关口前移、一站解纷"的非诉纠纷解决新路子,有力推进社会矛盾前端化解,实现人民群众解决矛盾纠纷"只进一扇门""最多跑一地"。

（二）构建全新智能化社会治理组织体系

第一,打造一站式县级社会矛盾纠纷调处中心。围绕将调解环节延伸至调解前后全流程,打破传统组织体系框架,对群众诉求实行"一个门受理、一站式解决、一条龙服务"。整合社会治理相关部门集中办公,一站式受理社会矛盾纠纷、多元化化解纠纷,提升矛盾纠纷化解效率。在原有区矛盾纠纷调处指导服务中心的基础上建立社会治理综合服务中心,吸收了矛盾纠纷化解量最多的 15 个部门,联合海事渔事、医疗纠纷、婚姻家庭等 12 个专业性、行业性调解组织,实现"多中心"向"一中心"转型;集多元化解、诉讼服务、信息指挥于一体,实现"单兵作战"向"联合作战"转型;为有诉求的群众提供从咨询、调解到仲裁、诉讼的全方位服务,实现"碎片化"办理向"一条龙"服务转型,确保"群众有诉求、最多跑一地"。

第二,建立县（区）社会治理综合服务中心—乡镇（街道）"四个平台"—村（社区）网格为支撑的三级信息采集处理体系。对社会治理信息实行统一受理、流转、处理,强化与相关部门大数据的共建共享,为

各级党委政府和相关部门的决策提供信息支撑和数据服务。整合网格平台、"12345"公共服务、"四个平台"综合指挥等系统平台,研发由大数据库、大数据支撑平台、大数据共享平台、大数据分析展示平台组成的普陀区综合信息指挥系统。对上承接省市协同平台,对下连接镇街"四个平台"。除源源不断地收集、处理各类社会治理信息外,还可以分析预测社会风险,对可能引发问题的隐患进行分析,从源头上预防重大矛盾的发生。

(三)建立健全相关机制,优化业务流程,提高矛盾化解效率

坚持"跑一地"是底线,"跑一次"是常态,"不用跑"是目标,变革群众投诉举报的渠道、方式和矛盾化解的流程、机制。

第一,强化部门合成、闭环集成、海陆联动、基层联动的机制。社会矛盾纠纷调处中心成建制入驻了网格综治、诉讼服务、公共法律、信访和"12345"公共服务平台等部门的力量,特别是针对法院民商事案件数量逐年递增的困惑,法院立案受理庭和简案组成建制地进入了中心。鼓励和发动律师、公证、鉴定、评估、保险等社会力量进驻中心,协同推进调解、诉讼、仲裁工作,实现了矛盾纠纷内部闭环处置,形成集约化、系统化的优势,进一步凝聚了矛盾纠纷多元化解的合力。积极探索打造新时代"海上枫桥",完善海陆一体模式,对发生在海上的海事渔事纠纷,由中心统一指挥,先由海上调解,调处不成的由中心海事渔事调解力量依法处置。推动区级中心机制和网格向下延伸,强化镇街基层治理平台,村社全科网格衔接联动,健全落实问题联治、工作联动、平安联创机制,构筑形成县域矛盾纠纷调处化解新体系。既实现了矛盾化解"最多跑一地",又发挥了基层调解的作用。

第二,升级优化流程。设立无差别的综合窗口,探索推行一窗受理、兜底化解,调解前置、诉讼保障,多方会商、联动化解,推进矛盾化解向着更高效、更便捷的方向发展。先一窗受理群众矛盾诉求,再分流交办到相应服务窗口,对责任不清的矛盾诉求,由综合窗口兜底化

解,避免了推诿扯皮。对符合调解条件的涉诉纠纷,组建简案快调速裁团队,将调解作为前置必备的条件,引导案件诉前分流,能调尽调,从源头上减少诉讼增量。建立由法官、首级调解员、援助律师和职能部门组成的"3+X"会商研判机制,妥善处置重特大疑难复杂纠纷。

第三,坚持"互联网+社会治理",打造统一指挥体系。整合"一号通""一张网""一个库"集聚信息资源。实现矛盾诉求线上线下联动办理,矛盾化解智慧高效。"一号通"整合全热线,将城管、旅游、司法等部门的热线号码,统一为"12345"热线投诉电话,全天候受理解答转办各类民生诉求,实行"一号对外、内部分流"。"一张网"整合全平台,将投诉举报、网格平安、网格问政、海上求助等系统平台整合,搭建统一的综合信息指挥平台,将群众来电、网格上报的矛盾诉求统一归集,经研判后通过系统派定到相应的部门和镇街去调处,实现了案件一网收集、一网分流、一网办理、一网解决。"一个库"整合全数据,建立基本覆盖全社会的大数据库,将教育、司法、民政、房管、海洋、渔业等 16 个部门的数据资源整合进"大数据库",为中心提供强大的信息支撑,依托分析研判平台,实现预测预警、辅助决策能力水平有效提升。

这一创新模式获最高人民法院和浙江省委、省政府的充分肯定,被总结为"普陀模式"作为县域解纷模式样板在全省予以推广。中心被中央政法委列为"基层治理大数据应用研究基地",社会治理"普陀模式"先后入选新时代"枫桥经验"100 例,全国社会治理创新十大典型案例,被评为省第五届公共管理创新优秀案例,荣获 2018 年省民生获得感示范工程和 2020 年智慧中国"中枢强基"创新奖。普陀社会治理模式持续深化改革,推进服务提质升级,不断赋予新的内容,全民推行矛盾化解"一件事"改革,在全省首个研发并投入使用区级调解文书智能管理平台,建设海上矛盾纠纷化解"一件事"应用场景,总结提炼经验做法,成效显著。2021 年,中心累计受理处置各类群众诉求 8.2 万件,其中线上受理 7.2 万件,线下受理 1.0 万件,按时结办率 100%,群众满意率 98.9%。通过调解,化解矛盾纠纷 2519 件,同比增长

25.1％。驻中心员额法官累计结办各类案件 1181 件，同比增长
4.4％，其中司法确认 644 件。劳动仲裁立案 638 件，仲裁调解 463
件，调解率为 72.6％。提供法律援助 675 件，同比增长 16.7％。这一
模式是提升社会治理社会化、法治化、智能化、专业化水平的一种新型
社会治理体制，是"以人民为中心"的社会治理体制创新，着力把改革
延伸到社会治理更深层次，开拓舟山社会治理新局面，是新时代"枫桥
经验"的新发展。

第四节　平安海岛城市现代化建设的成效与经验

十多年来，舟山市站在发展海洋经济、建设海洋强国的战略高度，
坚持"以人民为中心"的发展思想，始终坚持把统筹兼顾作为根本方
法，把善作善成作为工作要求。坚持海陆并举、标本兼治，不断创新和
发展促进社会和谐稳定的社会治理"舟山经验"，努力打造"全省乃至
全国治安最好城市"，为建设"自由贸易港区""海上花园城市"创造良
好的社会环境。

一、持续发力，海岛特色治理模式充分彰显

建设平安舟山，实现海岛地区社会治理现代化，构建和谐社会，是
一个治理的愿景，更是一个长期的动态过程。舟山坚持不懈创新治理
理念思路和体制机制破解治理难题，并把长期以来形成且被实践证明
的社会治理好经验好做法固化下来形成制度，持续发力，久久为功，一
任接着一任干。通过打造党建引领、海陆联动、群众首创、共建共享的
新时代"枫桥经验"，不断丰富海上社会治理的生动实践；通过不断提
升社会治理体系和治理能力现代化水平，在海岛社会治理取得显著成
效的同时，也为其他地区社会治理提供了舟山经验。

第一，坚持贯彻"以人民为中心"的发展思想，践行"人民至上"的价值追求。围绕群众"安全感更强、幸福感更高、获得感更多"的目标要求，始终以群众需求为导向推进社会治理改革，从群众体验出发创新社会治理方式，以群众是否满意评价治理成效。推动社会治理的理念由"传统治理"向"现代治理"、主体由"政府主导"向"多元协同"、手段由"防范管理"向"法治保障"、方法由"应急措施"向"长效机制"加快转变。

第二，坚持发挥党建引领的核心作用，持续加强基层党组织建设。提升统筹组织和群众工作能力，创新"党建＋"体系重塑基层社会治理有效性。2005年，舟山市在省内率先开展以"党群连心，共促和谐"为主题的农村党员联系服务群众工作。随着"网格化管理、组团式服务"模式的推行，把党组织嵌入网格，延伸到船头。为进一步发挥基层党组织的领导核心作用，促进小区长效治理，推进社区"兼合式党支部"和全市物业小区"红色物业联盟"全覆盖。把党组织的服务和组织保障延伸到每一个角落，充分发动多元主体力量，画好基层社会治理同心圆，推动形成开放性的协同治理格局。

第三，持续推进政府自身改革的再深化，激发社会活力。简政放权，实现政府职能转变。从行政审批制度改革、"放管服"到"最多跑一次"改革，从提升政府自身效率到主动回应群众需求，从全能政府到服务型政府，社会建设从管理到治理，通过多项转变形成政府、市场和社会良性互动的治理体系。持续推进社会治理法治化，提升社会治理规范化水平。聚焦法治舟山建设，推进法治政府和法治社会一体化，把法治纳入社会治理轨道。以机构改革和行政复议体制改革为契机，创新体制机制，打造全省行政诉讼败诉率最低、行政复议调撤率最高、行政复议办案效率最高的"三最"城市，打造法治化营商环境。用足用好地方立法权，针对社会治理重点难点问题，制定务实管用、便于操作的地方性法规规章。政府职能不断优化，履职更加到位；制度不断完善，管理体系更加成熟；监督有效实施，行政执法更加规范；纠纷多元化解，群众维权更加顺畅。

第四，坚持强基固本，持续加强和创新基层社会治理。以基层社会治理为重点，持续推进治理重心下沉，提升多元社会治理主体协同能力。不断通过机构下设下沉权力，整合资源；以全覆盖的网格为基础，建构纵横贯通的整体性治理结构。创新并不断提升完善"网格化管理、组团式服务"这一基层治理模式，实现社会基层治理管理向服务转型，形成了独特的海岛特色治理模式。持续推进科技赋能社会治理，提升社会治理效能和发展动力。利用互联网、大数据技术，打造全域一体的综合信息大数据平台，完善跨部门、跨层级的协调机制，促进社会治理联动融合、资源整合、力量融合、功能聚合、手段综合。实现社会治理智能化，提升社会治理信息处理能力、矛盾预防和化解能力、应急管理和处置能力以及公共服务精细化水平。

在持续推进社会治理现代化过程中，舟山创新打造了一大批社会治理品牌。"网格化管理、组团式服务"、"海上枫桥"、矛盾纠纷调处化解"最多跑一地"等社会治理"舟山经验"，成效显著并被推广至全省乃至全国。舟山首创的"网格化管理、组团式服务"模式历经十几年的提升发展，成为"党建引领、党群协同、群众自治"的基层工作样板，先后获得"首届全国基层党建创新最佳案例""全面小康十大民生决策""浙江省公共管理创新案例特别贡献奖"等荣誉。自 2004 年浙江省开展平安建设以来，舟山连续 16 年蝉联省级"平安市"，人民群众安全感、满意率始终位居全省前列。2020 年，市级和三个县（区）同步获得全省首批"一星平安金鼎"，成功捧回全国综治工作最高奖项"长安杯"，并被列入全国市域社会治理现代化第一期试点城市。平安已成为海上花园城市的一张"金名片"，其背后是舟山持续推进社会治理体系和治理能力现代化的不懈努力。未来，舟山全市上下将一如既往地推进社会治理体系和治理能力现代化，争当市域治理现代化的排头兵，在浙江奋力推进中国特色社会主义共同富裕先行和省域现代化先行"两个先行"的宏伟实践中，展现舟山更大的担当作为。

二、共筑合力,岛域治理新格局逐步形成

多年来,舟山着眼于维护最广大人民的根本利益,坚持系统集成,共筑合力,最大限度地增加和谐因素,增强社会发展活力。构建了"纵向到底、横向到边"的治理体系,实现市区、乡村、海岛、海上全域覆盖,综合党委领导、政府负责、民主协商、社会协同、公众参与、法治保障、科技支撑等多方社会治理力量;充分发挥党委、政府、社会组织、人民群众等多元主体在事前、事中、事后全过程治理中的协同作用,全方位实现社会稳定、社会治安防控、城市安全生产、社会矛盾化解、基层社区自治、社会心理服务的治理目标,形成问题联治、工作联动、信息联通、平安联创的社会治理机制,构建岛域社会治理新格局。

第一,完善联动融合、集约高效的政府负责体制和开放多元、互利共赢的社会协同体制,推动政府、市场、社会在良性互动中形成合力。通过简政放权,转变政府职能和社会治理理念,以处理好政府、市场和社会关系为主线,建立信息互通、资源共享、工作联动的机制,实现社会治理资源整合、力量融合、功能聚合、手段综合;打造上下贯通的治理体系,提高快速响应、精准落地能力;以机构再组织、权力下沉、资源整合、流程再造、信息平台综合等为依托,实现了跨区域、跨部门、跨层级的协同配合和全流程的系统治理,激发体制新活力,促进"有为政府""有效市场"与"和谐社会"协同互动。

第二,在贴近群众生活的治理末端将多方治理主体充分动员并有序整合形成合力。在创新基层社会治理中,积极探索"党委领导、政府负责、社会协同、公众参与、法治保障"治理新模式,健全党组织领导的自治、法治、德治相结合的城乡基层治理体系,构建符合新时代要求的基层社会治理共同体。随着服务的触角不断延伸到基层单元,基层社会治理的活力充分激发,多元治理主体凝心聚力共同维护社会和谐安定。舟山充分依托基层社会治理"全科网格""四个平台",联动各职能

部门力量，构建集信息采集、隐患排查、矛盾化解、民生服务于一体的综合治理平台。实现"大事全网联动、小事一格解决"，充分发挥社会治理工作合力。有效回应多元复杂的治理难题，逐渐实现从"碎片化管理"向"整体性治理"的转变。

第三，在推进"海上枫桥"平安海区建设中，充分发动和组织群众，运用人民的智慧和力量。在创新基层基础管理新模式上形成海陆联动集成矛盾纠纷处理协调机制、试点工作推进机制、社会治理协商推动机制等多元化治理机制。完善创新政策体系，搭建互动平台和载体，实现多元主体的协同，多种能力的协同，多重机制的协同。汇聚各方力量化解海上矛盾，护航海上安全。拓展以往"以海管海"格局，探索以陆治海、以海辅陆全方位覆盖的社会治理新模式，逐步形成了海陆联动、协同治理的"海上枫桥"创建经验，开辟了极具海岛特色的社会治理新格局。

第四，在推进"最多跑一次"改革的实践中，推动现代科技与社会治理的深度融合。以数据共享进一步驱动社会治理主体、社会治理资源和社会治理机制集成，实现社会治理智慧高效。信息综合平台克服了传统信息交换成本高、效率低、速度慢的缺点，有利于跨部门、跨层次高效实现信息和业务流转；信息技术平台效应使公民和社会组织等主体参与社会治理更加便捷，有利于激发其参与治理的意愿，为更多主体参与社会治理创造了可能性，实现政府、公众、企业、社会组织等社会治理共同体的协同性。从事前、事中、事后的整体视角进行防范，从源头、传导、转化等关键环节进行化解，形成互信、互助和共同担当的整体防控链，提高风险化解的前瞻性、系统性、协同性。"互联网＋社会治理"的模式以信息技术为支撑，实现社会治理的多样化和精细化的统一。社会治理模式进一步实现了从单向管理向双向互动和社会协同治理转变，公共服务从线下转向线下线上融合，全新演绎共建共治共享的社会治理格局。

三、系统探索，海陆双轮智治效能日渐显现

在推进海岛特色社会治理模式创新过程中，舟山系统探索构建海陆联动治理机制，深化科技应用，搭建综合指挥、智慧治理、部门联动、区域合作、社会动员平台，积极探索"大数据＋海陆联动"社会治理新模式。持续推动社会治理的标准化、协同化、精准化、规范化和信息化，实现更加精细化、更加便捷化、更加智能化的社会治理。

（一）推进海陆统筹治理，联动共治化解多元风险

现代社会风险具有很强的跨界性、隐蔽性、传导性，海上风险化解的挑战性比陆地更高，存在船舶众多"不好管"、海域广阔"难以管"、力量分散"疏于管"等问题。有效防控海岛地区风险，更需要通观全局的视野和细致入微的洞察相统一。为推进海岛城市社会治理现代化，提高社会治理效率，舟山市长期以来致力于发展完善海陆联处调解矛盾纠纷、海陆联治解决突出问题、海陆联勤应对突发事件、海陆联防化解重大风险、海陆联控维护边境安全等"五联机制"，将海陆联动机制与实体组织、专兼力量结合起来，搭建全域、多级的综合治理工作网络，切实提升复杂社会条件下维护社会和谐稳定的能力。

将陆上网格治理和矛盾化解方式延伸至海区安全建设。针对渔船作业类型、作业范围，统一划分海上网格，按照"一格一船一员一通"的要求，为每名网格员配备"平安通"移动终端，并依托"平安浙江"App等平台，实现资源共享、动态掌握、快捷管理。针对渔汛期海上船舶无序停泊、靠泊纠纷引发打架斗殴等案件高发的突出问题，创新推出船舶"停车场式"管理模式，按照船舶籍贯、性质、作业区等要素，对海上船舶实行分类停靠和集群管理。首创远洋船舶"前期预警、中期联络、后期保障"的全程服务模式，按照"一船一员"标准，将威信高、协调能力强的船员选聘为专职治安管理员。同时，搭建船载监控云平台，实行远洋船舶"全程化"服务，及时调处远洋矛盾纠纷。

建立完善人民调解、司法调解、公安行政调解良性互动的"三调联动"机制,形成海陆多方力量参与、网上网下结合、法理情相融合的矛盾纠纷集成式、多元化化解机制。切实做到矛盾隐患发现在基层、化解在起始、稳控在当地,维护海上治安秩序,促进海上经济发展和社会和谐稳定。一方面,创新海上问题陆上抓的机制,以"平安渔场"创建为抓手,强化涉海职能部门力量整合,推动成立海事渔事调解中心,加强海上矛盾纠纷专业化调解;另一方面,创新提出了"小事不离船、大事不出港、矛盾化解在海上"的特色管理模式。从陆上到海上,"东海渔嫂"等群众团体和"海上娘舅船""名老大调解协会""海上牧场"等民间调解组织不断涌现。通过专群结合,最大限度地将矛盾纠纷化解在渔区、船头。在此基础上采取"走出去、请进来"等方式,开辟"海上纠纷跨区域调解绿色通道",化解跨区域矛盾纠纷。

(二)通过智慧治理,提升海陆治理效能

科技创新应用已经成为舟山社会治理现代化过程中起到支撑作用的非制度性因素,开创了全新的面向社会治理的创新应用场景,为社会治理现代化提供了全新、全域的解决方案。从政府角度来看,5G、人工智能、大数据、区块链等新技术应用为公共服务和社会治理提供了新思路,更加扁平化、多样化的科技手段形成了高效精准的服务治理网络,"智助决策"作用也愈发凸显。从社会角度来看,"互联网＋社会治理"实现了"赋权公众",一系列高新技术在基层社会治理中的应用激发了多元主体的活力,使公众和社会组织深度参与社会治理,有效消除了政府治理的盲区,排解了科层式管理的堵点,实现了向更加微观精准的元治理转变。

作为千岛之城,舟山发展新时代"海上枫桥",离不开科技支撑,离不开智慧治理。舟山充分应用现代科技,增强工作的预见性、精准性、高效性,全面推动社会治理质量变革、效率变革、动力变革,实现基层治理模式的跨越式发展。从数字化到智能化再到智慧化,打造一个覆

盖全域的矛盾纠纷感知网络，一个集动态调度、预警预测、精准决策等功能于一体的社会治理"智慧大脑"，走出一条具有海岛特色的社会治理新路子。

坚持科技助力，强化智慧治理，着力构建"互联网＋社会治理"的现代治理机制，促进基层社会治理模式的动态化、集约化和精细化。结合舟山岛屿分散、交通不便的市情，构筑多部门数据集成互通、上下左右共享的社会治理大数据系统，为社会治理的科学决策、服务品质提升、部门间高效协同等提供有力的信息化支撑。依托综治中心，建设社会治理信息化系统，执行统一的技术规范标准，破除数据壁垒和机制障碍。强化信息系统联网应用，提升网格化服务管理水平。实现从网格员"手上"到村、乡、县、市综治中心"屏上"五级联动，提升基础信息的全面性、动态性、准确性。促进视频联通，实现"雪亮工程"视频接访调处系统等分级分权限接入综治中心，提升实战能力。促进横向打通，实现综治中心与有关部门网络互联、信息共享，与各类政务服务平台有机衔接，对各类事件实时监测、分流处置、跟踪问效。完善"掌上办""零跑腿""下岛办"等工作机制。以拓展"连队化＋科技化"服务范围为推动，打通服务企业"最后一公里"。

近年来，舟山以打造全国最安全城市为目标，在打造"智安小区""智慧村社"的同时，也不断推进现代科技与"海上枫桥"的深度融合，着力打造"智慧港区"。通过研发渔船监控报警平台，全面实施"科技管控岛""蓝色天眼"建设等系列智慧工程，打破陆域限制，着力破解海上治理难题。通过夯实"智治"基础支撑、提升"智治"实战能力、增强"智治"建设效能，逐步形成了立体化、专业化、智能化的海上治理新体系，全域共治的智慧治理模式正在形成。

秉承为中国特色社会主义创新发展探路的历史使命，响应先行先试、走在前列的责任担当，循着"八八战略"指引的方向，历届舟山市委坚持一张蓝图绘到底，一任接着一任干，创新推动区域治理现代化。在新的发展阶段，舟山要进一步推进社会治理现代化，深刻领会习近平总书记关于社会治理体系和治理能力的指示精神,创新治理思路、明确政策导向、明晰方法路径;坚持系统融合、开放共治、包容协商和精细精致"四大理念";努力建设人人有责、人人尽责、人人享有的舟山社会治理共同体;善于以专业化水准调处社会矛盾,以法治思维、法治方式规范社会行为,以智能化手段防控社会风险;不断增强人民群众的获得感、幸福感、安全感,让社会充满活力又和谐有序。全面深化平安舟山、法治舟山建设,打造最安全城市。加快构建市域社会治理新模式,高水平推进市域社会治理现代化,建设更高质量、更高水平的平安海区,扛起"两个先行"使命责任,高水平建设现代海洋城市。

第七章　积极探索多层次的社会保障和救助机制,持续推进乡村社会创新发展

　　舟山是一个以群岛建制的地级市,是我国著名的渔场和海洋渔业的重要基地,是典型的渔农业地区。据舟山市统计局公布的信息,截至 2020 年,全市有涉渔乡镇(街道)28 个、渔业村 177 个,渔业户70273 户,渔业人口 189765 人,渔船 7062 艘,渔业劳动力 102780 人。除了渔民还有农民,截至 2019 年,全市共有农民 23.74 万户、63.46 万人,农村劳动力 43.44 万人。因此,在制约舟山发展的因素中,不但有"三农"问题而且还存在着"三渔"问题。2016 年第三次渔农业普查数据显示,舟山 55 岁及以上渔农业从业人员 63994 人,初中及以下文化程度人员 111342 人,8165 人未上过学,渔农民年龄偏大、文化程度偏低成为制约渔农村发展的重要因素,他们生产和生活水平的提高都面临着亟待解决的问题。就如何增强这部分海岛群众的幸福感和获得感,让他们老有所养、幼有所教、贫有所依、难有所助,舟山市委、市政府按照"八八战略"的指引,大胆创新渔农村社会发展模式,推动渔农民转产转业,积极探索多层次的社会保障和救助机制,开展社保服务城乡一体化国家级试点,渔农民生产生活条件不断改善。

第一节 渔民转产转业与海岛脱贫之路

习近平同志在浙江工作期间高度重视改善民生,强调把帮扶困难群众放到更突出的位置。2003 年 7 月 8 日,他在《之江新语》专栏中指出:"浙江经济社会发展到现阶段,按照全面建设小康社会的要求,我们应该把帮助群众解决实际困难,特别是帮扶城乡困难群众放到更为突出的位置。"[①]多年来,舟山市倍加珍惜习近平同志在浙江工作期间留下的宝贵经验,坚定不移地沿着"八八战略"指引的路子走下去,把改善民生、心系百姓作为工作的出发点和落脚点,把渔民转产转业与海岛脱贫作为突破口,努力建设幸福舟山。

一、把转产转业作为渔民致富奔小康的契机和渠道

舟山市在浙江省曾属于欠发达地区,人均收入不高,尤其是随着传统渔业向现代渔业的发展,大量退捕渔民的生产生活成了问题。舟山市委、市政府多渠道开辟就业岗位,并加强对转产渔民的适应性就业培训,把转产转业作为渔民致富奔小康的契机和渠道。

(一)高度重视渔民转产转业

舟山地处中国东部黄金海岸线与长江黄金水道的交汇处,海洋渔业资源丰富,渔业是舟山的传统产业、基础产业,也是舟山的民生产业,是群众重要的就业门路和收入来源。但随着环境的变化和技术的发展,大批渔民从一线渔业生产中被剥离出来,这些人的生产生活都成了亟待解决的问题。推进渔民转产转业,成为改善民生头等大事。

推进海洋渔业结构调整升级,关系到千家万户渔民,关系到广大

---

① 习近平:《之江新语》,浙江人民出版社 2007 年版,第 4 页。

渔民的出路问题，能否解决好渔民转产转业问题，直接影响到渔区的社会稳定和渔业的长远发展。对不同年龄段的渔民，舟山通过有针对性的职业培训，多渠道安置就业，同时建立健全社会保障体系，解决他们的生产生活问题，巩固渔民转产转业的成果。

（二）依靠发展解决民生问题

为适应内外环境的变化，舟山市委、市政府遵循习近平同志有关"双转"问题的重要指示，紧紧依靠发展解决问题。一是积极推进数字"三农"发展，大力发展现代农业。截至 2020 年，创建省级数字渔农业工厂 6 个，完成 22 个渔农业种养基地数字化改造，打造了普陀田园综合体"智慧田园"示范项目。累计建成粮食生产功能区 38 个，总面积 3 万亩；建成省级现代农业园区 1 个，总面积 2.7 万亩。有效灌溉面积 21.8 万亩。累计土地流转面积 7.7 万亩，农地流转率 57.6％。建成市级以上农业龙头企业 79 家，绿色食品品牌 46 个。建成省级无公害水产品基地 23 个。二是大力发展现代渔业，加快发展海水养殖和远洋捕捞。2001 年，舟山在全国率先实施了捕捞渔民转产转业工程，逐步走出了一条捕养加、渔工贸一体化的新路子，从传统渔业向现代渔业大步迈进。2015 年 4 月，农业部批准在舟山设立首个国家级远洋渔业基地，舟山渔业尤其是远洋渔业实现较快发展，2020 年水产品总产量 179.2 万吨，其中远洋渔业产量 63.1 万吨，增长 16.3％。不断调整渔业生产作业方式，促进渔业生产结构不断优化，增长方式从依靠规模扩张的竭泽而渔型向依靠科学进步的资源养护型转变，进而向以资源保护为主，远洋渔业、渔农业与旅游等产业融合发展的现代渔业转型升级。推动渔业作业结构从传统产业型向业态创新型转变，发挥渔业功能多样的特点，创新发展业态，构建渔业经济新体系。推动渔业作业结构从单一生产型向全产业链型转变，加快延伸产业链、服务链，在提供产品的同时更注重提供服务。推动渔业作业结构从生产主导型向消费主导型转变。引导渔民发展优质高效集约养殖，提高单位面积产量和效益。三是积极采取各种措施,拓展就业渠道。2003年起全市实施"暖人心,促发展"工程,相继出台《舟山市人民政府关于进一步支持创业就业工作的实施意见》《关于加快舟山电子商务提升发展的实施意见》《关于加快海岛休闲旅游目的地建设的实施意见》《舟山海洋云建设方案》等文件,加快新兴产业的培育和发展,切实提高居民收入水平。进一步落实城乡一体的就业援助制度,通过就业技能培训、岗位技能提升培训、创业培训等,实现了"零就业家庭"动态清零。2020年,全市常住居民人均可支配收入55830元,比上年增长4.2%。城镇常住居民人均可支配收入63702元,增长3.6%;城镇常住居民人均生活消费支出36478元,增长0.4%。全年渔农村常住居民人均可支配收入39096元,增长6.3%;渔农村常住居民人均生活消费支出23915元,增长0.1%。城镇、渔农村居民收入比为1.63∶1。

二、山海协作衔接脱贫攻坚

浙江在全面建设小康社会、基本实现现代化的过程中,存在的一个突出问题就是区域差距还比较大。推进"山海协作"工程,加强沿海发达地区和欠发达地区的全方位合作,就成了欠发达地区脱贫攻坚的重要抓手和载体。

(一)念好"山海经"

浙江具有丰富的山海资源优势。就"山"而言,浙江是"七山一水两分田",70%以上是山地和丘陵。全省的欠发达地区大多数在山区,老区和少数民族地区主要也在山区。就"海"而言,浙江海岸线总长6715公里,居中国首位,这里聚集着一批较早改革开放的城市,也是浙江的发达地区。把欠发达地区和海洋经济的发展作为新的经济增长点,是区域经济协调发展的客观需要,也是发展思路转变的现实需要。习近平同志对此高度重视,强调要念好"山海经"。

山海协作工程是一种形象化的提法,"山"主要指以浙西南山区和舟山海岛为主的欠发达地区,"海"主要指沿海发达地区和经济发达的县(市、区)。山海协作工程是"八八战略"的重要组成部分,最初在2001年浙江省扶贫暨欠发达地区工作会议上提出;2002年4月,浙江省委办公厅下发了《浙江省人民政府办公厅关于转发省协作办实施"山海协作工程"帮助省内欠发达地区加快发展意见的通知》,山海协作大幕正式拉开。2003年,省委、省政府成立了山海协作工程领导小组,先后出台了《全面实施山海协作工程的若干意见》《山海协作工程"十一五"规划》等一系列文件,舟山等欠发达地区与杭州、宁波等发达地区结成对口协作关系。2007年6月,浙江省第十二次党代会报告明确提出要深化山海协作,促进欠发达地区快速发展。2009年,浙江开始实施新一轮山海协作工程,提出了系列行动计划。2015年,浙江省出台《浙江省人民政府办公厅关于进一步深化山海协作工程的实施意见》,打造山海协作升级版。2018年,省委、省政府又出台《关于深入实施山海协作工程促进区域协调发展的若干意见》,始终把山海协作工程作为落实科学发展观、助力脱贫攻坚的重要抓手。

习近平同志在浙江工作期间,从事关全省发展大局的战略高度谋划实施山海协作工程,明确指出实施山海协作工程是缩小地区差距、促进区域协调发展的有效载体,是培育新的经济增长点、不断提高浙江综合实力的必然要求,必须作为一项德政工程、民心工程抓紧抓好。2003年12月3日,习近平同志在"山海协作工程"情况汇报会上指出:"加快欠发达地区发展,让欠发达地区人民过上更加宽裕的小康生活,是全面建设小康社会的基本要求,也是提前基本实现现代化的重要任务。"①要求广大干部充分认识实施山海协作工程的重大意义。实施山海协作工程,是促进区域、城乡协调发展,树立和落实科学发展观的具体行动;实施山海协作工程,有利于沿海地区和山区形成各具特色的

---

① 习近平:《干在实处　走在前列——推进浙江新发展的思考与实践》,中共中央党校出版社2006年版,第210页。

区域经济分工协作格局，为经济增长提供广阔的发展空间和持久的推动力量；实施山海协作工程，有助于推动欠发达地区加快发展，使欠发达地区人民真正享受到改革发展的成果。

习近平同志还对做好山海协作工作作出了具体部署。一是要按照科学发展观的要求推进山海协作工程。不能简单地推动欠发达地区去复制发达地区走过的传统工业化道路，必须按照科学发展观的要求，把合作重点放在优化产业结构和促进经济增长方式转变上，放在推动体制创新、技术创新和管理创新上，放在提高劳动力的素质上，放在资源集约利用和改善生态环境质量上，走一条科技先导型、资源节约型、生态保护型的经济发展之路，坚决防止把夕阳工业、污染项目转移到欠发达地区。二是要围绕全面建设小康社会、提前基本实现现代化的目标推进山海协作工程。既需要发达地区在加快自身发展的同时尽力帮助欠发达地区加快发展，更需要欠发达地区转变观念、创新体制、改善环境，努力实现跨越式发展。三是要着眼于浙江全省经济布局优化推进山海协作工程，并为舟山指明了发展方向。要坚持有所为有所不为，浙西南山区要重点发展生态农业、生态工业和生态旅游等特色产业，舟山等海岛欠发达地区要依托海洋资源优势，重点在港口开发、临港工业、海洋渔业、滨海旅游业、海洋新兴产业等领域开展经济协作活动，做大做强海洋经济。要积极创造条件，主动承接发达地区的产业转移，增强自我发展能力。

（二）助力海岛脱贫攻坚

舟山作为山海协作的主要参与地级市，属于海岛欠发达地区。2005年12月，浙江省山海协作工程系列活动在舟山市隆重开幕，习近平同志对舟山利用好山海协作平台提出了要求和建议。为落实会议精神，舟山市委、市政府加快部署，主动对接宁波，定海区联系镇海区、岱山县联系象山县、普陀区联系海曙区、嵊泗县联系奉化市，充分利用宁波各县（区）的优势经济，助力各海岛县区提升经济质量，开展了多项山海协作项目。2010 年 1 月,舟山市政府出台了《关于开展新一轮山海协作工程的实施意见》,开启了新一轮山海协作工程。

　　自全面实施山海协作工程以来,舟山市委、市政府高度重视,广大企事业单位积极参与,社会各界大力支持,工程建设呈现出内涵不断丰富、外延不断拓展、机制不断完善、成效不断显现的良好态势。舟山市全面消除家庭人均年纯收入 4600 元以下低收入渔农户,扶贫成效显著。就业是民生之本,也是新一轮扶贫开发的核心内容。困难群体的生存、发展短板在哪里,政府就把人力物力财力倾斜到哪里。市财政每年安排扶贫增收专项资金 300 万元,用于扶贫开发。凡低收入渔农户可持续增收的自主创业项目,补助其基础设施投资总额的 50% 以上,最高补助 6 万元;对吸纳低收入渔农户就业,帮助低收入渔农户销售渔农产品,接收低收入渔农户的承包土地等投资入股,将部分经营(加工)项目发包给低收入渔农户的各类扶贫基地,财政扶贫资金给予一定补助。通过政策性"以奖代补",将有意愿、有劳动能力的低收入渔农户基本纳入就业帮扶。截至 2019 年底,全市 80 多家机关事业单位和 189 家企业与 174 个村结对帮扶,落实帮扶资金 910 余万元,全市年收入 30 万元以上渔农村达到 261 个,占渔农村总数的 91.9%,其中经营性收入 15 万元以上的有 250 个,占渔农村总数的 88.0%。

　　根据《舟山市低收入渔农户高水平全面小康计划实施意见(2018—2022 年)》,舟山市以渔农民为主体,坚持政策"兜底"、精准扶贫、社会共建的原则。通过创新扶贫方式,激发内生动力,切实增强低收入渔农户的自我发展能力;通过完善扶贫政策,加大扶持力度,强化公共服务,逐步提高低收入渔农户的社会保障水平,为全市乡村振兴和高水平全面建成小康社会奠定坚实基础。2020 年,全市一般公共预算支出 312.7 亿元,同比下降 3.3%,而社会保障和就业支出却增长 14.4%,卫生健康支出增长 2.8%。2020 年,全市农林牧渔业增加值占全市生产总值比重为 10.1%,渔农业总产值达到 282 亿元,渔农民生活水平得到新提升。

（三）全面实施乡村振兴战略

为巩固拓展脱贫攻坚成果，舟山全面实施乡村振兴战略，建立健全渔农民增收长效机制，提高低收入渔农户全面小康质量，进一步缩小城乡居民收入差距，形成共同富裕新机制。一是积极发展现代渔农业。加快渔业转型升级，发展海水养殖业，提高水产加工现代化水平，打造渔业全产业链。推进国家远洋渔业基地、国家绿色渔业实验基地、远洋渔业特色小镇建设，打造中国远洋渔业第一市。推动农业高质量绿色发展，打造民生农业、特色景观精品农业。加快农业供给侧结构性改革，推进渔农产品区域公用品牌建设，提升农业科技水平，打造数字农业。二是建设美丽乡村。坚持城乡一体化导向，推进城乡公共服务、基础设施、社会事业协调发展，推动资源、服务向农村倾斜，让农民像城里人一样全面享受公共服务和生活便利。坚持物质美与精神美并重、移风易俗与文明新风并举，推动社会主义核心价值观进村入户，发挥好农村文化礼堂作用，弘扬守望相助、孝亲敬贤、克勤克俭等优良传统，加强历史文化村落保护利用，活化乡土文化，让"乡愁"资源、"乡村故事"成为美丽乡村的文化印记。全面推进渔农村厕所革命、污水革命，推进农村生活垃圾分类处理。强化农业面源污染防治，推进美丽河库建设，加快形成整洁、有序的乡村风貌。统筹推进美丽村庄、美丽田园、美丽庭院、美丽河库、美丽风景线、美丽城镇创建，不断增强乡村的综合承载力，促进乡村振兴。

第二节　海岛社会保障体系不断完善

就业是民生之本，社保是民生之依。舟山市为保障民生，在积极拓宽就业渠道，保证渔农民收入的同时，大力发展社会保障事业，形成涵盖养老、医疗、工伤和生育保险的城乡社会保障体系，织密扎牢了托底的民生保障网,大大提升了群众生活的满意度和幸福感。

一、养老保险政策不断完善

早在 2014 年 10 月,舟山市就出台了《舟山市被征地农民参加职工基本养老保险或城乡居民基本养老保险实施细则》,明确被征地农民可以选择参加职工基本养老保险或城乡居民基本养老保险,"转轨人员"享受政府转轨补贴并折算缴费年限。2014 年 12 月,又出台了《舟山市人力资源和社会保障局、舟山市海洋与渔业局、舟山市财政局关于原集体捕捞及相关作业渔民发放生活补贴的指导意见》,对曾从事集体捕捞及相关作业人员发放生活补贴,进一步加大渔民尤其是老年渔民的晚年生活保障力度。放开职工基本养老保险参保户籍限制,允许劳动年龄段内的本市户籍人员在户籍所在地参保缴费,不断扩大社保覆盖面。同时,不断提高个人缴费档次及政府补助标准,根据"多缴多得,长缴多得"的原则完善养老金计发标准,使基本养老保险待遇稳步提高。从 2014 年起,增设 2400 元和 3600 元两档缴费标准,并提高财政对高缴费档次的政府补贴,城乡居民基本养老保险基础养老金标准逐年提高,待遇水平位居全省第三名。

二、全民医保体系得以建立

2012 年 9 月,舟山市合并新型渔农村合作医疗和城镇居民医疗保险制度,建立城乡居民基本医疗保险制度并实施市级统筹,实现了医疗保障城乡一体化,是全省首个实现各县(区)政策制度完全统一的地市。城乡居民医保筹资水平连续多年均有较大幅度提升,满足了城乡居民医保制度快速发展要求。2013 年 9 月,开展城乡居民大病保险工作,实现了大病保险制度和人群全覆盖。患大病人员提高报销比例 9.5 个百分点,有效缓解了大病患者家庭"因病致贫、因病返贫"问题。2015 年 1 月起,将 15 种特殊药品纳入大病保险支付范围,起付标准以上部分报销50％，年度最高报销限额可达35万元，大病患者的保障力度不断加强。全面开展总额预算管理和医保支付方式改革，开展按病种付费工作，实现经办管理、政策依据、服务内容、操作规程和管理标准"五统一"。推进基金向上集中、服务向下延伸、全市互通联办，所有个人办理事项全部延伸至乡镇（街道），确保个人办事"不出岛"，成为全省首个实现社保卡全民覆盖的地市。

三、社会救助形成大格局

为了不让孩子因贫困而读不起书，不让困难群众因大病而过不上温饱生活，舟山构建了以城乡最低生活保障为基础，专项救助相配套，慈善救助、社会扶助为补充的综合性、多层次的全域一体化社会救助体系。2015年，全面实施《舟山市最低生活保障实施办法》新政策，率先在全省实现城乡低保标准全市一体化。积极开展最低生活保障、贫困群体医疗救助、临时救助、困难家庭大学生助学、孤儿和困境儿童救助、流浪乞讨人员救助、"救急难"和支出型贫困家庭救助工作，成为省内唯一一个全市范围内统一救助对象、救助标准、救助程序的地级市，实现救助政策的全市域一体化。2016年8月，制定出台《舟山市支出型贫困家庭救助暂行办法》，打破了原先重点向收入低于低保标准的困难群众提供救助的"收入型救助"模式，把收入高于低保或低保边缘标准，但因患病导致家庭开支巨大、家庭实际收入低于低保标准的因病支出型贫困家庭纳入救助范围，实现"收入型救助"和"支出型救助"并重，提高了社会救助的精准度。

四、养老保障水平持续提高

舟山市每年将养老工作列入政府为民办实事项目和各级政府目标考核，财政投入力度不断加大，在民办机构政策扶持、医养结合、购买服务等方面出台一系列推进老龄事业发展和养老体系建设的政策文件,为社会力量参与老龄事业发展和养老体系建设营造了良好的政策环境。因地制宜打造"银龄互助""博爱家园""乐龄幸福公社"等海岛特色居家养老服务多种模式,逐步推进居家养老服务"两个覆盖"。加强养老服务队伍建设,持续开展养老护理员培训,建立特殊岗位津贴、入职奖补、职业培训补贴等制度,形成了养老服务的人才培养支撑体系。启动被征地农民养老保险转轨,海洋捕捞渔民养老保障办法出台实施,在全省率先实现城乡低保标准全面一体化,全面实施养老服务补贴制度,全民基本养老、基本医疗、最低生活保障、高龄补贴、医疗救助、意外伤害保障等相结合的老年社会保障体系全面建立。

五、精准实施全民参保计划

截至 2018 年 6 月,全市养老保险、医疗保险、工伤保险、生育保险参保人数分别达到 83.76 万、97.27 万、36.31 万、22.08 万人,养老保险和医疗保险户籍法定人员参保率分别达到 88.24% 和 98.73%,医保参保率位居全省首位。稳步提升社保待遇水平,从"十二五"末的 145 元每月提高到目前的 160 元每月。创新推进渔民养老保障工作,共惠及全市 31604 名传统海洋捕捞渔民、40551 名非传统海洋捕捞渔民以及 9319 名传统海洋捕捞渔民遗孀。进一步提高城乡居民医疗保险人均筹资水平,2020 年医保人均筹资水平达到 1415 元左右,与"十二五"末相比增幅达 66%。提高基层医疗机构报销待遇,城乡居民医保基层医疗机构普通门诊医疗费用报销比例达到 50%。不断完善大病保险制度,截至目前,全市城乡居民医保年度基金最高支付限额从 26.9 万元提高到 29.05 万元,纳入大病保险支付范围的特殊药品年度支付最高限额从 35.33 万元提高到 41.56 万元,在全省、率先实施特殊(慢性)病种的门诊医疗管理,将高血压、糖尿病等慢性病种从 18 种增加到 25 种,纳入管理范畴。

舟山通过实施"低门槛进入、低标准享受"的社保新政策,在全国率先实现了城乡低保应保尽保；并通过合并城镇居民医疗保险和新型渔农村合作医疗制度，建立城乡居民大病保险制度，实施被征地农民转轨参加职工养老保险政策，在全省率先实现了城乡低保标准一体化。从此，全市进入"全民社保"的崭新历史阶段，大大提升了群众的幸福感。

第三节　发挥海岛优势与社会创新发展

近年来，舟山充分发挥自身优势，积极改革创新，形成全产业发展的局面，使舟山发展进入了新时代。

一、加快渔业产权改革，建设海洋牧场

2015年，农业部正式批复同意舟山市建设国家远洋渔业基地。舟山深刻认识到此举的重大战略意义，迅速贯彻落实，形成全产业发展的局面，使舟山渔业发展进入了新时代。

（一）加快渔业产权改革

按照"管理相对独立、财政相对独立"的原则和"政府主导、企业主体、市场化运作"的模式，2016年底，舟山完成了舟山国家远洋渔业基地建设指挥部组建。基地成立了集团公司，注册资本8亿元，作为市属重点企业和基地支撑性平台，发展定位为：基地（小镇）基础设施建设的投资者，基地建设的运营商，远洋渔业全链式产业发展的"主龙头"。基地把市场化作为远洋渔业产业持续、扩张发展的根本出路，大力支持民营企业参与远洋渔业产业发展，使企业真正成为市场主体。舟山远洋渔业探索"民营龙头企业＋合作社＋渔船"模式，创新远洋渔业管理平台，组建市内首个远洋渔业合作化经营试点；打造"基地＋国企＋渔船"模式，以普陀远洋渔业总公司为主体，通过股权收购、并购

等形式，整合远洋渔船 30 艘，筹建全国首个远洋渔业海上流动基地。搭建远洋渔业融资平台，提供远洋鱿鱼销售、仓单质押、第三方监管等配套服务。2020 年，全市渔农业总产值 282.1 亿元，水产品产量 179.2 万吨，远洋渔业产量 63.1 万吨，占全市水产品产量的比重已超过 33.3%，渔业生产内部结构明显改善。开拓多样性远洋渔业合作项目，联系推进与吉布提、汤加、马来西亚、基里巴斯和东帝汶、安哥拉等国家的远洋渔业合作项目，启动投资建立海外（秘鲁）渔业基地。加强与我国澳门、台湾地区及葡语系国家的渔业合作，完善澳门渔业合作项目投资方案，启动在澳门注册远洋渔业公司，先期开展船舶登记、船舶金融租赁、葡语系国家捕捞及贸易等业务。推进捕捞集散、生产加工和流通交易的联动，实现产业链一体化发展；开发应用新一代捕捞技术及装备，开展深远海抗风浪智能化养殖示范，推进远洋渔业监测平台建设和远洋自捕水产品可追溯物流网建设；加快先进冻干保鲜技术研究和运用，提高水产品品质和附加值；围绕鱿鱼、金枪鱼产业链发展，拓展水产品精深加工新领域，2020 年，全市水产品精深加工比重达到 55% 以上。

（二）建设海洋牧场

在新发展理念引领下，舟山积极探索环境友好、资源保护、权益保障、管理有序、示范引领的可持续发展新路子，实施渔场修复振兴，建设海洋牧场，努力实现"渔场富饶、渔村美丽、渔民增收、人海和谐"的发展新局面。2016 年，启动编制《舟山市美丽黄金海岸线（带）修复建设规划》，海域海岛海岸线整治修复取得重大进展。完成全市 1950 个无居民海岛、141 个有居民海岛基本信息统计和海岛地名普查后续整体验收，推进海域使用动态监管能力建设。铁腕推进"一打三整治"工作，深入实施"蓝色海湾整治行动"，大力建设"海洋牧场"、发展"碳汇渔业"，构筑坚固的蓝色生态屏障。开展"幼鱼保护攻坚战"，以"零容忍"的态度，开展以"一电四网"等绝户网为整治重点的禁用渔具取缔行动,对全市辖区内港湾、岙口、滩涂、近海等区域进行全面排查,全面取缔地笼网、滩涂串网。实施生态补偿项目,推进嵊泗马鞍列岛、普陀中街山列岛、舟山东部海洋特别保护区和嵊泗国家级海洋公园建设,海洋类保护区的面积占所辖海域的比例不断扩大。出台《浙江嵊泗马鞍列岛海洋特别保护区与普陀中街山列岛海洋特别保护区管理条例》,推进中街山列岛、马鞍列岛国家级海洋牧场示范区建设,启动中街山列岛、马鞍列岛国家级海洋牧场示范区人工鱼礁建设。开展渔业转型促治水行动,重点实施水产养殖塘生态化改造、大型海藻高效健康养殖场建设等项目。对全市入海排污口进行监测,实现入海排污口监测全覆盖。出台我国第一部国家级海洋特别保护区地方性法规《舟山市国家级海洋特别保护区管理条例》,开展"海盾2016""碧海2016""护岛2016"等执法行动,加强海洋环境管理,全面推进渔场修复振兴。

二、加快农业供给侧结构性改革和集体产权制度改革

(一)加快农业供给侧结构性改革

适应市场优质化、多样化的需求,挖掘海岛比较优势,舟山把发展优势产业和特色产品作为结构调整的主攻方向,不断优化农产品结构。重点突破传统经营方式,增加对农业科学技术、资本等生产要素的投入,提高成果转化率和农业集约化、现代化水平;加快推进畜牧业转型升级,有效提升生态化养殖水平。通过开展区划工作,调整区域布局,深入实施种子种苗工程,引进繁育推广各类新品种100多个;推广适用先进技术,使"晚稻"杨梅、"皋泄"香柚等地方特色品种改良加快。同时,特色产业出现了基地化、设施化、标准化生产的新态势。全市优质高效农业示范园区达到5个,并建立了一批科技试验示范区,如曙光农场、马岙的新品种引试科技示范区、大沙马目的水产多品种养殖示范区、金塘的药材栽培示范区、勾山临城的设施农业示范区、六横及东海农场的小杂粮示范区、大巨的蜈蚣繁殖示范区、岱山的荒岛

养羊示范区等。加强产业协会组建工作,完成市花卉协会等协会组建并按市场化要求运作。全市已建成无公害农产品基地 19 个,面积超过 230 万亩;已制定各项农业标准和规范 4 项,其中省级农业标准近 2 项;岱山银杏茶、普陀佛茶被认定为绿色农产品。订单农业快速发展,企业与农户联结机制日益紧密,其中农产品加工企业与农户订单大幅增加。国际农产品贸易中心建设全面启动,成功举办浙江国际农产品贸易中心推介会。金塘国际农产品进口贸易加工试点和物流配送创新示范区建设加快推进。随着品牌产品和无公害产品成为消费的新时尚,舟山的名特优农产品,在市场上已享有一定声誉,出口环境不断改善,出口渠道不断扩大,很好地促进了农业增效、农民增收、农村富裕。近年来,渔农民人均可支配收入的绝对值始终保持在全省前列,城乡居民收入差距不断缩小。

（二）深化渔农村产权制度改革

坚持改革活权赋能,全面推进闲置农房盘活利用,加强项目谋划,把具备开发条件的闲置农房全部包装成项目。累计激活闲置农房 3200 余套,新增闲置农房盘活示范区 4 个,探索委托、入股、租赁等多元化方式盘活利用闲置农房,引导工商资本、渔农业企业、村集体组织、优秀渔农民、农创客、乡贤等多种主体依托闲置房屋进行创新创业,培育渔农村新产业、新业态、新模式。鼓励工商资本进入乡村、城里人回归乡村、农二代回乡创业,先后建成一批现代农业园、美丽田园,多种模式推动偏远海岛乡村实现"再生",花鸟岛等小岛从"空心岛"变成"网红岛"。开展渔农村"三权"确权赋权改革,全面完成渔农村集体资产股份合作制改革,渔农村产权流转交易体系初步建立;稳步推进农村土地承包经营权和渔农村宅基地使用权确权登记颁证,宅基地使用权退出机制基本建立;城中村综合改造和新型集聚小区建设实质性启动。持续推进渔农村股权质押贷款工作。通过综合评估村社资产情况、渔农户信用状况,不断扩大渔农村股权质押贷款试点范围。稳步推进渔农村产权交易体系建设。以规范渔农村产权流转交易行为和完善服务功能为重点,在全面上线渔农村产权交易平台的基础上,稳步推进渔农村产权交易流转工作。渔农村金融服务体系进一步健全,金融产品不断丰富。积极构建"三位一体"的渔农民合作经济组织体系,完成市、县、乡三级渔农合联组建。完善土地流转机制,累计流转土地 8.13 万亩。稳妥推进城中村综合改造和新型集聚小区建设。积极创新完善基层治理体制机制,加快实行社区村一体化设置。全面推进户籍管理制度改革,城乡居民基本权益初步实现一体化。全面构建生产、供销、信用"三位一体"的渔农民合作经济组织体系。2016 年,舟山立足海岛实际,采取自下而上的改革路径,精心谋划,全力推进渔农村"三位一体"改革,按照"宜渔则渔、宜农则农"原则,因地制宜推进渔农合联组建,全面构建完成市、县、乡三级渔农合联,形成覆盖全市的渔农合联服务"大平台"。2017 年以来,全面推进渔农合联组织规范化发展,强化服务功能,扩大服务范围,不断提升渔农合联为渔农服务的综合能力和水平。

长期的改革创新推动舟山渔农业现代化迈上了新台阶。2020年,农林牧渔业增加值占全市生产总值比重为 10.1%,渔农业总产值达到 282 亿元,远洋渔业产量 63.1 万吨,增长 16.3%,占全国远洋渔业总产量的 22%。大力发展水产养殖业,获批全国首个国家绿色渔业实验基地和 5 个国家级海洋牧场。国家远洋渔业基地成为全国最大的远洋渔业生产加工冷链物流基地,远洋渔业小镇、沈家门渔港小镇被命名为省级特色小镇。建成一批省市重点农业乡镇、现代农业园和田园综合体,乡村旅游快速发展,全市渔农家乐和民宿达到 2718 家,直接从业人员 1.3 万人,2020 年全市乡村旅游营收 523 亿元。

第四节　推进乡村社会创新发展的经验

舟山近年来之所以能够顺利实现渔民转产转业,实现渔农业快速发展,就在于舟山在"八八战略"指引下,充分发挥人民群众的积极性和创造性,改革创新、锐意进取,坚持走中国特色社会主义乡村振兴道路,选准配强村级党支部班子,培养了一大批优秀的农村基层干部,发挥了领头雁作用。

一、坚持走中国特色社会主义乡村振兴道路

习近平同志多次说过,"小康不小康,关键看老乡"。从而指明,农业发展是全面建成小康社会的短板,农民收入是全面建成小康社会的制约,改善农村面貌是全面建成小康社会的重大任务。舟山市多年来把改善民生、心系百姓作为工作的出发点和落脚点,坚持以人为本,统筹渔农村和谐发展,切实提高居民收入水平。在加快城乡统筹发展下,城乡居民收入差距不断缩小,城镇常住居民可支配收入和渔农村常住居民可支配收入都高于全省平均水平。

（一）积极推进美丽乡村建设

"千万工程"和美丽乡村建设,是习近平同志在浙江工作期间亲自倡导的,是习近平生态文明思想在推动乡村振兴领域的成功实践。2004年以来,浙江省委、省政府按照习近平同志的战略擘画,切实做到一张蓝图绘到底。在舟山同样如此,通过一年又一年的工作积累,形成了美丽乡村的美丽画卷。随着"千万工程"的深入推进,乡村面貌从一处美向全域美、从一时美向持久美、从外在美向内在美、从环境美向发展美转变。实施美丽乡村全域发展"3＋1"创建行动,推动新时代美丽乡村由盆景打造向全景建设转变。力争到2025年,建设美丽小

岛 30 个,建成美丽乡镇 20 个、省级美丽乡村风景带 20 条,实施"空心岛(村)"激活、保护试点项目 10 个,80% 以上可建应建行政村达到精品村标准。实施美丽海岛生态廊道改造提升,统筹推进集村庄景观、产业景观、生态景观于一身的美丽海岛景观线建设,按照"点上出彩、线上美丽、面上洁净"的要求,坚持风景线、文化线、产业线"三线合一",突出"新建、提升、拓展、联动"四管齐下。渔农民饮水条件得到改善,基本实现了渔农民饮水安全。渔农村电气化改造率达到 100%,渔农村实现"镇镇电气化、村村电气化"。4 个县(区)均成功创建省美丽乡村先进县,在全省率先实现美丽乡村创建全域化。通过村(社区)、乡镇(街道)、县(区)、市四级联动和市、县、乡三级联创,引导、带动全市广大家庭参与美丽庭院创建活动。坚持景区化理念,有效整合资源,扎实做好美丽渔农村建设。深化历史文化村落保护利用,按照"一年成形、二年成品、三年成景"的要求,2016 年以来,全市共创建省级历史文化村落保护利用重点村 7 个、一般村 20 个。千岛之城的海岛乡村各具特色、异彩纷呈,推进农业农村现代化定会充分展现海岛魅力和渔乡风情,为现代化海上花园城市增添亮丽的乡村风景。

(二)加快发展乡村美丽经济

引导和推动更多资源要素向农业农村流动,促进农村产业融合发展,激发农业农村经济发展活力。大力发展乡村美丽经济,加快构建以多业态复合为特色的海岛乡村产业融合发展体系,推进国家海洋牧场、现代农业园区、田园综合体、特色农产品优势区等农业发展平台提档升级,加快发展乡村旅游、农村电商、养生养老、运动健康、文化创意等新业态,推动民宿经济提档升级,打造产业融合示范区。海岛乡村旅游有广阔的发展空间,积极推广好的经验做法,创新开发模式,打造一批精品旅游村、旅游岛。2020 年,花鸟岛通过"定制旅游"模式接待游客超 5 万人次,同比增长 4%。把农业农村作为扩大新型消费的新增长点,充分运用"网上农博"、村播等新平台新模式,发展乡村夜间经济,创造更多消费场景,促进渔农产品消费向休闲旅游、康养健身等高层次消费转变,节假日、临时性消费向居住地、常态化消费转变,物质消费向精神文化消费转变,形成农村消费的新天地。实施"海岛农创客"培育行动,引导社会资金、先进技术"进岛下乡",吸引在外乡贤、知识青年回村创业,深化"两进两回"行动。鼓励产业园区、创业基地、众创空间等开辟专区,为乡贤、青年回乡创业提供空间。进一步盘活闲置农房资源,促进"农房十"产业发展,加快形成一批闲置农房盘活利用示范区,让更多的"空心岛""空心村"振兴重生。把农业农村招商引资工作摆在重要位置,引进一批大项目好项目,真正把乡村经济规模做大、特色做优、品牌做响。把发展村集体经济摆上重要议事日程,引导鼓励各村通过购买厂房商铺、收储闲置农房、盘活村级留用地、发展休闲渔船租赁等方式发展集体经济,合理分配使用村集体经济经营性收入,留足资金扩大再生产。在构建以国内大循环为主体、国内国际双循环相互促进的新发展格局背景下,打通城乡要素流通渠道,开拓乡村建设新空间,扩大农业农村有效投资,促进农村消费扩容提质,为渔农村的发展提供了更为广阔的空间。要加快发展生态循环、休闲景观农业,使田园风光成为美丽海岛的一道亮丽风景。

(三)大力发展渔农家乐休闲旅游业

利用海岛资源、自然景观、风土人情和空闲住房等,发展海上观光、垂钓、旅游等休闲渔业。2016 年 10 月,制定出台了《舟山市"东海人家"渔农家特色民宿认定办法》和《舟山市"东海人家"渔农家民宿特色村认定办法》,稳步推进传统渔农家乐和民宿经济提档升级,促进渔农家乐成片、整村、整乡发展,打造渔农家乐集聚村、集聚乡镇;串点成线,集群抱团发展,形成主题特色鲜明、基础设施健全、服务管理规范、集聚效应明显、独具海岛特色的渔农家乐特色区块。至 2018 年 10 月,舟山市已创建渔农家乐旅游村 43 个,渔农家乐旅游点 58 个,美丽海岛特色村 100 个,美丽海岛生态廊道、主题风景线 14 条,省级历史文化村落保护利用村 24 个。2018 年前三季度接待游客 942.16 万人次,营业收入达到 21.42 亿元。疫情的发生使休闲旅游业按下了"暂停键",2020 年 3 月 5 日,舟山市相关部门联合下发《关于做好乡村休闲旅游业有序恢复营业的通知》,实行"复工备案＋承诺＋负面清单"管理制,推动渔农家乐、民宿、乡村休闲旅游有序复工。建成嵊泗基湖村—高场湾村—田岙村—边礁岙村"离岛民宿"等精品旅游路线,形成定海干览—马岙—双桥一线,普陀展茅—朱家尖—白沙一线,岱山岱东—东沙一线等一批美丽经济示范带。推进渔农家乐电商特色村建设,定海新建社区,普陀干施岙村,朱家尖东荷嘉园,岱山秀东村、凉峙村,嵊泗田岙村、大王村等 7 个渔农家乐村开展电子商务综合服务平台建设,80％以上渔农家乐通过微信网络平台开展销售。深化"互联网＋"发展模式,建立助农微信平台,推介杨梅、西甜瓜、葡萄等特色农产品,在淘宝、京东等大型电商平台开通舟山特色馆。全市涉渔、涉农的网店超过 6000 家,渔农村网上创业群体 1 万人以上,实现网络零售额 10.26 亿元,增速居全省第一。

二、健全渔农村社会保障体系

面对城乡二元体制制约,舟山按照统筹城乡经济社会发展的要求,探索建立城乡一体化的就业制度和社会保障体系,为群众解除后顾之忧。舟山在积极为渔农民拓展就业渠道的同时,不断完善社会保障,提高最低工资标准和最低生活保障金,切实提高居民收入水平。

(一)不断完善渔民养老保障体系

2014 年 12 月,舟山出台了《关于原集体捕捞及相关作业渔民发放生活补贴的指导意见》,使 22000 多名老年渔民领取到生活补助,人均每月领取生活补助 300 元,保持了渔区社会稳定。开展渔民参加养老保险调查摸底和政策研究,2016 年 9 月研究制定了《舟山市人民政府关于加快推进海洋捕捞渔民养老保障工作的指导意见》,对参保渔民给予补助,同时对传统海洋捕捞渔民遗属发放生活补贴,通过政府给予适当缴费补助的形式,拓宽保障范围,提升保障标准,并于2017年1月1日起实施,全市核定渔民3.16万人,2.05万人领取到生活补贴,平均每人每月292元。强化渔业政策性保险,全市年保费总额超2亿元,60马力以上渔船和渔工参保率分别达到100%和96%。制定出台了"三无"渔船主动上交后的生活补助办法、"套牌"渔船整治办法,将"三无"船转为养殖船、护渔船、保洁船、港作船等意见,帮助渔民实现再就业。开展转产渔民水产养殖、水产品精深加工、船舶电焊等培训,共培训渔民3050人,实现了1000余人转产就业。

（二）不断完善养老保险制度

2009年12月,舟山市政府出台了《舟山市人民政府关于进一步完善城乡居民基本养老保险制度的意见》。2014年8月,舟山市委审议通过了《关于深化新区渔农村改革加快推进城乡发展一体化的若干意见》,妥善解决部分群体养老保障等历史遗留问题,合并城镇居民医疗保险和新型渔农村合作医疗制度,建立城乡居民大病保险制度,实施被征地农民转轨参加职工养老保险政策,在全省率先实现城乡低保标准一体化,实现信息管理体系全市统一和"一卡通"结算。2014年10月,出台《舟山市人民政府关于加快发展养老服务业的实施意见》,支持养老服务发展,初步建立了以家庭为基础、社区为依托、政府购买服务和市场化相结合的居家养老服务模式。截至2020年末,全市有敬老院39所,社会福利院6所,共有床位数4517张。城镇"三无"对象集中供养率为54.8%,渔农村"五保"老人集中供养率为77.2%。城乡居民得到政府最低生活保障人数9509人,其中,城镇低保对象1336人,渔农村低保对象8173人。城乡低保对象最低生活补助标准每人每月810元,比上年提高90元。

（三）社会救助日益完善

渔农村最低生活得到保障。从1997年起,舟山全面建立并实施了覆盖城乡的最低生活保障制度,完善低保对象应保尽保、应补尽补和应退尽退机制。最低生活保障标准根据历年最低职工工资及物价上涨情况逐年调整,渔农村低保标准从每人每月 80 元提高到每人每月 150 元(其中嵊泗县为每人每月 170 元),有力提升了困难群众的生活水平。渔农村社会救助机构逐步健全。市、县(区)、乡镇(街道)、社区(村)四级社会救助服务网络建立健全。新建了社会救助机构,多层次开展社会救助工作,社会福利服务水平进一步提高。为改善渔农村敬老院软硬件设施,对已有敬老院实施改造工程。开展"社区老年福利服务星光计划"工作,共有 25 个城市社区"星光老年之家"投入使用。扎实开展低收入渔农户行业帮扶工作,做好教育扶贫、健康扶贫等工作。2018 年,全市共有 14534 人次学生受助,受助总额达 7007 万元;共有 1.51 万名贫困人群减免家庭医生签约服务费,减免金额60.56 万元。对患有重大疾病的低收入渔农户,在社保报销的基础上给予每名患者 4000 至 15000 元不等的医疗救助,实现对因病导致低收入渔农户的有效保障。全市机关干部结对帮扶低收入家庭 4983对,落实每户帮扶资金或实物价值不低于 1600 元。市慈善总会全年支出救助款物 2912.6 万元,救助贫困对象 1.33 万人次;市残联为8559 名残疾人落实了困难残疾人补贴。初步建立了与舟山社会经济发展水平相适应的社会保障网络,基本形成涵盖养老、医疗、失业、工伤和生育保险的社会保障体系框架,为群众系上了社会"保险绳"。

三、培育新一代渔农村领头人

推进社会主义新农村建设,必须选准配强村级党支部班子,切实把那些政治素质好、品德作风正派、处事公正公平、勇于创新、能带领农民群众增收致富的能人选进班子,培养一大批优秀的农村基层干部。这既是加强农村基层组织建设、发挥战斗堡垒作用的基础,也是推进社会主义新农村建设的关键。在强班子方面,首先贯彻到认识上，努力加强农村基层干部对上对下高度负责的精神和责任感；其次体现到精神上，大力弘扬与时俱进的浙江精神，充分发挥基层干部的能动性和创造性，树立爱民风范、甘于奉献；最后落实到能力上，在建设新农村的实践中不断增强带领群众发展经济、增收致富的本领，立足村情，发挥优势，大胆探索，加快发展。

（一）深化基层党组织"领头雁"工程

深入实施渔农民素质提升工程，年培训渔农民近 2 万人次，渔农民素质不断提升。在此基础上，"推好、选好、用好、育好、管好"社区（村）党组织书记，并打破村社书记成长的"天花板"，选拔优秀社区（村）书记进入乡镇（街道）领导班子。实施"党小组大作用"行动，在网格、自然村、村民小组中调整优化党小组设置，推动了有一定规模的党支部重新设置党小组；实施"蓝海红帆"工程，开展"青春党建""和合共同体"创建等活动，有力地助推了新渔农村建设。2015 年，中共舟山市委六届七次全会审议通过的《中共舟山市委关于全面加强基层党组织和基层政权建设的若干意见》，标志着舟山基层党建工作有了机制上的保障。基层党组织坚持把群众的根本利益放在首位，把群众的需求愿望作为改进工作的第一信号，把解决群众关心关注的实际问题作为工作的突破口，把群众的满意不满意作为检验工作成效的衡量标准。坚持以人为本、执政为民的理念，让改革发展的成果惠及群众，巩固党在基层的执政基础。坚持与时俱进，创新工作思路和举措，汲取新鲜经验，不断加以总结、提炼和推广，通过挖掘培育、示范带动、推陈出新，使基层党建工作更贴近实际、更善于创新、更富有生机和活力。

（二）配好"五大员"为基层保驾护航

2014 年起，舟山市委每年集中选派多名舟山籍市、县（区）党员领导干部到本人的籍贯地、出生地、成长地或曾经工作过的渔农村担任"第一书记"，当好强化组织建设的"辅导员"、基层改革创新的"指导员"、经济社会发展的"领航员"、密切联系群众的"服务员"和促进和谐稳定的"平安员",这"五大员"在帮助渔农村强化组织建设、推进基层改革创新、密切联系服务群众、促进社会和谐稳定方面发挥着积极的作用。全市近万名党员干部参与"民情走访、民情恳谈、民情工单"活动,打通联系服务群众"最后一百米"。在乡镇(街道)和社区(村)陆续推行党员干部服务办事"工单制",确保事事有回音,件件有落实。"网格化管理、组团式服务"工作从渔农村延伸到城市社区,从乡镇基层延伸到部门,全面融入,从陆上管理服务到实现海陆双覆盖,在基层构建起了民情信息网、高效服务网、舆论宣传网,成为为民、便民服务的重要载体。通过群众出题、团队点题、社区(村)议题、乡镇(街道)定题、职能部门破题的办法,使一切问题通过民情研判的方式,以集体的渠道掌握情况,以集体的智慧实施决策,以集体的力量分工落实,累计为群众解决难题 6 万余件。推动规范化、品牌化建设,实施电子民情日记逐级点评机制,推广应用基层群众工作"九法三十六计",搭建内部信息系统和外部门户网站双平台,形成干部工作走访日志 23 万余篇,短信互动 2300 万余条,基层工作平台日均约 1000 人在线,构建起为民服务之网、平安建设之网、感情沟通之网、民意汇聚之网、宣传教育之网和干部成长之网。这项工作不仅成为基层党建工作创新的重要实践,更成为社会管理创新的有效抓手,为渔农村的经济、文化和社会建设打下了坚实的组织基础,在全市、全省乃至全国树起了舟山党建和社会管理创新的闪亮品牌,先后荣获"首届全国基层党建创新最佳案例""2010 中国全面小康十大民生决策""浙江省公共管理创新案例特别贡献奖"等荣誉。

(三)树立良好的用人导向

通过比拼实绩选拔干部,树立实绩导向和一线选人用人导向,把功能区、乡镇(街道)和重大平台等舟山建设一线作为选拔培养干部的主阵地,促进能谋善断、能干善冲、能征善战的实干型干部脱颖而出。贯彻落实浙江省委《关于激励干部干事创业　治理为官不为的若干意见》《推进领导干部能上能下实施细则》,结合实际出台相关制度,细化操作举措,对不担当、不作为的干部严肃执纪问责,坚决予以调整,营造能者上、庸者下、劣者汰的良好氛围。在干部培育上,注重干部梯队建设,加强年轻干部培养选拔,搭建一线实践成长平台,强化党章党规党纪专题教育,深入开展专业知识培训,提升各级干部党性修养和综合素质。以畅通事业晋升渠道为重点,加大关爱基层力度,着力打破村社书记成长"天花板",全面建立"实干到一线、成长在一线、激励重一线"的选人用人机制,形成"想干事的有机会、能干事的有平台、干成事的有地位"的良好氛围,进一步激发了基层干部干事创业的激情,打造了一支政治强、能力强、作风强的铁军,为渔农村建设和发展提供了坚强保证。

第八章 推进海洋生态文明建设，实现可持续发展

　　浙江舟山群岛是我国面积最大的群岛,它面向太平洋,背靠长三角,具有得天独厚的海洋资源优势。独特的地理环境决定了舟山的发展根基在海、动力在海、前景在海。在实施海洋开发、建设海洋强国的战略背景下,舟山迎来了发展的重要机遇。深耕海洋,建设海洋强市,舟山不仅需要加快海洋经济的发展,更需要良好的海洋生态环境为其持续提供不竭的资源动力。舟山市在"八八战略"的引领下,深入学习贯彻习近平同志在舟山考察时的重要讲话精神,积极践行"绿水青山就是金山银山"发展理念,奋力打造美丽中国的"海岛样板"。十多年来,舟山生态文明建设取得了阶段性的丰硕成果,国家级、省级生态文明建设示范区比例分列全省第一、第二,空气质量常年保持全省第一,连续十一年获得生态省、美丽浙江建设考核优秀,为全面推进海洋生态文明建设提供了示范。

　　2022年,浙江省第十五次党代会提出了"牢牢把握让绿色成为浙江发展最动人色彩的要求"的新目标。党的二十大报告明确提出,尊重自然、顺应自然、保护自然,是全面建设社会主义现代化国家的内在要求。必须牢固树立和践行"绿水青山就是金山银山"的理念,站在人与自然和谐共生的高度谋划发展。舟山市将忠实践行"八八战略",贯彻党的二十大和浙江省第十五次党代会精神,高水平推进人海和谐共生的现代化,打造海洋生态文明新高地。

第一节 践行"绿水青山就是金山银山"理念

在浙江工作期间,习近平同志多次到舟山考察,在关怀舟山海洋经济发展的同时,多次要求舟山发展海洋经济不能以牺牲环境为代价,对保护海洋生态环境,深入推进海洋生态文明建设,走可持续发展之路作出重要指示。到中央工作后,习近平生态文明思想逐步形成。学习贯彻习近平生态文明思想,不仅对建设美丽海岛,打造舟山样本具有先导引领作用,而且对全面推进海洋生态文明建设,实现海洋可持续发展,建设海洋强国具有重大指导意义。

一、思想先导,构筑海洋生态保护的舟山样本

"绿水青山就是金山银山"理论擘画了中国生态文明建设的美好图景,习近平同志关于海洋生态文明建设的重要论述进一步丰富发展了这一理论,形成的"海洋版""绿水青山就是金山银山"理论,为舟山海洋生态文明建设提供了理念先导和思想指引。

(一)坚持海洋开发与保护并举的方针

2003 年浙江省海洋经济工作会议明确提出了建设海洋经济强省的宏伟目标,并把实现"海洋生态环境明显改善,加强海洋生态环境的保护与治理"作为具体的目标。在工作中要坚持走可持续发展的道路,要树立全面的发展观,正确处理好发展海洋经济与保护海洋环境的关系,加快经济发展和社会全面进步的关系,坚持海洋经济发展规模、速度与资源环境承载能力相适应,坚持海洋资源开发利用与海洋生态环境保护相统一,增强海洋经济可持续发展能力。

在海洋经济发展与海洋环境保护关系问题上,坚持开发与保护并举的方针,是"绿水青山就是金山银山"理念在海洋领域的贯彻落实,

为舟山以及其他沿海各省市正确处理发展海洋经济与保护海洋生态之间的矛盾关系提供了理论依据和方向指引。

（二）树立新发展理念，转变经济增长方式

在实施海洋开发、建设海洋强国的战略背景下，舟山海岛干部群众迫切希望抓住机遇，加快开发，甩掉欠发达地区的帽子。习近平同志对改革开放以来特别是近年来，舟山市各项工作取得的成效给予了充分的肯定。同时，他主张要坚持以科学发展观为指导，更新发展思路，科学规划，积极转变经济增长方式。

（三）健全海洋生态文明制度，依法依制保护海洋环境

海洋生态文明建设离不开制度保障，要把海洋环境保护工作落到实处，必须依法依制进行。习近平同志在浙江工作期间就十分重视生态文明制度的建设，大力探索适合浙江的生态文明制度，为绿色浙江、生态浙江和美丽浙江的建设提供了坚强的制度保障。习近平同志多次到舟山考察，再三强调舟山一定要贯彻好《中华人民共和国海洋环境保护法》，实施好《浙江省海洋环境保护条例》，要切实加强海洋环境监测、海洋环境治理、污染物排海、海洋生物资源保护等方面的管理，要进一步健全海洋环境监测、监视和执法管理体制，切实保护好、利用好海洋这个巨大的资源宝库。

2013年5月24日，中共中央政治局就大力推进生态文明建设进行第六次集体学习，习近平总书记在主持学习时指出："只有实行最严格的制度、最严密的法治，才能为生态文明建设提供可靠保障。最重要的是要完善经济社会发展考核评价体系，把资源消耗、环境损害、生态效益等体现生态文明建设状况的指标纳入经济社会发展评价体系，使之成为推进生态文明建设的重要导向和约束。要建立责任追究制度，对那些不顾生态环境盲目决策、造成严重后果的人，必须追究其责任，而且应该终身追究。要加强生态文明宣传教育，增强全民节约意

识、环保意识、生态意识,营造爱护生态环境的良好风气。"①党的十八届三中全会公报明确提出,要紧紧围绕建设美丽中国深化生态文明体制改革,加快建立生态文明制度,建设生态文明,必须建立系统完整的生态文明制度体系,实行最严格的源头保护制度、损害赔偿制度、责任追究制度,完善环境治理和生态修复制度,用制度保护生态环境。在党的十九大报告中,更进一步提出了"加快生态文明体制改革,建设美丽中国"的奋斗目标。在全国生态环境保护大会上,习近平总书记把"用最严格制度最严密法治保护生态环境"作为在新时代生态文明建设必须坚持的原则之一,指出要加快构建生态文明体系,加快推进生态文明体制改革落地见效。

生态文明制度建设是"绿水青山就是金山银山"发展理念的具体落实,各种具体细化的制度、体制、机制的建立健全,是扎实推进生态文明建设的必然要求。习近平同志依法依制建设生态文明的思想,为舟山贯彻执行"八八战略",推进海洋生态文明建设,打造美丽舟山提供了大量具体明晰、切实可行的解决方案。

二、行动落实,海洋生态保护与海洋经济发展并举

(一)加强顶层设计,以规划引领发展

舟山历届市委、市政府高度重视生态文明建设,积极贯彻中央和省委精神,落实国家战略任务,以"八八战略"为指引,深入践行"绿水青山就是金山银山"理念,立足海岛实际,精心设计,科学规划,积极推进海洋生态文明建设。

2003年3月,舟山市四届三次人代会把全面启动生态市建设列入政府重要工作,并着手编制《舟山生态市建设规划》,2004年规划编制完成并正式实施。在此基础上,舟山市各区(县)、乡镇(街道)完成生

---

① 《坚持节约资源和环境保护基本国策　努力走向社会主义生态文明新时代》,《人民日报》2013年5月25日。

态建设规划或实施计划编制,建立了舟山生态市建设的规划体系。2005 年,从市至县就城乡供排水、城乡环境卫生、城乡生活垃圾等方面进一步制定规划,指导生态市建设。2010 年,根据浙江省委《关于推进生态文明建设的决定》,舟山市委出台关于推进海洋生态文明建设的实施意见,编制了《舟山市创建环境保护模范城市规划》,制定了工作实施方案,形成了区域联动、部门协作、全员参与的创模工作机制。2011 年,舟山市坚持海洋生态保护与海洋经济发展并举的环保工作思路,进一步深化海洋生态文明建设,相继出台了《"十二五"环境保护规划》和《"811"海洋生态文明建设推进行动方案》。规划明确了"十二五"期间环境保护目标、重点工作任务和重点工程;行动方案围绕海洋生态经济等八个方面的目标,分别制定了十一个专项行动工作方案,为实现海洋生态文明建设走在全省前列的工作目标做好了重点部署和安排。2012 年,完成舟山群岛新区规划环评《浙江舟山群岛新区发展规划环境影响报告书》,就产业发展对岛屿和海洋生态环境的影响进行了综合评估,为岛屿的功能定位、产业布局提供科学合理的指导。2014 年,按照舟山新区发展规划和布局,编制完成《舟山市生态环境功能区规划》,划定环境功能分区;同年编制完成《浙江舟山群岛新区生态文明示范建设规划(2014—2020 年)》,把生态文明建设纳入全市经济社会发展总体布局,积极推进国家生态文明示范区建设,取得了阶段性的丰硕成果。2015 年,《舟山市生态环境保护"十三五"规划》基本编制完成,以生态优先为原则,进一步引领绿色发展。2016 年,进一步完成《舟山群岛新区国家生态文明建设示范区规划(2016—2020 年)》,全面开启国家生态文明示范区创建活动,实现创建工作四县(区)全覆盖。2018 年,《舟山市生态文明示范创建行动计划实施方案》制定实施,全面提升了舟山生态文明建设水平。2019 年,舟山市人民政府组织编制了《舟山市生态文明建设规划(2019—2025)》,以指导全市生态文明建设和示范县(区)创建工作,努力打造高水平美丽中国海岛样板。2020 年,《舟山市生态文明建设示范市创建工作实施方案》组织实施，进一步明确了生态文明建设示范市建设目标，深入推进了生态文明建设示范区创建工作的全域开展。2021 年，舟山市委、市政府组织编制并印发实施《生态环境保护"十四五"规划》《美丽舟山建设规划纲要（2021—2035 年）》，确立了舟山将高水平推进生态文明建设的目标定位。

（二）坚持节约环保、绿色循环的发展理念，转变海洋发展方式

在加快海洋资源开发，大力发展海洋经济的进程中，舟山始终坚持海洋生态保护与海洋经济发展并举的方针，牢固树立科学发展观，走海洋资源开发合理化、海洋产业生态化和海岛城乡环境宜居化的可持续发展之路。

1. 防治和保护相结合，合理开发海洋资源

良好的海洋生态环境是实现舟山海洋绿色发展的前提和基础。坚持生态优先，加强海洋污染防治和海洋环境保护，科学合理地开发海洋资源是舟山经济社会高质量发展的内在要求。舟山市明确海洋生态环境与舟山发展的紧密相关性，坚持陆海统筹和联防联控，以"五水共治""一打三整治""蓝天保卫战""蓝湾整治行动"等重点项目为依托，密切监控陆海排海污染源，切实防范重大海洋污染事故的发生；坚持人海和谐共生，扎实推进海洋保护区、海洋公园的建设和管理，加强对海洋生物多样性的保护，大力实施海洋生态保护和修复工程，形成多方协同、点面结合的海洋生态保护网络；加强对渔业资源、岸线资源、湿地资源和旅游资源等海洋资源的保护，坚持科学合理有序的开发利用，有步骤有计划地实施无居民海岛的合理开发和保护。目前，舟山已创建五峙山鸟岛省级海洋自然保护区、舟山市东部省级海洋特别保护区，以及嵊泗马鞍列岛、普陀中街山列岛两个国家级海洋特别保护区。随着一系列海洋生态环境保护规划的制定实施，舟山市海洋污染治理和海洋生态修复力度不断加大，海洋资源开发管理的模式在实践中不断发展完善，海洋的开发保护正向着科学化、有序化程度不

断提高的方向前进。

2. 科学谋划海岛生态功能布局，构建海洋生态产业体系

舟山以新区发展规划为指引，在科学考察各岛屿资源承载能力的基础上，按照"南部花园城市带、中部生态保育带、北部产城融合带"的总体布局，明确各海岛的主体功能，形成生态文明建设的科学战略布局，对综合开发类、产业发展类、风景旅游类和生态保护类这四大不同定位的岛屿采取分类开发保护的措施，根据各岛屿资源环境实际划定产业发展的准入线，明确不同区域和产业发展空间。以环境功能规划为依据，强化不同环境功能区块的分类管控，明确不同区块的主导功能、区块边界、产业准入要求和负面清单，实现舟山市环境空间管制的全覆盖。

针对传统海洋经济产业结构较为单一、产业生态化水平有待提升的现状，舟山市深入贯彻"八八战略"，贯彻习近平同志"养好'两只鸟'"的重要指示精神，坚持不懈地抓好海洋产业优化升级，构建海洋生态产业体系。自 2004 年来，舟山依托海洋科学城和金塘岛、六横岛、衢山岛等岛屿，正确处理生态化和产业化的关系，重点打造海洋清洁能源、海洋港口物流与港航服务、船舶与临港装备、临港石化、海洋旅游、现代渔业、水产品精深加工与海洋生物和大宗物资加工等八大产业集群，打造舟山海洋产业集聚区，实现海洋生态化发展和海洋产业集聚发展的有机统一，大力发展绿色经济、循环经济、低碳经济，坚持走海洋产业生态化的发展路子。目前，舟山群岛新区海洋产业集聚区是浙江省唯一以海洋产业为主题且同时拥有省级高新技术产业园区和国家综合保税区的产业集聚区。此外，舟山积极参与对外合作与交流，推进舟山产业的高质量发展。2016 年，中澳现代产业园这一国际产业园正式落地舟山，实现了舟山产业发展质的飞跃。

3. 不断完善海岛人居环境，打造海上花园城市

舟山始终坚持以"八八战略"为总纲，全面贯彻新发展理念，坚定不移走新型城市化道路。根据舟山城市总体规划要求,以人的全面发展为根本,充分利用优良的环境资源和深厚的历史文化底蕴,把海岛环境宜居化与经济建设生态化有机结合起来,以"生态公益林建设""千村示范、万村整治""小岛迁、大岛建""蓝天保卫战""五水共治""清废净土行动"等重点工作为抓手,深入推进国家环保模范城市、国家卫生城市、国家生态文明建设示范市、全国文明城市、美丽舟山等创建工作,积极倡导绿色、低碳生产生活方式,全方位提升舟山经济、文化、社会和环境品质,高标准打造现代化海上花园城市。

（三）完善制度建设,提升管理能力,夯实海洋生态文明建设基础

健全的海洋环境管理制度和高水平的管理能力是海洋生态文明建设的根基和保障。为加强海洋生态环境的保护,舟山市先后制定了《舟山市海洋牧场建设规划》《舟山市海洋环境保护"十二五"规划》《舟山市"十二五"渔业发展规划》《舟山市海洋环境保护"十三五"规划》等一系列海洋环境保护规划,认真贯彻海洋环境保护法律法规,完善海洋环境管理制度,全面提升海洋环境管理能力、监测能力和执法能力,服务保障海洋生态文明建设。

1.积极探索创新海洋生态环境保护机制体制

以海洋环境保护法律法规为准绳,通过污染物排放总量控制制度、海洋生态红线制度、伏季休渔制度、涉海工程环境影响评价和环保"三同时"制度、海洋工程项目勘察和听证制度、海洋生态补偿制度等的严格实施,加强和完善海洋污染、海洋资源、海洋工程项目、涉海审批等海洋生态保护方面的管理。根据《中华人民共和国海洋环境保护法》《中华人民共和国海域使用管理法》《中华人民共和国海岛保护法》《浙江省海洋环境保护条例》等相关法律法规精神,舟山市立足地方实际,积极推动地方立法工作。2016 年 11 月 1 日,舟山市第六届人民代表大会常务委员会第四十一次会议通过了《舟山市国家级海洋特别保

护区管理条例》,2016年12月1日,浙江省十二届人大常委会第三十五次会议审议批准,完成了舟山市第一部地方实体法规的制定,为舟山海洋生态文明建设保驾护航。按照"谁占用、谁破坏、谁修复、谁补偿"的原则,舟山积极探索建立生态保护补偿机制,2018年11月,舟山首创了"劳役代偿"生态修复补偿模式,确保生态破坏者切实履行海洋生态修复补偿义务。

2. 全面提升海洋环境监测执法能力和海洋防灾减灾能力

舟山以先进的海洋环境监测技术体系加速海洋环境监测网络体系建设,打造高质量的海洋环境监测人才队伍,完善实验室等基础设施建设,海洋环境监测能力全面提升。通过加强联合执法、协同行动,全面提升舟山海洋环境保护行政执法能力。加强部门专业预警预报机构的合作,采用数字技术、信息技术等高新技术构建海洋灾害监测和预警预报系统,实现数据采集、传输和处理的自动化、高效化,及时应对海洋灾害的威胁,减轻灾害损失。

三、谋划未来,实现海洋可持续发展

以"绿水青山就是金山银山"理念为指引,按照"干在实处永无止境,走在前列要谋新篇,勇立潮头方显担当"的要求,舟山市激情创业、拼搏赶超,海洋生态文明建设成效显著。在新的起点上,舟山市将继续践行"绿水青山就是金山银山"理念,深入实施可持续发展战略,进一步谋划未来的发展。

（一）加快推进绿色低碳发展

加快海洋技术创新,助推绿色发展。坚持以科技创新为核心,加快提升创新能力和创新质量,升级打造海洋高新科技创新中心,加快培育海洋新能源、新材料、生物技术、数字信息技术等产业,以绿色高新技术进一步助推海洋产业的绿色转型和海洋经济增长方式的转变,构建绿色、智慧海洋产业体系,积极探索生态产品价值实现机制,加快推进海洋型"两山银行"建设。蓝色海洋经济进一步升级提质,建立舟山海洋生态系统生产总值核算标准,以提高海洋生态资本的利用效率为目标,探索海洋经营与公共服务的有偿模式,实现海洋经济增长与海洋生态环境保护的良性互动,推动海洋各产业的绿色可持续发展。进一步倡导绿色新发展理念,以内在的文化理念引导全民共同参与生态建设,持续推行绿色低碳生产生活方式。

(二)加强海洋生态的综合保护开发

以海洋资源禀赋、环境容量和生态开发保护状况为依据,坚持区域与整体相结合的原则,进一步编制完善海洋生态保护规划。严格海洋生态红线管控,建立健全各区域生态保护红线台账,实行海洋资源统一管理和分区管控有机统一。形成整套海洋生态系统资源定期普查制度,建立动态资源数据库,完善海洋生态环境监管体系,及时掌控海洋环境变化发展趋势,灵活有效应对。以"美丽海岛""蓝色海湾""海洋牧场"等工程建设为抓手,持续推进海洋生态修复,实施跨地区海洋生态保护一体化发展战略。加大对典型生态系统的保护力度,建立各类海洋珍稀物种资源保护区,全面提升海洋生物多样性保护水平。

(三)推动构建现代海洋生态环境治理体系

深化海洋生态文明建设体制机制改革,探索海洋生态账户制度,完善海洋生态保护补偿机制和环境损害赔偿机制。健全海洋生态环境治理主体责任制,明确并持续压实政府、企业和民众等各级主体责任,构建全员参与的海洋生态保护大格局。建立健全海洋生态环境治理监管体系、市场体系、信用体系和法律法规政策体系,完善监管监测制度,创新环境系统化治理模式,进一步完善海洋法律法规和海洋环境保护标准,为舟山海洋生态文明建设提供有力长效的制度保障。

第二节　海洋环境整治到人海和谐共生

舟山市深入践行"八八战略"，按照党中央提出的"五位一体"总体要求，秉承创新、协调、绿色、开放、共享的新发展理念，不遗余力地推进海洋生态文明建设。在党的领导下，以"人民对美好生活的向往"为奋斗目标，舟山立足自身实际，以"一张蓝图绘到底"的体制优势，从"绿色生态舟山"到"两美"新区，生态文明建设战略目标逐步演进，生产、生活和生态三位一体的海洋海岛空间布局不断优化，舟山正在全力打造人海和谐共生的美丽新局面。

一、战略目标：从"绿色生态舟山"到"两美"新区

（一）舟山市海洋生态文明建设战略演进轨迹

1. 从绿色生态舟山到生态市建设

自 20 世纪 80 年代以来，舟山市遵循环境保护基本国策，从环境监测、污染调查、海岛资源调查、环境质量调查以及环境功能区划分、城市环境综合整治等方面入手，积极推进环境保护工作。

2002 年，贯彻浙江省委建设"绿色浙江"的重大决策精神，舟山市第四次党代会明确提出了建设"生态舟山"的战略目标，市环保部门积极组织环境调研和规划编制，开展环境综合整治工作。2003 年 11 月，市人大常委会通过了《关于建设生态市的决定》，各县（区）相继召开生态县（区）建设动员大会，生态市建设工作全面展开。2004 年 1 月，舟山市召开了生态市建设动员大会，明确了生态市建设的总体目标和阶段目标，确定并分解落实了生态市建设任务。随后，《关于舟山生态市建设的若干意见》《舟山生态市建设规划》相继出台，全市上下形成了各部门分工合作、分级负责、上下联动、全面参与的生态市建设工作机制和管

理体系。

2.从生态市建设到全面推进海洋生态文明建设

2010年,浙江省委十二届七次会议通过了《中共浙江省委关于推进生态文明建设的决定》。舟山市积极贯彻落实省委专题会议精神,2010年9月,舟山市委出台《关于贯彻省委十二届七次全会精神　推进海洋生态文明建设的实施意见》,提出了舟山加强海洋生态文明建设的总体要求:坚持以邓小平理论和"三个代表"重要思想为指导,深入贯彻落实科学发展观,全面实施省委"八八战略"和"创业富民、创新强省"总战略,围绕提升"三大"定位、推进"四海"建设总体思路,以创建舟山海洋综合开发试验区为契机,以争创国家环保模范城市为抓手,大力发展海洋生态经济,不断优化海洋生态环境,注重建设海洋生态文化,着力完善体制机制,加快形成节约能源资源和保护海洋生态环境的产业结构、发展方式和消费方式,打造全国独特的群岛型港口宜居城市,实现大桥时代舟山经济社会可持续发展,不断提高人民生活品质。

3.从海洋生态文明建设到"两美"新区建设

党的十八大报告把生态文明建设独立成篇,明确提出以"建设美丽中国"为目标的生态文明建设思路。2014年,浙江省委十三届五次全会通过了《中共浙江省委关于建设美丽浙江创造美好生活的决定》。同年8月,舟山市委出台《关于建设美丽群岛　创造美好生活的若干意见》,积极推进"建设美丽浙江、创造美好生活"在舟山的具体实践,明确了"建设美丽群岛、创造美好生活"的具体目标要求。该意见指出,要以党的十八届三中全会精神和习近平总书记系列重要讲话精神为指导,贯彻落实省委十三届五次全会精神,按照新区发展规划的总体要求,坚持"开发开放、先行先试",把海洋生态文明建设贯穿于"四岛一城"建设的各个方面和全过程,推进生态生活生产有机融合、乐居乐业乐游联为一体,建设跨越发展、秀美和谐、幸福安康的美丽舟山群岛,打造海洋文明先行区、美丽中国体验区。

(二)舟山市海洋生态文明建设战略演进的三个维度

1.价值指向:以人民为中心

"为中国人民谋幸福,为中华民族谋复兴"是中国共产党的初心和使命。根据我国经济社会发展形势的深刻变化,我们党对国内社会主要矛盾转变作出重要研判。党的十九大报告明确提出,我国社会主要矛盾已经转化为人民日益增长的美好生活需要和不平衡不充分的发展之间的矛盾,全党必须牢记,为什么人的问题,是检验一个政党、一个政权性质的试金石。带领人民创造美好生活,是我们党始终不渝的奋斗目标。不同的历史时期,人民对于美好生活的需要表现不同。经过四十多年的开放发展,中国经济快速发展,物质生活空前丰富,人民对于美好生活的需要不仅仅停留于物质层面,对山清水秀、天蓝地净的优美环境也十分向往。2016年1月8日,习近平总书记在省部级主要领导干部学习贯彻党的十八届五中全会精神专题研讨班上强调:"要坚定推进绿色发展,推动自然资本大量增值,让良好生态环境成为人民生活的增长点、成为展现我国良好形象的发力点,让老百姓呼吸上新鲜的空气、喝上干净的水、吃上放心的食物、生活在宜居的环境中、切实感受到经济发展带来的实实在在的环境效益,让中华大地天更蓝、山更绿、水更清、环境更优美,走向生态文明新时代。"①舟山市以中央和浙江省委精神为指导,全力推进海洋生态文明建设,从"绿色生态舟山"到"建设美丽群岛、创造美好生活"的逐步推进,充分体现了以人民为中心的价值指向。

2.立足基础:舟山实际

舟山群岛"得海独厚",港口岸线资源、海洋生物资源丰富,具有较

---

① 《在省部级主要领导干部学习贯彻党的十八届五中全会精神专题研讨班上的讲话》,《人民日报》2016年5月10日。

好的海洋生态基础。改革开放以来，舟山海洋经济取得了快速发展，但也存在着海洋产业结构单一、海洋资源利用率低、海洋生态环境脆弱等问题。2011年6月，国务院正式批准设立浙江舟山群岛新区，要求把设立浙江舟山群岛新区作为实施区域发展战略和海洋发展战略、贯彻落实《中华人民共和国国民经济和社会发展第十二个五年规划纲要》的重要举措，加快探索陆海统筹发展新路径，推动海洋经济科学发展，促进浙江省经济平稳较快发展。是年7月7日，舟山群岛新区正式成立，明确了新区浙江海洋经济发展的先导区、海洋综合开发试验区、长江三角洲地区经济发展的重要增长极的功能定位。舟山群岛新区作为首个以海洋经济为主题的国家级新区，面临着前所未有的发展机遇和挑战。舟山迫切需要推动海洋经济绿色转型发展，促进人海和谐、海陆统筹的协调发展，化解经济发展和海洋生态环境保护之间的矛盾，实现海洋经济的可持续发展，这为推进海洋生态文明建设战略的演进提供了最基本的现实依据。

3.体制优势：一张蓝图绘到底

海洋生态文明建设功在当代，利在千秋。生态文明建设工程投入大，成效显现相对缓慢，需要长期持续的积累。在习近平"绿水青山就是金山银山"理念的指引下，舟山市始终如一地贯彻落实"八八战略"，沿着绿色生态舟山建设、生态市建设、海洋生态文明建设、"两美"新区建设的战略目标一路向前。舟山历届市委、市政府坚持"咬定青山不放松，一任接着一任干"的精神，根据舟山海洋生态环境状况和社会发展需求，有针对性地制定不同时期的海洋生态文明建设目标，持续深化海洋生态文明体制机制创新，真正做到了"一张蓝图绘到底"。

二、空间布局：生产、生活和生态三位一体

舟山自撤地建市以来，根据城市的战略定位和发展目标，先后进行了多轮城市总体规划，科学优化空间布局，推进城市建设和发展。

2013年，国务院批复的《浙江舟山群岛新区发展规划》明确提出，要着力构建"功能定位清晰、开发重点突出、产业布局合理、集聚效应明显、陆海协调联动的'一体一圈五岛群'总体开发格局"。"一体"即舟山岛，按照"南生活、中生态、北生产"的方案，实现南部花园城市带、中部重点生态带、北部海洋新兴产业带三带协调发展；"一圈"为港航物流核心圈，包括岱山岛、衢山岛、大小洋山岛、大小鱼山岛和大长涂岛等，是建设大宗商品储运中转加工交易中心的核心区域；"五岛群"即根据岛屿特点，构筑包括普陀国际旅游岛群、六横临港产业岛群、金塘港航物流岛群、嵊泗渔业和旅游岛群、重点海洋生态岛群的五大功能群岛。以城市总体规划为指导，结合经济发展定位与资源环境特色，舟山市政府坚持发展与保护有机统一的原则，努力协调人海关系，科学规划布局，全力构建生产、生活和生态三位一体的海洋海岛空间开发格局。

（一）不断完善生产空间布局

1. 以产业空间准入线为依据，合理规划产业布局

以环境资源承载能力、区域功能定位为依据，划定舟山产业发展的禁止准入线和限制准入线，明确各海岛、各区域产业发展空间，形成海洋生态产业带。产业禁止准入线以舟山海域东部的马鞍列岛、中街山列岛和东南部海域为主，强化外部海域海洋资源和岛屿自然生态保护，禁止工业项目准入，适度发展海洋旅游业和现代渔业，最大限度地维持海洋自然生态状况。产业限制准入线以泗礁山—大西寨—普陀山—桃花岛一线海域内岛屿为主，对产业准入门类和发展规模按照规定采取限制政策，禁止高污染、高风险产业，对显著影响海洋生态的产业项目进行布局，合理引导港口物流、现代渔业和海洋旅游业发展，强化海洋生态的保护。限制准入线以外区域，依据岛屿功能定位、生态空间管制要求，合理规划产业布局，确定发展规模。

2. 优化构建工业、渔业、服务业空间布局

根据原环保部批复的《浙江舟山群岛新区发展规划环境影响报告

书》,明确对严格保护区、优化开发区、重点发展区等空间生态保护实行分级控制措施,优化各区域的工业发展空间。对舟山本岛北部、岱山岛、金塘岛、六横岛、大长涂岛、衢山岛、大小洋山岛等资源环境承载能力较强、工程建设条件较好的重点发展区,提高准入门槛,提高资源能源利用效率,严格控制污染物排放,重点引导发展船舶修造、水产品加工、海洋生物制药、电子通信等领域的高新技术产业。对舟山本岛西部、小长涂岛、册子岛、长白岛、小干岛、峙山岛、外钓山岛、虾峙岛等资源环境承载能力已接近极限的优化开发区,主要优先发展海水淡化、节能环保、海洋工程装备制造等战略性新兴产业,实现产业发展与环境保护同步推进。对普陀山和嵊泗列岛国家级风景名胜区、岱山和桃花岛省级风景名胜区高程50米以上的山体,基本农田,水源地保护区,地质灾害易发区等严格保护区,严格保护区域内敏感生态,禁止城镇开发建设和产业发展,限制性发展生态旅游业、节能环保产业。

以舟山本岛和嵊泗列岛为核心,以外围岛屿为支撑,重点突出,点面结合,合理布局渔业发展空间。在舟山本岛和嵊泗列岛渔业核心发展区,重点建设远洋渔业基地和综合性渔港经济区;在舟山辖区海域及外延海域,重点建设海洋特别保护区、带鱼种质资源保护区、人工鱼礁区和增殖放流保护区等;在外围主要岛屿,结合各海岛资源特色,重点建设远洋、捕捞、休闲和综合渔业岛。

充分发挥舟山丰富的深水岸线资源优势,依托普陀、嵊泗两大旅游岛群和金塘港航物流岛群,科学布局服务业。以岱山岛、衢山岛、大小洋山岛、大小鱼山岛和大长涂岛等岛屿为依托形成港航物流核心圈,重点发展绿色物流业;以普陀山岛为核心形成普陀国际旅游岛群,重点发展海洋生态旅游业;以金塘岛为核心形成金塘港航物流岛群,重点发展现代港口物流业;依托嵊泗列岛形成嵊泗休闲渔业岛群,重点发展生态休闲渔业。

(二)着力重塑生活空间布局

遵循生态优先和以人为本的理念,以舟山本岛南部现代生活区、西部岛群自然风情区和外围绿色低碳岛为重点，优化生活空间布局，打造生态宜居海岛样板。

1. 立足本岛，打造南部现代生活区

以定海、临城、沈家门和小干岛、鲁家峙岛等区域为核心，重点建设普陀湾、新城湾生态湾区，逐步推进新城中央景观带、鲁家峙和小干岛开发等工程建设，紧密结合临城行政中心、沈家门商贸中心，打造现代化舟山城市中心，形成最具活力的城市商业与生活带。充分利用海岛环境资源优势，综合运用海、港、岛、桥等元素，构建具有独特海洋特色的美丽生态海湾现代生活居住区。

2. 依托海岛风光，构建西部科教休闲生态岛群

以本岛西部的西蟹峙、大猫岛、小猫山、刺山岛、摘箬山岛等紧邻城市且海岛自然风光优美的岛群为重点，充分发挥岛、礁、岸、水等资源优势，形成以海洋科技展示、海洋生态科教、海洋海岛休闲观光为主的生态岛群。

3. 以绿色低碳为主题，构筑外围特色示范岛

在摘箬山岛、桃花岛、鲁家峙、泗礁山岛等海岛，通过构建绿色交通网络和通行模式，打造一批以观光型环保车为主体的"绿色交通岛"；在东岠岛、盘峙岛等岛屿，逐步搬迁撤离工业，打造以休闲居住和安静生活为主题的休闲安静岛；在周家园山岛、花鸟岛、白沙岛等岛屿，建设新能源和新资源研发、示范、推广基地，打造以绿色清洁为主题的生产与生活样板岛。

（三）持续优化生态空间布局

根据舟山发展战略定位，划定并严守海洋、海岛生态保护红线，强化对舟山本岛中部山水林地涵养带及嵊泗马鞍列岛、普陀中街山列岛海洋生态特别保护区等重要生态功能区的生态管控，构建海陆联动型生态安全总体架构，打造山海一体生态屏障带。

1.划定生态红线,保护海洋海岛生态

根据《浙江省海洋生态红线划定方案》,划定海洋、海岛生态保护红线,形成对包括五峙山列岛等自然保护区,虹桥水库等主要饮用水源保护区,长岗山等森林公园核心保护区,基本农田保护区,嵊泗列岛、普陀山、桃花岛等风景名胜区,以及马鞍列岛、中街山列岛海洋特别保护区等远海海域的严格保护。

2.依据生态板块分布特点,构建舟山本岛生态安全格局

根据舟山本岛山体、水体、林地等生态板块的分布特点,在舟山本岛中部打造山水林地涵养带,保护本岛山水之源;在本岛北部和南部建设自然生态隔离带和台风防御屏障;完善本岛的主要河流和主干公路沿线的生态保护,构建连通山、陆、海的生态通道网络。

三、实施路径:五位一体协同推进

党的十八大报告明确指出,要"把生态文明建设放在突出地位,融入经济建设、政治建设、文化建设、社会建设各方面和全过程,努力建设美丽中国,实现中华民族永续发展",对推进落实经济、政治、文化、社会、生态文明建设"五位一体"总体布局进行了全面的部署。舟山海洋生态文明建设始终遵循五位一体协调推进的战略路径。

(一)转变增长方式,实现与经济建设的有效融合

"绿水青山就是金山银山"发展理念是对经济发展和生态环境保护关系的深刻阐释,为转变经济增长方式,推进绿色发展,建立健全绿色低碳循环发展的海洋经济体系,与经济建设有机融合推进海洋生态文明建设指明了实现路径。

1.加强对工业、农业污染的综合整治

贯彻开展"811"环境污染整治行动,对船舶修造业、水产品加工业、印刷、造纸等行业进行重点整治,规范各行业的环境,推进工业企

业环保治理工程建设，加大污染治理设施投入，推进企业清洁生产。加快淘汰生产能力落后的企业，促进产业结构调整，关停一批整治无望的企业。加大农业污染整治力度，加快推进"千村示范、万村整治""小岛迁、大岛建""万里清水河道"等重点工程建设。

2. 推进绿色循环经济发展

积极创建无公害农产品产地、无公害林产品基地、无公害水产品养殖基地、生态循环农业示范区，开展绿色食品、无公害养殖水产品品牌建设。推广清洁能源，建设大型沼气池等治污设施，推广太阳能热水器和路灯，提升农村清洁能源利用率。充分发挥环境资源优势，发展休闲观光农业、特色生态旅游业、生态渔农业，实现环境、产业发展互动互促。

积极推进海水淡化工程、纳海油污水处理、定海工业园区生态化建设、长白和岑港风电场等省发展循环经济"911行动计划"重点项目建设，推进六横岛省级可持续发展实验区建设，实施国家级海洋能项目，大力推进海洋科技示范岛、海洋科技展示平台、新能源等项目建设，实施海洋潮流能开发产业化工作。发展高新技术产业和现代化服务业，通过海洋产业集聚区、舟山港综合保税区、国家级高新园区、科创园区、港航和小干岛综合商务区等平台项目的规划建设，促进产业转型升级，打造绿色产业链和资源循环利用链。

（二）创新体制机制，实现与政治建设的有效融合

建设海洋生态文明需要完善的制度、严密的法治提供可靠的保障。转变政府职能，推进机构改革，理顺管理体制，创新政府机制，完善制度建设，实现与政治建设的有效融合是海洋生态文明建设的必然选择。

1. 推进体制改革

2003年，为有效推进生态文明建设，舟山市环保局增设生态处，形成由环保行政主管部门、环境监察支队、环境检查站、环科所等机构组成的环保系统。2018 年,按照省统一部署推进机构改革,舟山市生态环境局正式成立,并在 4 县(区)设立生态环境分局。全市环保部门适应环境管理需要,积极推进管理体制机制创新,实施"三重"项目的省—市—县环保联动服务监管机制,加快环评审批,推动项目落地;推进排污许可证"一证式"管理,促进项目审批服务提速增效;推进"区域环评+环境标准"改革,实行清单式管理;深化"最多跑一次"改革,对需要群众或企业上门办理的项目实现全覆盖。

2. 推进机制创新

2004 年,舟山市委、市政府出台《舟山生态市建设工作领导小组及其成员单位工作职责》《舟山生态市建设目标责任考核办法(试行)》,将各级党政领导班子生态市建设目标完成情况纳入工作业绩和干部政绩考核内容。自 2007 年来,逐步建立并完善减排考核机制,将节能减排指标完成情况纳入各地经济社会发展综合评价体系,作为政府干部综合考核评价的重要内容。

2005 年,制定实施《舟山市生态环境保护专项资金管理暂行办法》,由市财政安排专项资金用于舟山生态市建设。2006 年,市政府制定《关于进一步完善生态补偿机制的实施意见》,从制度和资金上保障生态环境建设的顺利进行。2012 年,编制完成《舟山市主要污染物排污权有偿使用和交易管理办法(试行)》,实施排污总量控制和排污权交易。完善环境监管机制,推行网格化环境监督管理机制,建立"双随机"抽查制度,创新环境监管一体化,完善环境承载力监测预警机制,建立公众监督机制。

3. 健全制度保障

建立健全系统完整的生态文明制度体系,通过严格的源头保护制度、过程严管制度、责任追究制度、环境治理和生态修复制度等制度的制定实施,保护生态环境。《舟山市生态环境功能区规划》《舟山市国家级海洋特别保护区管理条例》《浙江舟山群岛新区发展规划环境影响跟踪评价》《舟山市生态环境保护领域严格执法十条》等规划法规的制定落实,环境监察＋环境监测＋环境管理的"全员执法"模式的探索实施为保护舟山市生态环境、打击环境违法行为提供了重要的制度保障。

（三）弘扬生态文化,实现与文化建设的有效融合

舟山市生态环保部门联合宣传部门、新闻媒体,以环保为主题,通过组织开展文艺演出、环保知识竞答、环境教育公开课、"千岛生态行"活动、"迈向生态文明"、"五水共治"点单验水等专题宣传活动,以及"两代表一委员"海洋生态建设考察活动、"生态文明建设博文·微博"大赛等活动,还有浙江生态日、世界环境日等系列宣传活动,加大环境保护宣传报道力度。在全市范围开展环境宣教进社区、进学校、进企业,在市级主要新闻媒体开设生态文明宣传专栏,编送贴近居民生活的《舟山群岛新区居民环保知识读本》,将生态环保有关理论知识及政策法规列入党校教育培训内容,在全市中小学全面普及生态文明宣传教育。联合共青团、妇联等群团组织以及民间环保组织,推进生态环保志愿者行动和"低碳家庭时尚生活"等活动,开展"美丽舟山·绿色人物"双十佳评选,举办"海好有你"等各类环保公益活动,举行"三地同心护海洋"、河道保洁、海滩净化等环保行动,营造全民参与的浓厚氛围,增强全民生态环境保护意识。

（四）倡导绿色生活,实现与社会建设的有效融合

舟山始终坚持海洋生态文明建设与海上花园城市建设、"四个舟山"建设、"千村示范、万村整治"工程和美丽乡村建设、新型城镇化建设等社会治理目标的有机统一,积极打造美丽中国海岛样板。多年来,舟山市持续开展绿色系列创建活动,在全市开展生态示范区、生态县、生态乡镇以及绿色社区、家庭、医院、学校、企业等创建活动,积极倡导践行绿色生活、绿色出行、绿色消费,打造低碳社会。

第三节　海洋生态文明建设的舟山实践

在"绿水青山就是金山银山"发展理念的指引下,在深入践行"八八战略"的实践中,舟山人民在海洋生态文明建设的必要性和重要性认识上实现了质的飞跃,形成了追求人与自然和谐、绿色发展繁荣、热爱自然情怀、追求科学治理、携手合作应对的生态文明建设新局面,在实践中积极探索海洋生态文明建设的舟山路径,打造"美丽海岛""蓝色海湾",构建"舟山样本"。

一、加强海洋资源集约利用,实现海洋深度开发

(一)以制度规范海洋资源集约节约利用

1. 编制海洋功能区划,落实制度管控

自 2004 年来,舟山市持续推进《舟山市海洋功能区划》《舟山市无居民岛开发利用与保护规划》《舟山市海洋经济发展规划》等规划的编制及落实,根据海域自然属性、区域经济与社会发展需要,按照港口航运利用区、渔业资源利用区、矿产资源利用区、旅游区、海水资源利用区、海洋能利用区、海洋工程区、海洋保护区、特殊功能区和保留区 10个一级类别在全市范围内划定海洋功能区,强化区划管控,通过区划审查、责任分工和考核、评估等系列配套制度,加强海洋资源的开发利用。

2. 实行海洋空间资源资产化、市场化管理

积极探索海域使用管理机制创新,出台《舟山市海域使用权出资公司登记管理暂行办法》,推进海域使用权市场配置。舟山市积极创新海洋管理机制和开发模式,简化涉海项目审批手续、提高审批效率,

破解海域要素保障瓶颈,开展凭海域使用手续办理项目建设手续工作的政策调研工作,广泛征求意见,形成《关于开展凭海域使用权证书按程序办理项目建设手续工作的意见》。出台《舟山市海域使用权流转管理暂行办法》,对海域使用权在二级市场上的转让、抵押等行为进行规范,全面推开海域使用权招标拍卖挂牌工作,实现经营性海域使用权 100％公开出让。建立海域海岛使用权储备(交易)中心,通过网络信息平台,发布海域海岛使用权交易信息,实现全市海域海岛使用权交易信息的公开、共享。

3. 实施海洋生态红线保护制度

根据《浙江省海洋生态红线划定方案》,对舟山市重要海洋生态功能区、生态敏感区和生态脆弱区实行严格的生态红线管控措施。根据方案,舟山市海洋生态红线区面积为 5908.61 平方公里,占红线区面积 41.95％。其中禁止类为 409.35 平方公里,占 2.91％,限制类为 5499.26 平方公里,占 39.05％,两类区域占比均居浙江省首位。在禁止类红线区内禁止一切开发建设活动,对限制类红线区严格按照规定实施保护开发,对已经遭到破坏的海洋生态红线区实施整治修复措施。

(二)提高海洋资源集约节约有序利用水平

1. 统筹海洋港口、岸线资源,加强资源管理和规范利用

依照《舟山港总体布局规划》,舟山市开发实施港口规划建设项目管理系统,制定《舟山港域港口建设管理工作程序》,统筹港口岸线资源利用分布情况,建立详细的港口岸线资源使用档案。舟山市进一步出台了《关于进一步加强港口岸线管理的若干意见》,始终遵循深水深用、浅水浅用原则,严格岸线审批管理,探索港口生产资源整合,加强港口岸线资源集约有序利用。2005 年,浙江省政府宣布启用"宁波—舟山港"。目前,宁波舟山港正逐步发展成为设施先进、功能完善、管理高效、效益显著、资源节约、安全环保的现代化、多功能综合性港口。

2. 加强海域使用管控

按照海洋功能区划要求，完善海洋要素配置，规范海域使用管理，对用海项目实行确权制度。严格推进国家重大战略项目用海用岛报批，对绿色石化基地、小干岛商务区、离岛片区油品储运基地等围填海工程方案进行严格论证，多次优化，并进行第三方评估。对区域用海、填海项目使用动态监管。2007年，舟山市在浙江省率先实施海洋生态补偿，对围填海、海上爆破、海底开挖、海洋倾废等海洋工程项目，要求依据环评报告，根据核定的资源损失进行生态补偿。

3. 完善海岛保护与利用机制，优化无居民海岛资源配置

舟山市积极开展海岛开发利用与保护现状调查，编制并落实《舟山市无居民海岛保护与利用规划》，加强无居民海岛管理工作，发挥无居民海岛资源效益，维护好无居民岛海洋生态环境。2011年，舟山市在全国沿海地市率先成立海岛专门管理机构——海岛管理处，全面负责全市无居民海岛的保护和管理工作，将无居民海岛的开发、保护和利用纳入依法管理轨道。同年，舟山市政府筹划组织编写的《舟山群岛图集》正式出版，以最新电子地图、卫星遥感影像数据、数字高程模型等地理空间数据为基础，对舟山各岛屿位置、陆域面积、海岸线长度、航道与锚地、滩涂资源与围垦、旅游资源、渔业资源、渔港等方面的基本状况进行了全面、直观的介绍，为海岛和海洋资源的科学开发管理提供信息依据。舟山市积极开展海岛地名普查工作，2013年完成了《中国海域海岛地名志（浙江卷）》舟山海岛地理实体部分的编撰工作。区域用岛试点工作持续推进，同年编制完成《舟山群岛新区十六门诸岛区域用岛规划》。舟山市高度重视海域海岛整治修复工作。2016年10月，《舟山市海岛保护规划》《岱山县海岛保护规划》获浙江省人民政府批复；11月，舟山市"蓝色海湾"整治行动方案获国家海洋局批复；12月初，《舟山市蓝色海湾和南红北柳整治修复项目实施方案（2016—2020）》上报国家海洋局并纳入国家级项目库。2017年，舟山市完成《舟山市美丽黄金海岸线（带）修复建设规划（2016—2020）》编制工作。2018年，嵊泗花鸟岛、枸杞岛，以及岱山渔山列岛、普陀东极岛、定海东岠岛5个生态岛礁建设方案被纳入全国"生态岛礁"工程项目库。2019年，舟山市全面实施《中华人民共和国海岛保护法》，出台《关于加强海洋综合管理工作的意见》，完成《舟山市海岛保护规划（2017—2022年）》编制，推动海洋"一盘棋"管理。目前，舟山市已组织开展全部1941个无居民海岛开发利用现状调查工作，全面掌握全市无居民海岛开发利用现状。

4. 优化海洋生物、非生物资源的开发利用

舟山市积极推进循环水养殖、海洋牧场立体养殖、深水网箱养殖等集约化、科技含量高、环境友好的海水养殖模式。大力发展远洋渔业，调整优化远洋生产布局，积极谋求国际渔业合作，推动产业提档升级。2009年，制定了《舟山市海洋牧场规划》，结合海洋保护区建设，确定马鞍列岛、中街山列岛、朱家尖东南至猫头洋海区等3个核心海洋牧场，嵊泗绿华、岱山丁嘴门、普陀东极、白沙等4个海洋牧场示范区，8个三级海洋牧场，现已获批6个国家级海洋牧场示范区。舟山市积极探索实践"智能化"海洋牧场，创新海洋牧场发展模式，打造全国海洋牧场示范区样板。舟山市积极推进各类海洋特别保护区的建设，保护珍稀濒危生物和水产资源、旅游资源等海洋资源，探索海洋资源的可持续开发利用。

舟山市注重科技兴海，积极推进海洋非生物资源的开发，探索潮流能、潮汐能、风能等海洋新能源的规模化开发。舟山岱山海域部署LHD联合动能海洋发电项目。作为目前世界最大单机LHD，"奋进号"装机功率大、资源利用率高、环境友好性强、海域兼容性好、项目可复制性强，在国际海洋能开发领域处于领先地位。

二、健全海陆污染联动治理体系,推进开发与保护协调

(一)加强海陆生态环境综合治理

1. 加强海洋环境监测,推进陆海统筹治理

为切实提升海洋生态环境,舟山市建立海陆联动防控体系,切实做好舟山市近岸海域环境质量、海洋生物多样性、陆源入海排污口、海洋功能区、海洋垃圾、海洋灾害的监测工作,全面掌握舟山市海洋环境状况。充分利用卫星遥感、航空监视监测、船舶及志愿者监视等方式,加大对赤潮、海洋溢油、危化物泄漏等海洋灾害的监视监测力度,建立海洋资源环境监测预警机制,健全陆海统筹、区域联动的海域污染治理机制。

2. 加强陆上环境治理,实现海陆良性互动

这些年来,舟山市全面推进治气、治水、治土、治废四大攻坚战,通过实施"青山白化"治理、生态公益林建设、蓝天保卫战、"五水共治"碧水行动、"清废净土"行动、"三改一拆"行动、"四边三化"行动等环境综合整治举措,全面提升空气质量,完成垃圾河黑臭河达标治理,全市实现无违章创建全覆盖,"四边环境美化",在全省率先实现美丽乡村创建全域化,海陆治理协同推进。

(二)推进海洋执法体制改革与能力建设

1. 积极推进海洋执法体制改革

针对海洋执法职能分散,海洋渔业、国土资源、港航、环保等部门行政执法职能交叉重叠、缺失、错位等问题,舟山市积极推进海洋执法体制改革,整合海上行政执法职能,建立统一的执法主体。2013 年,舟山市海洋行政执法局成立,承担海洋综合行政执法职能,在全国率先开展海洋综合行政执法体制改革创新实践。执法局成立以来,综合发挥海洋与渔业、港航管理、国土资源、水利围垦、文广新闻等部门的

执法资源作用,形成了执法信息共享机制,通过组织开展"海盾""碧海""护岛"等一系列大规模的海洋综合联合执法行动,实现了海洋联合执法效能的最优化,有效预防和遏制了违法用海行为,进一步规范了海域使用秩序。今后,舟山市将进一步加强海洋行政执法体系建设,持续推进海洋综合执法体制改革创新,为海洋生态文明建设提供坚实保障。

2.提高海洋综合执法能力

通过专业化的队伍构建、规范化制度的建立、精良执法装备的配备、信息化指挥平台的打造,舟山市逐步提升海洋综合执法能力。遵循依法用海、依法管海的理念,对涉海管理人员和其他相关人员进行涉海法律法规、执法技能、应急措施等相关主题的专业培训,加强考核考评,提高执法队伍的专业素质和应变能力。通过加大财政投入,配备专业化、现代化的执法装备,不断提高人防技防融合监管能力和水平。积极探索群防群治机制体制创新,不断壮大基层执法力量,形成海洋社会综合治理。

三、构筑海洋蓝色生态屏障,加快海洋生态保护

(一)蓝湾整治行动项目推进海洋生态修复

舟山始终牢固树立"生态优先、绿色发展"理念,创新"绿水青山就是金山银山"理念的海洋实践模式,积极推进海洋生态环境的修复保护。2016 年,《舟山市蓝色海湾整治行动实施方案》被作为市级重点项目通过省局报送国家海洋局后获批。舟山市正式开启蓝色海湾整治行动,全面启动以沈家门渔港为核心的一港两岸环境综合整治修复工作。通过海洋生态环境提升、滨海及海岛生态环境提升、生态环境监测及管理能力建设等工程的推进实施,完成清淤面积 3.39 平方公里、清淤量 352 万立方米,恢复生态湿地约 15.05 万平方米,陆源入海污水截流 3.5 公里,海岸线整治修复 8.7 公里,海岛生态公园建设 3

处。优美的生态、生活岸线取代了脏乱差的工业岸线,海洋生态环境得以修复。2020年6月,蓝湾整治行动项目通过竣工验收,成为浙江省首个通过竣工验收的蓝色海湾整治行动项目。

(二)积极推进海洋保护区建设,加强海洋生态养护

在海洋生态文明建设进程中,舟山始终贯彻"生态养海"的理念,大力推进马鞍列岛海洋特别保护区、中街山列岛海洋特别保护区等各种海洋类保护区的建设,不断加大海洋生态环境修复和养护力度。通过开展人工鱼礁建设项目、海洋渔业资源增殖放流工作和大型海藻养殖试点等修复工作,促进保护区海洋生态的逐步恢复。积极推进海洋公园建设,进一步强化海洋生态系统保护能力,促进人海和谐发展。

(三)深入实施海上"一打三整治"专项行动,推进渔业绿色发展

自2014年深入实施海上"一打三整治"专项行动以来,舟山市严厉打击涉渔"三无"船舶,严厉整治"绝户网"、"船证不符"渔船和海洋环境污染。整治行动以"渔业强、渔区美、渔民富"为目标,深入推进近岸海域和重点海湾污染整治,加快舟山渔场修复振兴,推动渔业转型升级、提质增效。2017年9月,首个国家级绿色渔业实验基地获批落户舟山,通过构建渔业管理、绿色产业、服务保障三大体系,助推舟山渔业走出新的绿色发展之路。

第四节　海洋生态文明建设的舟山经验

"绿水青山就是金山银山"理念深刻揭示了保护生态环境就是保护生产力、改善生态环境就是发展生产力的道理,为舟山市实现经济发展和保护海洋生态协同共生指明了新路径。10多年来,历届舟山市委、市政府始终坚守"绿水青山就是金山银山"理念,积极践行"八八

战略",统筹推进"五位一体"总体布局,把海洋生态文明建设和经济、政治、文化和社会建设有机融合,厚植人民美好生活土壤,全力推进海洋经济生态化和海洋生态经济化的良性互动,不断创新完善生态文明建设体制机制以应对风险挑战,提升全民海洋生态意识,形成全员参与格局,在海洋生态文明建设中形成了独特的舟山经验。

一、建设海洋生态文明,厚植美好生活土壤

(一)以优美的海洋生态环境构筑美好生活家园

建设生态文明,关系人民福祉,关乎民族未来。建设好生态环境,为人民创造良好的生产生活环境,集中体现了以人民为中心的价值追求。舟山始终坚持以人民为中心的发展思想和"创新、协调、绿色、开放、共享"新发展理念,深入践行习近平生态文明思想,牢记"势在必行",敢于勇立潮头,发挥海岛区位优势和资源特色,把绿水青山、碧海蓝天作为最公平的公共产品、最普惠的民生福祉,积极推进海洋生态文明建设,围绕宜居、幸福的民生向往,全力为舟山人民谋取生态幸福。从海洋经济强市、海洋文化名城、海上花园城市、海岛和谐社会"四海"建设目标,到国际性海上开放门户、国内一流的现代化海洋产业基地、全国独特的群岛型港口宜居城市三大功能定位,从建设国际物流岛、自由贸易岛、海洋产业岛、国际休闲岛和海上花园城市为一体的"四岛一城"到建设创新舟山、开放舟山、品质舟山、幸福舟山"四个舟山"的决定,舟山始终把保护优化生态,构筑美好生活家园作为建设目标的重要内容。

为了更好地创建环境优美的幸福家园,舟山市因时因地科学编制规划,明确目标方向,强化海陆生态统筹、城乡环境统筹,实施"811"(通过绿色经济培育、节能减排、五水共治、大气污染防治、土壤污染防治、三改一拆、深化美丽乡村建设、生态屏障建设、灾害防控、生态文化培育、制度创新 11 项专项行动,实现绿色经济培育、环境质量、节能减

排、污染防治、生态保护、灾害防控、生态文化培育、制度创新8个方面的目标)美丽舟山建设，积极推进省级和国家级生态文明示范区、国家环保模范城市、国家森林城市创建，打造高水平的美丽中国海岛样板。自2009年以来，舟山连续11年获生态省美丽浙江考核优秀，切实提升了人民群众的环保满意度和幸福感。

（二）变丰富的海洋生态资源为富民资本

长期以来，特别是进入工业社会以来，经济社会发展和生态环境保护之间的矛盾是人类面临的一个未解难题。"绿水青山就是金山银山"理念坚持合规律性和合目的性的有机统一，为解决这一矛盾，做到既有绿水青山又能发展富民指明了根本出路。舟山以习近平生态文明思想为指引，积极探索把绿水青山转化为金山银山，把海洋生态资源转化为富民资本的有效途径，科学谋划，整体布局，坚定地走经济发展和环境保护并举的可持续发展之路。一方面，舟山坚持加强海陆联动的污染综合治理，强化环境监督管理，大力推进生态保护修复工程，持续深入开展生态文明的各项创建活动，不断改善城乡人居环境，使海洋生态环境不断优化提升，逐步积累海洋生态资本；另一方面，积极探索海洋资源向富民资本转化的有效途径，大力发展环境友好型、资源节约型海洋产业体系。这些年来，舟山充分发挥深水港口资源优势，大力发展港口物流，构建现代航运产业体系；充分发挥舟山海洋、海岛的景观优势，依托普陀山、朱家尖、嵊泗列岛、桃花岛等风景名胜区，打造了一大批精品旅游项目和旅游品牌；充分利用风能、太阳能、潮汐能、潮流能、水能等能源优势，大力培育发展海洋新兴产业；合理利用海洋渔业资源和农业资源，大力发展生态渔农业。舟山依托自身的蓝色资源优势，点亮了一道道生态、人文风景线，构建了一条条生态富民的美丽廊道，在挖掘生态潜力中不断释放美丽经济活力。

二、坚持海洋生态经济化和海洋经济生态化良性互动

实现经济发展和生态环境保护两者间的有机统一，是"绿水青山就

是金山银山"理念的核心内容,也是人类经济社会发展的必然趋势。舟山积极探索海洋生态经济化和海洋经济生态化发展的现实路径,着力推进海洋生态优势转化为海洋经济发展优势,加快海洋经济转型升级助推海洋生态建设,在实践中探寻解决经济发展与环境保护之间矛盾的舟山方案。

(一)严格海洋生态保护,力促海洋经济生态化转型

多年来,舟山市以海洋生态文明建设为助力,充分发挥舟山海洋生态资源优势,大力倡导生态经济化,快速推进海洋生态工业、渔农业、旅游业和服务业的发展。通过严格生态环境标准、升级打造海洋高新科技创新中心等举措,推进海洋经济生态化升级改造。在探索实践中,打造了很多成功的案例。如鱼粉行业、船舶修造、石油储运等行业是舟山市传统海洋产业。在传统的生产模式下产生的臭气、有毒废气和废物成为发展中影响环境的顽疾。舟山市从严制定环境质量标准,倒逼这些传统海洋行业采用先进、环保的技术设备,实现绿色转型,最终实现环境治理效果良好、资源利用率大幅提升,行业技术在国内甚至国际上领先的双赢效果。根据海岛生态资源承受力有限、生态修复能力弱等现状,对一些如东极岛、嵊泗嵊山后头湾等热门的旅游景区实行限流、分流等政策,严守海洋生态红线,最终推动了海洋生态旅游业的发展,催生产业红利。

(二)加快生态化海洋经济发展,力促海洋生态文明建设

舟山市大力发展生态环保产业,推广清洁能源,倡导清洁生产,实施发展"911 行动计划",积极探索具有海洋特色的绿色、循环、低碳发展模式,打造绿色产业链和资源循环利用链。通过空间限域、产业限类、排放限额、质量限制的"四限"标准,严守生态保护红线,全面淘汰产能落后企业,在实现海洋经济生态化转型发展中,助推海洋生态治理中难点、重点问题的解决,实现"水清、岸绿、滩净、湾美、岛丽"的海洋生态文明建设目标。

三、健全生态文明建设体制机制应对风险挑战

海洋生态文明建设是一项需要长期坚持的系统工程,在建设进程中需要多方协同,做好制度建设,以健全的机制体制确保生态文明建设不断走向深入。在长期的实践探索中,舟山市形成了领导干部综合考评机制、环境评价机制、海洋生态补偿机制、市场化管理机制等系列机制体制,为海洋生态文明建设保驾护航。为确保海洋生态文明建设目标任务的切实贯彻落实,舟山逐步建立并完善了考核评价机制,将生态文明建设目标的完成情况纳入综合评价体系,作为政府干部综合考核评价的重要内容。为加强海洋环境整治,对涉海工程项目的立项和环评审核严格把关,并进行第三方评估,从源头上控制海洋环境污染和生态破坏。为加强海域使用管控,对用海项目实行确权制度,并在浙江省率先实施海洋生态补偿。积极探索海域使用管理机制创新,推进海域使用权市场配置,将海域使用权在二级市场上进行转让交易、抵押,让市场机制在资源配置过程中发挥决定作用。

四、培育海洋生态意识形成全员参与格局

海洋生态文明建设是一项全社会的公共事业,需要紧紧依靠人民群众,动员全社会的力量,积极自觉开展环保行动,通过每个社会主体的实际行动汇聚成强大的合力,确保海洋生态文明建设目标的达成。

(一)加强价值观引导,增强公众主人翁意识

思想是行动的先导,只有思想上认识到位,行动上才会自觉落实。引导全社会积极参与海洋生态文明建设,必须增强全民海洋意识,增强公众对海洋生态文明建设的必要性和重要性的清醒认识,使海洋生态保护意识深入人心。为了增强公众的海洋意识,舟山市常态性地开展各类环保主题宣传活动,在潜移默化中树立海洋生态价值观,不断

增强生态文明建设的价值认同,强化参与生态文明建设的主体责任和担当意识,营造全员亲海、护海、爱海的浓厚氛围。

(二)完善公众参与机制,健全公众参与平台

通过一系列制度机制的创设完善,正确引导公众参与海洋生态保护。借助网络信息技术,打造公众参与环境保护的平台,鼓励公众积极参与海洋环境评价、环境保护监督、听证等活动,为海洋生态文明建设献计献策。如舟山市积极探索创新公众参与模式,推出了"民间河长制""湾(滩)长制"等制度,通过统一健全的管理机制、媒体协作推进的活动宣传机制、互查互补的防反弹机制、公开透明的招聘运作奖惩机制、多元共享的激励机制,构建公众参与环境保护的平台,走出了一条全民参与的新路子。

(三)倡导绿色低碳生活,实现生活方式生态化转型

创建生态化的生活方式是生态文明建设根本意义之所在。舟山市积极倡导全社会践行绿色低碳生活,弘扬节俭环保的生活理念,引导公众从日常生活中的点滴做起,推动生活方式实现生态化转型。早在 2010 年,舟山市就启动了"低碳家庭·美丽新行动"活动,通过家庭比拼、绿色家庭创建等活动,倡导绿色低碳生活。2014 年,舟山启动推进"绿道"建设,通过构筑城乡一体、海陆相连、山水人文相融的便捷绿道网络系统,使绿色生活理念深植公众内心。通过"绿色系列创建活动"和一系列的"绿色出行、低碳生活"大型活动的持续开展,生态环保生活理念已深入人心,生态化的生活方式已成为新风尚。

第九章　加强党的全面领导,提高党的建设科学化水平

　　党的十八大和浙江省第十四次党代会以来,舟山市委、市政府坚定不移沿着"八八战略"的路子走下去,全面从严治党,不断加强基层组织建设,为全市经济、政治、文化、社会等各项事业的科学发展提供了坚定的组织保障。"十三五"以来,舟山市迎来了系列国家战略叠加期和重大项目、重大工程、重大产业加快建设期,在这种情况下,党组织的战斗堡垒作用和党员骨干引领示范带动作用尤为重要,必须强化责任担当,严格落实党建工作责任制,形成一级抓一级、层层抓落实的党建工作格局,将党的组织优势全面转化成发展胜势,为打好"五大会战"、建设"四个舟山"和实现"海上花园城市"目标提供坚强的组织保证。

第一节　遵循"八八战略",追溯舟山党建历程

一、高度重视党的建设

　　在浙江工作期间,习近平同志多次赴舟山考察调研。他勉励舟山干部要"在全省发展海洋经济中打头阵",展现"大气魄"。他强调要

"正确处理好改革、发展、稳定的关系","切实抓好群众最关心、最现实、利益关系最密切的事情,使广大群众在改革发展中真正得到实惠",重视和解决好渔民的生产生活问题,处理好港口和城市建设中的群众利益问题。他强调要进一步建立健全保持共产党员先进性的长效机制,不断巩固和扩大先进性教育成果,并切实转化为推动各项工作的动力源泉和实际举措,在不断推进浙江省科学发展的实践中保持和发展党的先进性,不断夯实执政基础,增强执政本领。

舟山历届市委遵循习近平同志的指示,在党中央的坚强领导下,始终坚持党要管党、全面从严治党,高度重视党的建设,并且一以贯之,确保把党的领导核心作用落到实处。坚持以政治建设为统领,始终做到旗帜鲜明讲政治,自觉用习近平新时代中国特色社会主义思想武装头脑,突出"两个坚决维护",以实际行动不断培植良好政治生态,不断提升党的建设科学化水平。

二、贯彻落实习近平同志的指示精神,创新基层党建工作模式

为贯彻落实习近平同志考察舟山时的指示精神,舟山市委、市政府将落实习近平同志考察精神与全市工作有机统一起来,创造性地探索实践"网格化管理、组团式服务"基层党建工作。舟山从 2007 年开始探索的"网格化管理、组团式服务"工作模式,将基层党建工作与基层社会管理服务工作有机结合起来,充分体现了中央提出的基层党建工作要"围绕中心、服务大局、拓宽领域、强化功能"的总体要求。2009年 10 月,中共浙江省委第十二届六次全会明确提出要创新基层党组织的活动内容方式,推行和完善"网格化管理、组团式服务"工作模式。

1. "网格化管理、组团式服务"基层党建工作发展概况

这项工作发端于 2007 年底舟山市普陀区桃花镇,旨在破解结构性和功能型两大基层治理中的瓶颈问题。2008 年 8 月以来,舟山全市

上下铺开了一张张管理服务"大网",打破城乡藩篱,网罗民情,化解民忧,在联系群众、服务民生、化解矛盾、促进和谐、推动发展等方面发挥了积极作用,获得了社会各界的广泛认可,赢得了群众的真诚拥护和支持,并于2009年8月在全省范围内得以推进,成为浙江省打造服务型基层党组织和创先争优活动的品牌。在村(社区)以下全面设置网格,作为基层区域党建的最小单元。2008年8月,在舟山市普陀区桃花镇、勾山街道等地试点的基础上,舟山市全面推开"网格化管理、组团式服务"工作。网格化治理的第一步,是在乡镇(街道)管辖区以下划分基层治理网格。网格划分的总体原则是:有利于党委、政府的管理服务职能覆盖到社区,延伸到网格;有利于网格服务团队上门调查、面对面服务、包干负责,以形成覆盖城乡、条块结合的市、县(区)、乡镇(街道)、村(社区)、网格五级管理服务体系,提高基层综合治理水平。各地从实际出发,根据社区所辖范围、村域分布特点、人口数量、居住集散程度、群众生产生活习惯等情况,结合各乡镇(街道)、村(社区)党员干部和相关单位工作人员数量合理设置网格。网格范围大小不搞一刀切,渔农村一般以100—150户组成一个网格,城市社区则适当扩大。截至2008年底,舟山市建立2430个基层治理网格,实现了基层服务管理"横向到边、纵向到底",网格服务团队"走村入户全到位、联系方式全公开、反映渠道全畅通、服务管理全覆盖",确保了"每一寸土地都有人管,每一项任务都有人落实",从而在组织体系上解决了基层管理与服务中"主体缺位"和"管理真空"问题。

2. 基层党组织设置方式创新:"网格团队十网格党小组"

2009年,党中央强调要"探索完善基层党组织设置形式"[1]。同年,浙江省委也强调提出要以全局的视野推进基层党建工作,对基层党组织功能、设置、活动方式和党内基层民主、党员教育管理等进行通

① 《中共中央关于加强和改进新形势下党的建设若干重大问题的决定》,《人民日报》2009年9月28日。

盘考虑、统筹谋划。在这样的背景下,舟山市开始了基层党组织设置的创新试验,即"网格化管理、组团式服务"工作的探索与实践。解决基层社会管理"主体缺位"的问题,清除基层管理与服务的"空白地带",是舟山市推出"网格化治理"的一个重要出发点。

3."网格团队+网格党小组"的基层党组织设置模式

舟山市对每个网格都配备了一支服务团队。网格管理服务团队以乡镇(街道)机关干部、村(社区)干部、网格党小组组长、辖区民警为骨干,并吸收教师、医生、老干部、渔农科技人员等参与,一般由6—8人组成。在"网格化管理、组团式服务"推进过程中,各地逐步开始以网格为单位,将原有每网格内的2—3个党小组进行整合,成立一个网格党小组,并推选有责任心和联系时间以及服务能力较强的党员担任党小组组长,将组织关系在同一网格内的党员编入一个党小组,并通过双向选择的办法,明确了每个党小组内每名党员所联系的群众户,一般为每名党员联系本网格内10—20户群众。舟山市43个乡镇(街道)1.69万名党员,共联系19.1万户、52万名普通群众。网格党小组组长一般由联系服务能力比较强、热心社区工作的社区党员担任。普陀区以展茅街道为例,全街道7906户居民,按照区域管理、地域相近的原则,以100—150户基准范围,共被划分为66个网格。每个网格配备一支服务团队,团队成员由1名机关干部、1名社区干部、1名联户党小组组长、1名教师、1名医生和1名民警组成。团队负责对本网格内的居民进行走访、服务、教育和管理。全街道66个网格全部建立了党小组,66名网格党小组组长均为网格团队的骨干人员。

4.实现基层党建与党委政府中心工作的高度整合

舟山市基层党建与党委政府的中心工作高度整合,其主要做法是:以村(社区)党组织为基础,向上对乡镇(街道)"网格化管理、组团式服务"领导小组负责,向下对网格党小组和网格团队的各项工作进行全面领导。首先,"网格化管理、组团式服务"是地方党委政府中心工作在基层的总抓手，开创了舟山市社会综合管理服务新格局。其次，乡镇（街道）党委和村（社区）党组织是"网格化管理、组团式服务"在基层的两级领导核心。通过上级的支持，通过群众的参与，更好地凝聚民心、围绕中心、服务大局，发挥战斗堡垒作用。再次，网格党小组"纵向联动、横向联手"，确保基层党小组工作与上级党委政府中心工作高度一致。

5. 经验及启示：党建服务治理，治理促进党建

从某种意义上说，舟山经验的实质是基层党建与基层治理统筹兼顾、互相促进的经验，它既是党建的经验，也是治理的经验。首先，推进基层党建从"小党建"向"大党建"转型。通过基层党组织和全体党员投身基层治理的实践，实现了"基层党建服务基层治理，基层治理促进基层党建"的良性互动，更使基层党建实现了从"自我封闭小党建"到"内外循环大党建"的历史转型。其次，总结推广"网格团队＋党小组"的基层组织架构模式。在村（社区）设置管理网格，同时以网格为单元建立党小组，实现网格团队与网格党小组工作的联动和整合，这是基层党组织设置的重要创新，它有效确保了哪里有党员哪里就有党的组织，哪里有党的组织哪里就有创造力、凝聚力、战斗力。构建了党员联系服务群众工作体系，为促进当地科学发展与和谐稳定起到了积极作用。再次，党政协调，统筹基层党建和基层社会治理的各项工作。通过成立"网格化管理、组团式服务"领导小组，由市委书记、市长任领导小组组长（县、乡两级以相同方式成立领导小组）的形式，来整合党政资源，协调党政两条线的有关工作，以实现党政主导下基层党建与基层治理（管理与服务）的协同。舟山已经在党政协调，统筹基层党建和基层社会治理工作方面走出了一条切实可行的路子，提升了基层党组织参与基层治理的制度化水平，建立起基层党建和基层治理互相衔接、互相协调的领导体制，从领导体制上确保党政协调，以统筹基层党建和基层社会治理的各项工作，从而实现基层各类组织能够在党委统

一领导下协同工作、相互加强、相互促进。

第二节　实现基层党建由陆地向海上延伸"新突破"

舟山党建工作顺应发展实际,坚持问题导向,集聚资源要素,实现党建工作由陆地向海上延伸"新突破"。秉承"海上有堡垒、陆上有后盾"理念,打造集联系服务、培训管理于一体的党建阵地,推出"锋帆渔合"系列主题党日菜单。对标精准施策,构建海陆一体党员动态教育管理"新机制",打造共建共治共享海上社会治理"新格局"。

一、打造海上移动的战斗堡垒,创新"海陆网格"双向联建管理模式

（一）海上治理的核心就是提升组织力,打造移动的战斗堡垒

一是夯实组织体系。整合组建渔业合作社党支部、渔嫂党支部,编组成立"红帆"船队、海上党小组,构建起覆盖"渔村、渔船、渔区"的一体化治理体系。创新"海陆网格"双向联建管理模式。如舟山岱山县历来是"渔业强县",2020 年有 55 个渔业村,23292 个渔业户,57598名渔业从业人员,各类渔业船舶 1929 艘;渔业党组织 73 个,渔民党员425 名,渔业产值达 54.0 亿元。岱山县的具体做法有三:一是将 1900多艘渔船划分为 275 个编组和 28 个海上网格,形成同进同出的抱团发展模式。二是深化全域争创。全面推广衢山镇"瀛洲红帆"经验做法,在全县范围开展"红帆船"争创活动,由组织、综治、海洋渔业等多部门开展联审评估,现已有 89 艘渔船成功以"红帆示范船"亮相。三是筑牢红帆阵地。秉承"海上有堡垒、陆上有后盾"理念,打造集联系服务、培训管理于一体的党建阵地,推出"锋帆渔合"系列主题党

单。对标精准施策，构建海陆一体党员动态教育管理新机制。坚持海陆联动、共建共享，在党建引领渔业生产、促进社会治理现代化中发挥了积极作用。

（二）厚植党建优势，打造共建共治共享海上社会治理"新格局"

构建以陆治海、以海辅陆的海上社会治理模式是打造"海上枫桥经验"的奋斗目标。一是创新海上调解模式。定点设立"红帆调解船"，组建海上党员调解小组，将人民调解延伸到渔业生产一线，第一时间介入调处渔区矛盾纠纷，打造渔民自治、高效便捷的矛盾纠纷调解新模式。2018年，成功调解各类矛盾纠纷百余起，提供服务事项140余个，并先后选树了一批"红帆调解示范船"。二是加强海上应急联动。以"红帆船"为主力，建立健全海上互助互救机制，2018—2020年，全县"红帆船"及编组船只共开展海上抢险75次。特别是在抗台救灾时，"红帆船"更是一呼百应、冲锋在前，如2019年超强台风"利奇马"来临前，衢山镇一渔船发生搁浅，已返港的浙岱渔03215号"红帆船"迅速响应救助指令，经过19个小时奋战，终于帮助事故渔船平安回港，挽救了9名船员的生命和近500万元的经济损失。三是做精"红帆渔嫂"品牌。不断育强渔嫂带头人，先后组建40余个"红帆渔嫂"自治组织，引导渔嫂当好后方"贤内助"，吹好安全生产"枕边风"。建立全国首家"渔区禁毒联盟"，成立"渔嫂禁毒宣传队"，进渔村、上码头、入家庭开展禁毒宣传，助力无毒渔区创建。

二、稳企护航，打造"蓝海红帆"党建金名片

（一）"蓝海红帆"是舟山"两新"党建的金名片

蓝海，就是舟山落实国家海洋经济发展战略，向蓝色海洋挺进，在改革开放大潮中前进；红帆，象征党的政治引领，发挥"两新"党组织凝心聚力作用，推动舟山各行业各领域高质量发展。地方"两新"党建工

作，大致经历了组织覆盖、工作覆盖、作用发挥、品牌打造的不同阶段。2015年，舟山市的"两新"组织党建工作会议提出打造"蓝海红帆"工程党建品牌，把舟山的"两新"党建工作推进到了新阶段。舟山"两新"党建品牌的提炼和打造，鲜明地体现了舟山经济社会发展的特点和"两新"党建工作的定位。2011年以来，舟山先后获批国家级新区和自贸试验区，绿色石化、江海联运服务等产业迅速发展。面对具有巨大发展前景，但又处于起步阶段的产业形态，"两新"党建工作如何定位、如何作为，成为舟山"两新"党建工作的时代之问。"蓝海红帆"既体现了舟山产业前景广阔的特点，也体现了舟山"两新"党建助企、稳企、护航的特色，把产业发展前景、企业发展愿景、党建工作目标很好地结合起来，为舟山"两新"党建定准了罗盘、把准了脉。"蓝海红帆"工程的深入实施，必将打造出地方"两新"党建品牌的舟山样本。

（二）让党建阵地活起来、让"两新"组织党员动起来

2020年以来，舟山坚持以上率下、主动作为，创设工作载体，努力提升"蓝海红帆""两新"党建品牌影响力。一是用好"两新"党建工作阵地。新建市级社会组织党群服务中心、定海盐仓商会大厦党群服务中心、普陀海洋生态创新谷党建基地、岱山"汽配小镇"等7个党建阵地，推动举办"蓝海红帆"沙龙、知识竞赛、文体比赛等活动，实现共建共享、融合发展。二是激发"两新"党组织活力。围绕"抗疫""创城"等重点工作，组织"蓝海扬红帆、合力三服务""两新组织集体云党课"等全市性主题活动，引导"两新"组织党员积极参与，亮明身份。三是展现"两新"党建工作风采。扎实推进新城"正气党建""东港商圈"、金塘"螺海扬帆"等党建示范带打造，筑造可看、可听、可学的海岛"红色风景线"。

（三）以"建党日"为契机，组织开展"集体云党课"直播培训

2020年上半年，采用直播授课形式，全市设置1个主会场、33个分会场，邀请杭州等市委党校嘉宾到主会场授课。通过直播形式，线

上线下结合,已有 5200 余名"两新"党组织书记、党群工作者及党员群众参与到培训中来,及时传播了党的惠企政策。授课内容除党建工作外,还包括《民法典》解读、新时代民营经济高质量发展等相关专题,进一步打造新时代"蓝海红帆"党建(带群建)品牌。除了线上"云党课",舟山还以"蓝海红帆"党建品牌建设为抓手,了解摸透每个企业的情况,将他们的问题、需求、对策清单化,在全市选派 990 名助企服务员的基础上,还遴选了 8 名县处级干部担任专职"两新"党建助企指导员,派驻到海洋产业集聚区、海创小镇等地开展服务稳企和党建助企工作。通过一系列下沉式精准式服务,切实帮助企业解决难题。

(四)"党建＋金融",助力企业打通末端"最后一公里"

面对突如其来的疫情,很多非公企业在资金周转方面都遇到了瓶颈。为帮助企业解危纾困,2020 上半年,市委"两新"工委和舟山农信积极合作,深化"蓝海红帆"党建品牌,充分发挥"党建＋金融"优势,不断创新金融产品做好精准扶持,助力企业稳经营促发展。在外贸方面,舟山市成立了"10＋1"工作专班,点对点对接 30 家重点外贸企业,提前下达 2000 余万元商务促进专项资金补助外贸、供应链企业,全力做好稳外贸工作。研究制定加大金融支持、稳定企业用工等 6 个方面 18 条惠企政策,全力帮助企业纾困解难,并举办"浙里有援"舟山专场法律知识培训,提高外贸企业贸易救济能力。

(五)以"稳企业、强服务"为主线,推进"两新"党组织"312"培育计划①

实施《舟山市"两新"党建组织力提升标准体系》,深化"蓝海红帆""两新"党建品牌建设,结合已有的"蓝海红帆"党建品牌建设,市委"两新"工委以"云党课""红贷款""服务团"3 个亮点平台为抓手,落实以一体系一计划为新引擎的"党建促发展"工作模式,大力提升非公企业

---

① "312"培育计划,即在全市"两新"组织中培育"巩固提升"党组织 300 家、"争先创优"党组织 100 家、"精品示范"党组织 20 家。

党组织实质作用发挥水平。2020 年以来,市委"两新"工委会同舟山银保监分局在全市 15 个园区建立了"党建+金融园区服务站",创新推出"红帆贷""先锋贷"等"党建+金融"产品,为建立党组织的企业和党员个人分别提供 1000 万元以内和 50 万元以内的信用贷款,产品推出以来共发放"红帆贷"14.63 亿元、"先锋贷"6271 万元、"人才贷"815万元。市委"两新"工委将"红贷款"覆盖至基层小微企业、农渔业合作社、海岛民宿业,动员渔业协会、民宿等行业特色党支部开展调查排摸、畅通信息渠道,落实一户一策,助力复工复产,助力战"疫"企业及时生产防疫物资,保障支柱企业赢得发展先机,为全市奋力推进"两手硬、两战赢"全局工作添加了动力。

(六)围绕企建抓党建,抓好党建促企建

2020 年初,舟山市委"两新"工委牵头成立企业财税政策咨询、融资贷款咨询、法律咨询、防疫心理咨询等 6 个企业疫情防控及复工复产服务团,并专门选派市公安局法制支队挂点联系服务,与龙山船厂建立长效联系沟通机制,形成了与船厂党务、常务领导班子的"三服务"直接对话工作模式。助企服务团未雨绸缪协助企业采取稳在当地、适当奖励等举措,既确保了 800 多名员工在新冠疫情防控期间安全返乡,又留住了大量员工保障生产。助企服务团还向船厂传导"抓防疫就是抓生产"的复工理念,联合船厂职工组建了一支"党员青年志愿者服务队",在厂区范围内实行严格的安全防疫管理,并负责为隔离人员送饭、测量体温、备案健康状况等工作。

舟山市按照浙江省委、省政府部署,着力把深化"服务企业、服务群众、服务基层"与推动复工复产紧密结合起来,为企业复工复产提供坚强保障;着力促进"两新"党建工作服务企业发展,本着党建引领、资源共享、合作共赢的原则,努力为企业复工复产争取各方面资源。一是筑牢"两新"组织疫情防控底线,下发《关于全面动员"两新"组织党组织积极抗击新型冠状病毒疫情工作的通知》,推动"两新"组织全面

落实疫情防控责任。二是全力保障企业复工复产。全面调研全市 37
家市级双管非公企业党组织，形成《企业疫情防控和复工复产调研报
告》，为全市疫情防控领导小组科学决策提供参考。牵头成立企业财
税政策咨询、融资贷款咨询、法律咨询、防疫心理咨询、防疫复工物资保
障 6 个企业疫情防控及复工复产服务团，帮助解决物资、资金、人才短
缺，防范法律风险等突出问题。会同舟山银保监分局，在全市 15 个小微
园区建立"党建＋金融园区服务站"，创新推出"红帆贷""先锋贷"等"党
建＋金融"产品，一手推"两个覆盖"，一手推金融助企。三是协调打好
"三服务"组合拳。发挥"两新"工委成员单位职能作用，组织开展政企、
企企、银企、社企"红色互动"。组织开展"蓝海扬红帆、合力三服务"活动
220 余场，服务职工群众 2.5 万余人次。

第三节　强化党建双导制在国企中的守正创新

随着"八八战略"蓝图在浙江舟山的逐渐绘就，党建双导机制在国
有企业中也不断得到了强化。习近平同志对浙江国有企业体制机制
的改革创新提出了极具前瞻性的思路。比如，在工作方法上，不要搞
"一刀切"，要实行"一企一策"，有针对性地解决问题，让企业根据实际
情况选择不同的改革方式。2004 年，习近平同志提出企业要有"凤凰
涅槃、腾笼换鸟"的发展思维，该产业升级、推进技改的，就要毫不犹豫
地上；该挪走的，就要挪走。在这个思想指引下，不光很多国有企业进
行了改革，下面的很多乡镇企业也进行了改革。[①] 2016 年 10 月，习近
平总书记在全国国有企业党的建设工作会议上发表重要讲话，深刻回
答了事关国有企业改革发展和党的建设的若干重大理论现实问题，为
国有企业加强和改进党建工作指明了方向、提供了根本遵循。国有企

---

① 中央党校采访实录编辑室：《习近平在浙江》（上），中共中央党校出版社 2021 年版，第 58 页。

业是中国特色社会主义的重要物质基础和政治基础，坚持党的领导、加强党的建设是国有企业的"根"和"魂"。

舟山国有企业的党建工作取得了丰硕的业绩。以国网浙江省电力有限公司舟山供电公司、舟山市二轻工业（集团）总公司为例，突出全面从严治党这条主线，发挥好国有企业党建独特优势，压紧压实党建主体责任，把中央和上级要求同企业实际创造性地结合起来，充分发挥各级党组织把方向、管大局、保落实的领导作用，不断提升党建引领力和价值创造能力，进一步开创党建工作新局面。

一、舟山供电公司：点亮"海上灯塔"，推动海上党建落地落实

国网浙江省电力有限公司舟山供电公司（以下简称舟山供电公司）坚持务实重行，强化责任担当，大力弘扬蚂蚁岛精神，聚焦改革发展任务，以提升党建引领力、组织力、凝聚力为重点，发挥党建引领带动作用，推动公司党建引领力、党员战斗力、典型辐射力全面提升，不断促进党建优势转化、增强党建价值创造能力。

（一）实践实施背景

1. 深入贯彻新时代党的建设新要求，提升党建引领力和价值创造力

作为关系国计民生和国家能源安全的国有大型骨干企业，电网企业在党和国家事业发展中肩负着重要的使命与责任。自 2017 年起，舟山供电公司作为国家电网基层供电单位，为舟山 2 区 2 县、83 个供电岛屿、超过 120 万人口提供优质高效的电力服务。面对当前复杂严峻的外部环境和经济形势，结合舟山供电公司供电岛屿区域分散、供电半径较长等鲜明的"海域"特色，压紧压实党建主体责任，把中央和上级要求同企业实际创造性地结合起来，不断提升党建引领力和价值创造能力，具有十分重要的意义。

2.坚持问题导向和目标导向,精准施策提升基层党建工作质效

党的十八大来,舟山供电公司党委持续推进党建责任落实,不断强化全面从严治党主体责任落实和绩效考核体系建设,在公司上下形成了抓党建、强党建的鲜明导向。坚持问题导向,通过构建实施"海上党建·灯塔领航"党建管理体系,打造基层党建高质量发展的重要载体,进一步推动"组织活起来、党员动起来、党旗飘起来"。

(二)主要做法

1.构建党建管理体系,明确指导思想与工作原则

通过构建与实施"海上党建·灯塔领航"工程,全面系统地打造"海上党建"特色党建品牌,以"海上党建"指路、"海上先锋"示范、"海岛劳模"带动为路径,全面提升公司党建引领力、党员战斗力。

2.打造"互联网十智慧党建"管理云平台

构建党建一体化智能管理平台,充分发挥资源集成功能,这是党建生态管理体系的核心。对技术架构、功能设置、界面设计等予以统筹考虑,迭代创新,以新技术扩大平台效应。通过应用"大云物移"现代信息技术,自主研发集指标管理、智能对标、年度评价、党建资源基础查阅等信息于一体的综合系统管理工具,丰富内容层次,集成多元功能,聚合党建资源,积累实践数据,用信息化手段实现党建工作的实时交流与资源共享,让党建工作在控、可视。在此基础上,促进基层支部互学互比,干部党员自查自纠,形成良性循环,有效实现无纸化对标管理、专业化分类评价、智能化打分排名、系统化资料管理。

3.建设"准则层",明规立矩增强行为引导

着眼"党建工作做什么""党建工作如何做"等问题,在平台搭建基础上,为保持生态管理体系的公序良俗,设立"准则层",解构8个模块,细分工作内容。按照党的建设、党风廉政、企业文化、队伍建设、团青工作、信访稳定、品牌建设、工会(离退休)等8类专业,再次细分为基层党组织建设、党员发展教育管理和党风廉政等22项具体工作内容,梳理标准文件251个、工作流程180个、参考资料151份,建立起党支部应知应做的工作框架,明确建立党建工作所应共同遵循的基准线。

4. 建设"应用层",保持生态管理体系的生机活跃

按照核心任务定量化的原则,持续完善党建指标评价体系,形成9个一级指标、26个二级指标、38个三级指标,以识短板、明优势、共提升为目标,定期进行评估分析。在实践中,采用"指标管控、量化评估、差异分析"的原则,改变以往工作内容粗放、评价标准主观等现象,将党建软性任务变为执行硬性指标,并在实践中做到定期盘点、动态调整,使得指标体系犹如"蓄能池",做到柔韧有度、收放自如,在发挥引领保障作用时,反应更为敏捷,有效调动广大党员干部的积极性、主动性、创造性。

5. 点亮"海上灯塔",强化党建引领力

一是突出抓好政治建设,点亮"海上灯塔"。把政治建设摆在突出重要位置,增强"四个意识",坚定"四个自信",做到"两个维护"。在实践中,通过细化责任落实,制定党建年度工作责任清单,明确全年工作任务,落实责任单位。二是发挥"两个示范"带动作用,形成以上率下的良好氛围。一方面,发挥党委理论学习中心组的示范带头作用,党委带动支部学,一级学给一级看。坚决落实理论学习中心组制度,制订《舟山供电公司党委理论学习中心组年度学习计划》,推行"1+N"(统一的学习研讨模式,N种学习方式)和"专题学习+重点发言+集中研讨"的集体学习研讨模式,丰富学习形式,推动习近平新时代中国特色社会主义思想和党的十九大精神进讲堂、进现场、进头脑,实现党员政治学习制度化、组织化和规范化。另一方面,发挥各级党员领导干部的示范带头作用,干部带动党员学,一级带着一级干。党员领导干部通过牢固树立党员意识,带头执行党内各项组织生活制度,严格执行双重组织生活制度,以普通党员身份参加所在党支部的组织生活,认真开展批评与自我批评,模范执行党支部通过的各项决议,自觉接受党组织和党员的监督。

6. 打造"海上先锋",强化党员战斗力

一是深化党员网格联创建设,扩大"海上先锋"服务范围。在大力推行党员"网格化"管理模式的基础上,把探索建立"大党委"运行机制和"网格化"管理相融合,创新建立"党建＋网格"服务模式;细心划定、精心管理、用心种好网格"责任田",构建"公司党委—网格党支部—网格党小组—网格党员"四级管理体系,使每名党员都在网格内找到自己的"责任田",便于先锋作用的发挥,确保客户服务在网格、矛盾化解在网格、安全生产在网格。二是深化"党员之家"建设,优化"海上先锋"成长通道。优化党员分布,消除无党员班组;开展"身边人身边事""榜样的力量"等主题活动,通过"三亮三比",强化党员意识,激发党员热情,吸引群众参与,带动全公司上下主动作为、追求卓越。三是深化"党员先锋岗"创建,展示"海上先锋"岗位风采。

7. 塑造"海岛劳模",强化典型辐射力

一是加强"海岛劳模"创新工作室建设。持续打造"劳模""工匠""创客"三大品牌,在政策上加强扶持,在功能上拓展范围,在工作上多方联合,在活动上结合渗透;建立"劳模导师库",开展劳模师带徒活动,在青工与劳模之间举办"双选""签约"等活动,激发青年向劳模看齐的奋斗热情;充分发挥劳模联系职工、反映意见、参与决策的作用,推动劳模从幕后走向台前。二是大力弘扬"海岛劳模"工匠精神。大力弘扬工匠精神,营造劳动光荣的社会风尚和精益求精的敬业风气,在工作中注重细节,精雕细琢,锲而不舍,坚持每个环节都秉持严谨认真的工作态度,在追求精工、创造精致的过程中与时俱进,追求新高,通过量的积累与打磨,不断挑战自我,日益臻于完善,最终实现质的创新和突破,厚植工匠文化,打造更多享誉国网的"舟山劳模"。

（三）以"旗帜领航"为核心的"海上党建•灯塔领航"落地与实践的效果

一是党建精益管理水平大幅提高,价值创造能力显著提升。打造"互联网＋智慧党建"管理云平台,建立起"一台三层"党建管理模式,实现党建信息的实时共享,方便公司党委实时了解基层党组织党建工作开展情况,能够全面、准确、科学地评价公司本部及基层党组织党建工作实绩,有力促进了党建工作管理的规范化、高效化和决策的科学化。二是基层组织建设能力得到加强,职工队伍凝聚力、战斗力显著增强。三是党建引领发展作用全面彰显,企业持续发展能力显著提高。舟山供电公司把加强党的领导和提升企业的生产经营水平统一起来,坚持党建工作与生产经营工作一起谋划、一起部署、一起考核,切实做到"四个同步,四个对接"。在工作实践中,通过实施"党建＋"工程项目化管理,搭建工作平台,细化任务清单,促进党建与日常工作、重点工作、攻坚工作的有机融合,让党的先进性体现在各个专业条线上,切实引导广大党员提起干事创业的精气神,加强爱岗敬业的责任心,汇聚起推动改革的强劲力量,持续推动公司不断做强做优做大。

二、舟山市二轻工业(集团)总公司:走高质量发展之路,培育企业发展新动能

舟山市二轻工业(集团)总公司(以下简称舟山二轻)前身是舟山地区二轻工业局,1984年改称舟山市二轻工业公司,1994年成立舟山市二轻工业(集团)总公司,是一家集体所有制企业。2017年以来,舟山二轻积极实施战略转型,走高质量发展之路,取得了明显的发展成效,利润稳步提升,管理日益规范,团队富有活力,形象大为改观,先后获评2017年度、2019年度浙江省联社年度先进集体。

（一）实施背景

推动高质量发展是当前和今后一个时期企业确定发展思路、制定

改革措施、实施战略举措的根本要求。长期以来，舟山二轻发展面临着"四化四缺"①的困境，在产业、结构、动能、技术等方面存在错位，难以适应高质量发展，亟待破解瓶颈。

1. 走高质量发展之路，是破解"四化四缺"困境的必由之路

长期以来，舟山二轻"四化四缺"的现象日益凸显，成为阻碍企业发展最大的梗，也是实现高质量发展必须迈过去的坎。舟山二轻存在着新的利润增长点缺乏、主业缺失、管理基础薄弱、人才紧缺、历史负担较重等困难和问题，在与市内外兄弟企业的同台竞技中，这些问题表现得尤为突出，转型升级之路势在必行。

2. 走高质量发展之路，是发挥集体经济优势的现实需要

追本溯源，舟山二轻集体经济具有独特的比较优势，这是"二次创业"的最大优势和内生动力源。在集体经济发展中，应想方设法把集体经济独有的比较优势转化为生产经营优势和市场竞争优势，从新时代的追随者发展成为领跑者，在战略转型走高质量发展之路的征程中再创新的辉煌，续写新的篇章。

（二）主要做法

舟山二轻深入贯彻新发展理念，坚持把高质量发展作为企业未来一个时期最鲜明的导向，矢志不渝，砥砺前行。

1. 坚持党建为引领，实现"二次创业"

2017 年以来，舟山二轻开启高质量发展的战略转型之路，制定了《2017—2021 年发展战略及经营方针》，坚持以"二次创业"为目标，以党建为引领，以轻资产为导向，以投资管理为主攻，以项目建设为抓手，实现从重资产向轻资产转型，经营重点从房地产开发建设和物业经营管理转向投资管理领域，努力构建以投资管理为主体，特色地产

---

① "四化"指主营业务淡化、联社企业弱化、服务功能退化、人员队伍老化；"四缺"指政策扶持缺失、资本实力缺少、技术含量缺欠、人才优势缺乏。

开发经营与物业资产管理经营为辅助的"一体两翼"的产业布局，力争实现"一年打基础，三年求转型，五年走前列"的愿景。同时，明确到2021年公司各业务板块利润贡献率目标。

2. 抓创新，就是抓发展；谋创新，就是谋未来

创新是引领发展的第一动力，习近平总书记强调"要深入实施创新驱动发展战略，推动科技创新、产业创新、企业创新、市场创新、产品创新、业态创新、管理创新等"，并强调指出，抓住了创新，就抓住了牵动经济社会发展全局的"牛鼻子"。舟山二轻主动适应经济发展新常态，坚持以提高经济发展质量效益为核心，谋划实施创新驱动战略，一步步摆脱对老旧产业动能和传统模式的依赖，培育企业发展新动能，以质制胜，走高质量创新驱动发展之路。

3. 调整产业布局，积聚企业发展动能

舟山二轻抓住战略机遇，调整优化产业布局，规范投资项目运作，集聚发展新动能，推动企业高质量发展。一是搭建投资管理平台，设立投资企业实体。中国（浙江）自由贸易试验区全境在舟山群岛新区，融入自贸区，投身国家战略，是舟山二轻实现战略转型最为有利的途径。二是抢占自贸区地利，设立投资运作平台。进一步提升企业形象，改善投资环境。浙江自贸区是中国东部地区重要海上开放门户示范区、国际大宗商品贸易自由化先导区和具有国际影响力的资源配置基地，同时，舟山港综合保税区是我国目前保税物流层次最高、政策最优惠、功能最齐全和区位优势最明显的产业园区。

4. 拓宽教育培训思路，打造学习型团队

舟山二轻以学习托举强企梦，以学习开创未来。一是丰富学习教育平台载体。搭建企业党员干部现代远程教育终端平台，创办"舟山微二轻"微信公众号、门户网站，用活"两微一端"全新工作模式，并依托"学习强国""共产党员E家""志愿汇"等平台载体，以学习提活力、促能力、强实力。二是推行党员教育培训积分制。2020年初研究出

台《党员教育培训积分考核办法》，全面推行党员教育培训积分制，按"集中培训、组织生活、集体学习、个人自学、实践锻炼、附加项目"6 大项 15 小项进行考核。

（三）实施效果

2017 年以来，舟山二轻转型走高质量发展之路，做优做精投资管理，培育发展新动能，投资收益和经营业绩取得了明显的进步。企业净利润由 2016 年末的 392 万元增长至 2019 年末的 1107 万元，年均增长 60.8%；资产总额年均增长 18.82%；净资产由 2016 年末的 8087 万元提升至 2019 年末的 17664 万元，年均增长 39.47%。舟山二轻整体达到了"战略重构、制度重建、团队重组、形象重塑"的显著成效，呈现出"管理规范有序、队伍和谐稳定、业绩稳步提升、转型颇显成效"的发展态势，形成了"二次创业"心齐气顺、风正劲足的良好格局。舟山二轻坚定不移地走高质量发展之路，坚持创新驱动和创新发展，推动稳增长，获得高效益，谋求新转型，加速形成战略明晰、布局合理、结构优化、产业创新、新旧动能转换的新兴产业体系，为企业高质量发展提供了新引擎、新活力、新空间和新定位。

"十三五"以来，舟山市迎来了系列国家战略叠加期和重大项目、重大工程、重大产业加快建设期；同时，随着舟山市海上花园城市建设不断推进，也迎来了建设工程项目多、时间紧和施工任务艰巨的新一轮跨越式发展高潮。在这一背景下，党组织的战斗堡垒作用和党员骨干的引领示范带动作用尤为重要，党建工作被摆到了更加重要的位置。舟山市必须充分发挥国有企业党组织的政治领导作用，坚定不移全面从严治党，不断提高党的建设科学化水平。

展　望

2022 年 6 月 20 日,浙江省第十五次党代会的召开吹响了迈入高水平全面建设社会主义现代化、高质量发展建设共同富裕示范区新征程的号角。浙江舟山群岛新区,作为第一个以海洋经济为主题的国家级新区,在海洋经济向质量效益型转变战略意蕴下,忠实践行"八八战略",贯彻五大新发展理念,在奋力推进中国特色社会主义共同富裕先行和省域现代化先行实践中,努力把舟山建设成为高水平治理的现代海洋城市。

一、落实建设海上花园城市的理念

为推动海上花园城市建设,舟山市要充分发挥中国(浙江)自由贸易试验区等国家战略牵引作用,积极推进"两个先行",进一步增强海岛风景线的政治自觉、增强人海和谐共生的意识、扎实推进陆海统筹发展理念、积极打造区域发展命运共同体,以建设生态和谐的绿色城市、以人民为中心的共享城市、多元开放的包容城市、独具人文特色的和善城市、永续发展的智慧城市,作为海上花园城市建设目标。

(一)坚持人海和谐共生的意识

习近平同志在不同场合为推动海洋生态文明建设发表过重要论述,也作出了一系列重要指示。他指出:"在鱼和熊掌不可兼得的情况下,我们必须懂得机会成本,善于选择,学会扬弃,做到有所为、有所不为,坚定不移地落实科学发展观,建设人与自然和谐相处的资源节约型、环境友好型社会。"①因此,要像关爱生命一样关爱海洋。同时,生态环境是关系党的使命宗旨的重大政治问题,也是关系民生的重大社会问题,发展海洋经济,绝不能以牺牲海洋生态环境为代价,一定要坚持开发与保护并举的方针,全面促进海洋经济可持续发展。可以说,"保护海洋、关爱海洋"是习近平同志念兹在兹的牵挂。

舟山是典型的海洋城市。为了做到"懂海、爱海、护海",舟山把打造国际物流岛、自由贸易岛、海洋产业岛、国际休闲岛和海上花园城市的"四岛一城"作为发展目标。作为国际休闲岛和海上花园城市,要重视环境生态保护,加强人居环境建设,推动实现生态优美、环境宜居、人海和谐。为此,舟山要进一步把保护好海洋生态环境作为鲜明导向,用绿色发展理念重塑发展方式,认真解决海洋、海岛环境突出问题,修复和保护海洋、海岛生态,进一步推进人海和谐、人海共生,为加快建成海上花园城市提供生态保障。

（二）扎实推进陆海统筹发展理念落地生根

对舟山来说,"海"的自然条件非常鲜明,"海"是舟山最鲜亮的底色。浙江舟山群岛新区作为首个以海洋经济为主题的国家级新区,其规划目标就是积极发展成为中国陆海统筹发展的先导区,以海洋开发和利用的战略思维为指引,通过整体开发和统一筹划实现海陆系统经济、社会、文化、生态的协调发展,提升海陆地区综合效益,增强发展可持续性。从地理位置看,舟山背靠我国经济最具活力的长江三角洲地区,北与上海、南与宁波等大中城市隔海相望,向东不远就是太平洋。舟山成为我国对外开放的主要海上门户和中外船舶南来北往的必经之地,是我国南北海运和长江水运的"T"形交汇要冲,也是江海联运和长江流域走向世界的主要海上门户。因此,"陆"是舟山纵深发展的依靠。在发展过程中,舟山需要在"陆"和"海"两个维度同时发力,才

---

① 习近平:《之江新语》,浙江人民出版社 2007 年版,第 153 页。

能在经济社会发展中描绘出一幅美好画卷。

（三）积极打造区域发展命运共同体

党的十八大明确提出"要倡导人类命运共同体意识"。对舟山来说，要在"八八战略"指引下，紧紧抓住长三角一体化发展国家战略这一重要机遇，全面融入长三角，积极接轨大上海，深入推动甬舟一体化，使"城在海中，海在城中"的特色和潜力在区域命运共同体中得到充分彰显。

作为长三角区域重要组成部分、上海大都市圈城市之一，舟山要通过发挥自贸区政策优势、通江达海区位优势、临港加工物流产业优势、海洋海岛资源优势，积极主动地在"四个舟山"建设上持续发力，以高质量、高速度、高标准的经济社会发展姿态积极主动融入长三角一体化进程。在浙沪两地将推进自贸联动、港航协同、产业提质、创新引智、民生共享、环境提升等行动的大背景下，舟山必将在其中勇当东部沿海的重要开放门户。同时，舟山也要重点加强与宁波在港口发展、基础设施、产业联动、资源配置、公共服务等方面的协作，正如习近平总书记所希望的，要在长江经济带的发展、长三角一体化发展等国家战略中，充分展现"硬核"力量。

二、扛起"两个先行"使命责任

舟山要以推动实施国家战略为己任，以先行先试、改革创新为动力，紧紧抓住舟山群岛新区跨越发展重大阶段性契机，在"两个先行"、实现共同富裕中努力跑出发展加速度，树立舟山新形象。

（一）实施创新驱动发展战略，积极推进海洋创新城市建设

党的十八大明确提出，科技创新是提高社会生产力和综合国力的战略支撑，必须摆在国家发展全局的核心位置。党中央重点强调要坚持走中国特色自主创新道路、实施创新驱动发展战略，这是我们党放眼世界、立足全局、面向未来作出的重大决策。只有敢于创新、勇于变

革,才能突破经济发展瓶颈。舟山市要以全球视野谋划和推动自主创新,着力增强创新驱动发展新动力,加快形成经济发展新方式,推动经济社会科学发展、率先发展,加快把舟山打造成全国有影响力的海洋高新技术产业基地和海洋科技创新中心,积极推进海洋创新城市建设。

在推进海洋创新城市建设过程中,舟山要大力实施创新驱动发展战略,进一步突出科技创新在城市发展中的核心地位,积极推进"创新舟山"建设,使科技创新成为群岛新区科技的主旋律和最强音。要积极依托在舟高校、科研机构等平台,建成一批全国领先的海洋科技创新平台,鼓励其面向经济发展主战场,立足舟山产业发展需求,开展前沿基础研究和关键技术攻关,推进前沿基础研究、应用技术研究和产业化开发的有机互动与深度融合。要积极推动创新环境优化升级,积极出台并实施科技创新法律法规,为创新型城市建设保驾护航。

(二)畅通国内国际双循环,构建海洋经济高质量发展格局

推动形成以国内大循环为主体、国内国际双循环相互促进的新发展格局,是以习近平同志为核心的党中央立足中华民族伟大复兴战略全局与世界百年未有之大变局的"两个大局",根据我国发展阶段、环境、条件的新变化,以及由此出现的新情况和新问题而提出的,旨在重塑我国国际合作和竞争新优势,是在全面深化改革与高水平开放过程中助力经济高质量发展而作出的战略抉择。因此,牢牢把握"海洋是高质量发展战略要地",以畅通国民经济循环为主构建新发展格局,也是开启全面建设社会主义现代化国家新征程中的关键举措。

舟山自古就靠海吃海,以海为魂,因海而兴。作为全国第一个以群岛建制的地级市,在"八八战略"的指引下,舟山坚持大力发展海洋经济,逐步形成了以港口物流、临港工业、海洋旅游、现代渔业为支柱的现代海洋产业体系,在浙江"海洋强省"战略中的地位日益提升。从国家赋予舟山群岛新区的战略定位和发展目标看,舟山业已成为我国实施"海洋强国"战略的重要基点。在新时代新形势下，舟山更应该起航加速，努力成为我国海洋经济创新发展的"范本"，在践行"八八战略"、推动海洋强市发展过程中，从做大做强海洋经济着手，勇于创新突破，不断挖潜提效，成功开创具有海洋特色的经济增长之路。

（三）推动城乡和谐发展，建设共富海上花园城市

推动城乡和谐发展，提高城乡发展一体化水平是舟山走新型城市化道路、推动共同富裕的重要举措。为此，应把深入推进新型城市化、高标准打造海上花园城市作为引领舟山发展的重大抓手，重点打造品质高端、充满活力、独具魅力、管理精细之城，努力建设现代化、国际性、群岛型区域中心城市。

舟山要坚持走新型城市化道路，加大城乡统筹发展力度，就应该坚持一张蓝图绘到底，积极推进多规合一，完善城市功能格局和结构。要注重生活水平提高、基础设施改善、文化生活品质提升项目建设，率先基本实现城乡教育、医疗、养老、住房保障、社会救助、基础设施等公共服务的一体化。要在全域范围内基本形成城乡生产要素合理流动、发展空间集约利用、公共资源均衡配置、公共服务均等覆盖的发展格局，以推进"洁化、序化、绿化、美化"、创建全国文明城市为契机，提升城市精细化管理水平，加快智慧城市建设，不断推动城市管理手段、模式、理念创新。在乡村，要以统筹推进美丽海岛、美丽城镇、美丽乡村"三美"建设为重点，促进新渔农村基础设施完善，推动单纯改善村容村貌向整体区域治理转变，推进渔农村一、二、三产业融合发展。舟山要在"八八战略"再深化的号角鼓舞下，在城乡一体化、共同富裕建设中谱写出更加曼妙的乐曲。

（四）增强支撑保障能力，建立健全涉海基础设施体系

习近平同志在浙江工作期间多次到舟山考察，强调要着力推进与海岛居民生产生活密切相关的基础设施建设。为打造亮丽的海岛风景线，舟山在交通、能源、水利、信息、防灾减灾等方面加强基础设施建

设,为海岛风景线提供了坚实保障。

为加快构建立体综合交通运输体系,舟山应进一步加强公路、铁路、水路、航空等多种交通运输方式综合交通枢纽中心的规划布点,形成与上海、宁波的同城效应。为积极完善能源保障建设,舟山应通过科学布局电源点和电网建设,积极加快海洋新能源、可再生能源利用,提高能源保障能力,不断强化海岛电源支撑,进一步完善智能海岛电网、城市燃气管网等设施。同时,要有序发展近海风力发电,积极稳妥推进海上风电场建设、潮流能发电和波浪发电,推广太阳能应用,利用独立电网和微电网技术,完善独立海岛离网能源保障系统等。为提高水资源保障能力,舟山应立足本地水源强化大陆引水、增加海水淡化、推进非常规水利用,形成"多源互济、量质并重、优质集约、备用可靠、大岛辐射小岛"的水资源保障格局。为加强信息化基础设施建设,舟山应积极主动推进以中心城市、主要城镇及公共服务场所等为重点的无线局域网的广泛覆盖和便捷使用,有效推进地面数字电视覆盖工程,加快电信网、互联网与广播电视网"三网融合",推进"互联网+"融合应用。在防灾减灾方面,舟山应不断加大防灾减灾基础设施建设力度,积极实施海洋气象预报精准化工程、智慧海洋公共气象服务工程,完善海洋气象灾害预警发布系统,积极开展病险水库除险加固、海塘加固与提标、山塘综合整治、城乡防洪排涝、渔港避风港、沿海防护林等工程,全面提高海岛防台、防潮、防洪和抗旱能力。

(五)优化海洋生态环境,打造宜居宜业海岛家园

当前,中国生态文明建设进入了快车道,天更蓝、山更绿、水更清将不断展现在世人面前。建设海上花园城市,已经成为舟山自然环境的底色、高质量发展的底色,更成为舟山人民幸福生活的底色。作为海岛城市,舟山应在"八八战略"的指引下,积极保护生态环境,彰显生态优势。建设"品质高端、充满活力、独具韵味的海上花园城市"。应通过蓝天保卫战、"治水治污大会战"等环保行动中不断自我加压,加

大生态环境的保护力度。用最严密的法治为海洋生态环境编织一张"保护网"，让共建共享生态大美海上花园城市的梦想照进现实。

三、高水平建设现代海洋城市

在高水平建设现代海洋城市的实践中，舟山市要坚持党的全面领导，坚持以人民为中心，坚持新发展理念、系统观念，聚焦聚力高质量发展、高效能治理、高品质生活，率先建设现代化海洋经济体系，率先塑造人与自然和谐共生的生态文明标杆，率先推进市域治理现代化，率先推动全市人民实现共同富裕，以彰显城市之美、发展之美、生态之美、人文之美、和谐之美，争创社会主义现代化海上花园城市。

（一）目标上：建设全球海洋中心城市

2020年，浙江省在省十三届人大三次会议、省政协十二届三次会议上，提出谋划建设全球海洋中心城市，深入推进浙江舟山群岛新区和海洋经济发展示范区建设。全球海洋中心城市是以海洋为依托的沿海城市发展的高级阶段，是陆地城市的延伸与扩展，是以海洋经济、海洋文化、海洋科技、海洋服务为支撑，具有中心城市集聚、辐射等功能，能够有效地对全球要素资源，尤其是海洋要素资源实现高效配置的国际化城市。

作为国内海洋经济占比最高的城市之一，舟山在打造全球海洋中心城市上有着无可比拟的优势和动力。经过近几年的发展，舟山海洋经济已经成为经济增长的重要支柱。随着浙江海洋经济发展示范区、舟山群岛新区、舟山江海联运服务中心、浙江自贸区等重大战略的深入实施，特别是伴随着宁波舟山港一体化运作的不断推进，舟山的国际影响力不断攀升。同时，舟山海洋地理区位优势明显，海洋资源较为丰富，是建设深水港群的理想区域。舟山拥有漫长的海岛岸线、丰富的海洋生物资源和举世闻名的海洋旅游文化等基础优势，海洋交通运输业、海洋油气产业已经成为海洋经济发展的优势产业,服务水平显著提升,为舟山建设全球海洋中心城市不断提供新动力。

(二)经济上:成为海洋经济高质量发展示范区

建设海洋经济高质量发展示范区,对舟山来说具有重要的意义和价值。通过海洋经济高质量发展示范区建设,构建海洋产业集聚发展的载体和平台,可以充分发挥产业集聚效应和规模效应,促进海洋经济持续健康发展;可以促进海洋产业转型升级、海洋战略性新兴产业培育壮大、现代海洋服务业提质增效,这也是开辟海洋领域供给侧结构性改革试验田的创新之举。同时,还有利于促进海洋领域创新链、产业链、资金链和政策链"四链融合",以及各项资源有效整合和高效利用,从而带动区域海洋经济和社会可持续发展,推动海洋经济高质量发展。

为此,舟山要优化海洋空间开发格局,构建"一核两翼三圈九区多岛"总体布局,要以宁波舟山港海域、海岛及其依托城市为核心区,促进宁波舟山区域一体化联动发展,着力打造我国海洋经济参与国际竞争的核心区域和保障国家经济安全的战略高地。要按照建设一个大宗商品交易中心,建设石油化工、矿石、煤炭、粮食、建材、工业原材料、船舶等多个交易区,构建一批国家战略物资和商业化储运配送基地的总体构架,不断完善配套设施和服务,加强国内外战略合作,积极发展"蓝色伙伴关系",进一步凸显舟山"蓝色"优势和动能。对此,舟山不仅要扶持发展海洋新兴产业,择优发展临港先进制造业,推动发展现代海洋渔业,而且要积极推进现代海洋产业基地建设,推动一批重大涉海项目落户。同时,舟山还要提升捕捞、养殖、加工、贸易等现代渔业产业能力,加快推进舟山群岛海洋旅游综合改革试验区建设和世界一流佛教文化旅游胜地、海洋休闲旅游目的地建设,积极围绕海洋可再生能源综合开发、现代远洋渔业基地建设,打造我国海洋新能源综合开发利用重要阵地。

（三）产业上：构建以油气为核心的国际物流枢纽

自国务院批复《浙江舟山群岛新区发展规划》和设立浙江自由贸易试验区以来，舟山积极推进以油气全产业链为核心的大宗商品投资贸易便利化自由化，加快建设"一中心三基地一示范区"，走出了一条改革创新之路。从不产一滴油到集聚各类油气企业7200余家、成为中国油气企业最集聚的区域，舟山市用一滴"油"带动建设成为中国唯一的以油气全产业链建设为中心的高能级开放平台。

在未来发展中，舟山市要建设以油气为核心的大宗商品资源配置基地，在"一中心三基地一示范区"和油气全产业链建设取得新的重大突破之际，要继续保持以油气为主的大宗商品交易储运、船用燃料油加注全国领先，进一步提升在全球大宗商品市场中的话语权和市场份额。要抓住全球化储运商机，积极对标国际自贸区建设，创新实施综合海事服务，提高燃料油加注、物料补给、船员更换等海事服务效率。要提升大宗商品配置能力，构建油气储运、加工、交易、补给、配套服务"五位一体"的全产业链，使舟山的油气储运、炼化加工、贸易交易、海事服务等一体化产业链和配置能力得到快速发展，成为全球增速最快、效率最优、潜力最大的区域。

（四）治理上：建设城市治理现代化先行区

相比过去，新时代改革开放具有许多新的内涵和特点，其中很重要的一点就是制度建设的分量更重，改革更多面对的是深层次体制机制问题。推进城市社会治理现代化，是推进国家治理现代化的题中之义，也是一个崭新的时代命题。舟山需要通过解放思想、勇于创新，走出一条具有时代特征、舟山特色的城市治理现代化道路。

在"两个先行"伟大征程中，舟山要积极建设城市治理现代化先行区，推动党的全面领导高效执行体系基本形成。在城市人口结构多元、利益主体多样背景下，舟山要以党建引领城市治理，把区域治理、部门治理、行业治理、基层治理、单位治理有机结合起来，充分发挥党总揽全局、协调各方的领导核心作用。要坚持和完善共建共治共享的社会治理制度,建设人人有责、人人尽责、人人享有的社会治理共同体,要厘清政府治理职责,明确政府角色定位,做到有为不缺位,善为不越位,增强重大风险防范化解能力,构建统一指挥、专常兼备、反应灵敏、上下联动、系统全面的应急管理体制,有效实现应急管理和风险管理,使舟山在治理体系和治理能力现代化方面走在全省前列。要坚持以人民为中心,从满足人民美好生活需要出发,坚持人民城市人民建、人民城市为人民的思路,解决好广大人民最关切的公共安全、权益保障、公平正义等问题,切实增强城乡居民的获得感、幸福感、安全感。要运用法治思维和法治方式解决治理中的顽症矛盾,依法依规推动工作落实,引导群众在治理实践中尊法学法守法用法。要强化科技支撑,积极推进信息基础设施联通、网络畅通、平台贯通、数据融通,把海洋大数据、海洋人工智能同增强党委、政府决策部署的科学性、风险防控的精准性和公共服务的便捷性联系起来,提升治理的科学化、精细化、智能化水平。

(五)科技上:打造海洋科技区域创新中心

在未来,舟山要进一步提升区域创新活力,优化科技创新生态,不断提升创新链、产业链数字化水平;要实现研发投入强度明显提高,海洋科技创新人才队伍建设取得新突破,早日建成具有全国影响力的海洋电子信息科创高地、海洋生物科创高地、石化新材料科创高地、海洋智能制造科创高地,积极打造海洋科技区域创新中心。

创新决胜未来,改革关乎国运。科技领域是最需要不断改革的领域。舟山要进一步健全地方科技立法,积极落实企业研发投入奖补政策,提高创新指标考核占比,逐步形成"研发—奖补—进一步研发"的良性循环发展模式,积极推动企业成为科学技术创新决策、研发投入、科研组织和成果转化的主体。同时,要通过完善科技创新融资体系,不断引入社会资本设立科创基金,撬动社会资金共同参与海洋科技创新的进程,共同推动舟山海洋科创事业发展。自主创新是开放环境下的创新,绝不能关起门来搞,而是要聚四海之气、借八方之力。因此,要不断加强海洋科创共同体建设,引进重点高校、科研院所共建重大创新载体,通过外引内育、借力攀升,争取在较短时间内推动舟山科技创新取得重大突破,为舟山海洋经济社会发展提供科技支撑。

结　语

新时代召唤新作为,新担当不负新使命。党的二十大再次吹响建设海洋强国号角,提出"发展海洋经济,保护海洋生态环境,加快建设海洋强国"的重要使命。在全省上下奋力推进"两个先行"之际,舟山正处于从量变到质变的突破跨越关口,正处于新旧动能转换的凤凰涅槃阶段,也正处于后来居上、走在前列的弯道超越之际。可以说,在国家战略地位和使命中,舟山从来没有这么重要;在自身的发展历程中,舟山从来没有这么美好;在实现跨越发展的道路上,舟山从来没有这么自信。因此,全市广大干部群众必须以习近平总书记重要指示精神为根本遵循,忠实践行"八八战略",不忘初心、踔厉奋发,为全面展示海岛风景线,早日实现共同富裕和舟山华丽转身,为加快建成自由贸易港区、海上花园城市而努力奋斗!

参考文献

[1]本书编写组编:《读懂"八八战略"》,浙江人民出版社 2018年版。

[2]陈金光主编:《中国梦与浙江实践》(社会卷),社会科学文献出版社 2015 年版。

[3]《充分发挥"八个优势" 深入实施"八项举措" 扎实推进浙江全面协调、可持续发展》,《今日浙江》2004 年第 1 期。

[4]邓纯东主编:《中国梦与浙江实践》(党建卷),社会科学文献出版社 2015 年版。

[5]房宁主编:《中国梦与浙江实践》(政治卷),社会科学文献出版社 2015 年版。

[6]《共谋绿色生活,共建美丽家园》,《人民日报》2019 年 4 月29 日。

[7]《关于〈中共中央关于全面深化改革若干重大问题的决定〉的说明》,《人民日报》2013 年 11 月 16 日。

[8]郭占恒:《"八八战略"思想与实践》,红旗出版社 2018 年版。

[9]《加快自贸区建设 对接"一带一路"》,《浙江日报》2017 年 6月 30 日。

[10]《坚持节约资源和环境保护基本国策 努力走向社会主义生态文明新时代》,《人民日报》2013 年 5 月 25 日。

[11]《坚持以"八八战略"为统领 干在实处走在前列勇立潮头努力成为新时代全面展示中国特色社会主义制度优越性的重要窗

口》，《浙江日报》2020年4月3日。

[12]《进一步关心海洋认识海洋经略海洋　推动海洋强国建设不断取得新成就》，《人民日报》2013年8月1日。

[13]李景源、张晓明主编：《浙江经验与中国发展——科学发展观与和谐社会建设在浙江》（文化卷），社会科学文献出版社2007年版。

[14]刘迎秋主编：《中国梦与浙江实践》（总报告卷），社会科学文献出版社2015年版。

[15]刘永艺主编：《舟山航空产业发展的探索与实践》，冶金工业出版社2019年版。

[16]《绿水青山就是金山银山——习近平总书记在浙江的探索与实践·绿色篇》，《浙江日报》2017年10月14日。

[17]《努力建设"重要窗口"的海岛风景线》，《浙江日报》2020年6月1日。

[18]裴长洪主编：《中国梦与浙江实践》（经济卷），社会科学文献出版社2015年版。

[19]慎海雄主编：《习近平改革开放思想研究》，人民出版社2018年版。

[20]《推动"八八战略"在舟山结出更加丰硕的成果——专访舟山市委书记俞东来》，《浙江日报》2018年7月30日。

[21]《推进新时代海洋强省建设》，《浙江日报》2018年1月3日。

[22]习近平：《发挥海洋资源优势　建设海洋经济强省——在全省海洋经济工作会议上的讲话》，《浙江经济》2003年第16期。

[23]习近平：《干在实处　走在前列——推进浙江新发展的思考与实践》，中共中央党校出版社2006年版。

[24]习近平：《推动我国生态文明建设迈上新台阶》，《求是》2019年第3期。

[25]习近平：《之江新语》，浙江人民出版社2007年版。

[26]《习近平调研舟山　强调利用资源发展海洋经济》，《浙江日

报》2005 年 6 月 14 日。

[27]《习近平谈治国理政》(第一卷),外文出版社 2018 年版。

[28]《习近平谈治国理政》(第二卷),外文出版社 2017 年版。

[29]《习近平谈治国理政》(第三卷),外文出版社 2020 年版。

[30]《习近平在浙江调研时强调:干在实处永无止境　走在前列要谋新篇》,《人民日报》2015 年 5 月 28 日。

[31]《习近平在舟山调研时强调:发展海洋经济大有可为》,《浙江日报》2005 年 12 月 27 日。

[32]《习近平在舟山调研时强调:牢固树立前列意识　加快推进海洋经济强省建设》,《浙江日报》2005 年 6 月 14 日。

[33]《习近平在舟山调研时强调:立足新起点抢抓新机遇　促进海洋经济加快发展》,《浙江日报》2006 年 9 月 23 日。

[34]谢地坤主编:《中国梦与浙江实践》(文化卷),社会科学文献出版社 2015 年版。

[35]徐张艳主编:《蔚蓝之路——舟山改革开放 40 年研究》,浙江人民出版社 2018 年版。

[36]叶芳:《无居民海岛收购储备制度的理论与实践》,冶金工业出版社 2019 年版。

[37]《用实际行动把红色基因一代代传下去　做对国家对人民对社会有用的人》,《人民日报》2018 年 6 月 1 日。

[38]袁相波、张邰:《舟山区域发展中的文化观念问题》,《浙江海洋学院学报》(人文社科版)2016 年第 1 期。

[39]《在纪念红军长征胜利 80 周年大会上的讲话》,《人民日报》2016 年 10 月 22 日。

[40]《在省部级主要领导干部学习贯彻党的十八届五中全会精神专题研讨班上的讲话》,《人民日报》2016 年 5 月 10 日。

[41]浙江干部培训教材编审指导委员会编:《"八八战略"与中国特色社会主义在浙江的实践》,浙江人民出版社 2020 年版。

［42］中共中央党史和文献研究院编：《习近平关于"三农"工作论述摘编》，中央文献出版社 2019 年版。

［43］《中共中央关于全面深化改革若干重大问题的决定》，《人民日报》2013 年 11 月 16 日。

［44］中共中央文献研究室编：《习近平关于全面依法治国论述摘编》，中央文献出版社 2015 年版。

［45］中共中央文献研究室编：《习近平关于社会主义生态文明建设论述摘编》，中央文献出版社 2017 年版。

［46］中央党校采访录编辑室：《习近平在浙江》（下），中共中央党校出版社 2021 年版。

［47］《舟山争创社会主义现代化海上花园城市》，《浙江日报》2021 年 1 月 13 日。

［48］舟山市社会科学界联合会主编：《蓝色求索——舟山市社会科学优秀成果选编》，红旗出版社 2014 年版。

［49］舟山市史志办公室编：《舟山年鉴 2011》，中国文史出版社 2011 年版。

［50］舟山市史志办公室编：《舟山年鉴 2014》，中国文史出版社 2014 年版。

［51］舟山市史志办公室编：《舟山年鉴 2015》，中国文史出版社 2015 年版。

后　记

　　按照浙江省习近平新时代中国特色社会主义思想研究中心、浙江省社会科学界联合会的统一部署，中共舟山市委宣传部、舟山市社会科学界联合会成立课题组，组织编写了本书。习近平同志在浙江工作期间多次来到舟山，对舟山的改革、发展作出了一系列重要指示，激励着舟山人民取得一个又一个创造性成绩。通过舟山的发展可以得出这样一条经得起时间检验的结论：20年来舟山各项事业的持续健康发展，与历届市委坚持以"八八战略"为引领的发展理念有着紧密的关系，与全市人民一以贯之地落实习近平同志为舟山擘画的发展蓝图有着密切的联系，更是与舟山党政干部深刻领悟习近平新时代中国特色社会主义思想有着深刻的联系。舟山发展过程中的任何一个战略决策，都是坚持党的全面领导，坚持"八八战略"，在党的创新理论的指导下确立的，都是在深入了解时代特点、国家发展、舟山实际、人民诉求的基础上经过反复讨论、民主决策形成的，制定的决策、实施的思路、开展的工作既具有科学性，又产生了极大的号召力，起到了团结舟山百万军民同心同德、共同奋斗的作用。由此，形成了"八八战略"的舟山经验。

　　本书由中共舟山市委宣传部牵头，由浙江海洋大学与中共舟山市委、市政府政策研究室、中共舟山市委党校相关领域的专家合作撰写而成。全书由贝静红、叶芳负责拟定大纲、修改和统稿，编写工作安排如下：导论，叶芳；第一章，顾自刚；第二章，何军、张郃；第三章，王建友；第四章，俞树彪；第五章，王月琴；第六章，杨菊平；第七章，葛传根；

第八章，张中飞；第九章，施波、范舟永、胡细华、张永辉；展望，姚会彦。本书封面照片由中共舟山市委宣传部提供。

在本书编写过程中，得到了省内外专家的悉心指导，也得到了各调研单位和各界朋友的支持，在此一并表示感谢。由于水平有限，本书难免存在不当和疏漏之处，敬请广大读者批评指正。

作　者

2023 年 6 月